SEKS
W WIELKIM
MIEŚCIE

CANDACE BUSHNELL

SEKS W WIELKIM MIEŚCIE

Przełożyła
Dagmara Chojnacka

Dom Wydawniczy REBIS
Poznań 2008

Tytuł oryginału
Sex And The City

Redaktor tego wydania
Katarzyna Raźniewska

Projekt i opracowanie graficzne okładki
Zbigniew Mielnik

Fotografia na okładce
Getty Images/East News

Wydanie III (uzupełnione i poprawione)
Wydanie I ukazało się w 2001 roku nakładem Zysk i S-ka Wydawnictwo

ISBN 978-83-7510-112-6

Dom Wydawniczy REBIS Sp. z o.o.
ul. Żmigrodzka 41/49, 60-171 Poznań
tel. 061-867-47-08, 061-867-81-40; fax 061-867-37-74
e-mail: rebis@rebis.com.pl
www.rebis.com.pl

Dla Petera Stevensona i Snippy'ego,
który kiedyś ugryzł swojego pluszowego misia,
i dla wszystkich moich przyjaciół

Wstęp

Zanim *Seks w wielkim mieście* stał się książką i serialem telewizyjnym, pojawiał się jako cotygodniowy felieton na łamach „The New York Observer". Była jesień 1994 roku — nigdy nie zapomnę, jak redaktor naczelny zapytał mnie, czy chcę mieć własny felieton. Natychmiast odpowiedziałam, że tak, a potem z radości praktycznie pokonałam w podskokach całą Park Avenue. Nie miałam pojęcia, jak sobie z tymi felietonami poradzę, byłam jednak przekonana, że powinny być o mnie i moich przyjaciółkach — grupie singielek, z których wszystkie miały niekończące się dziwaczne i przerażające przygody z mężczyznami (czasem z tymi samymi mężczyznami). Całymi godzinami roztrząsałyśmy nasze szalone związki i doszłyśmy do wniosku, że gdybyśmy nie umiały się z tego śmiać, to z pewnością byśmy powariowały.

Przypuszczam, że to właśnie z tego powodu *Seks w wielkim mieście* jest tak niesentymentalną analizą związków i zwyczajów godowych. Są oczywiście tacy, którym przeszkadza ów brak delikatności i okrutny humor, ale to pewnie dlatego, że książka zawiera jakieś uniwersalne prawdy. Z założenia felietony miały opowiadać o Nowym Jorku (stąd takie historie jak *Modelarze* — o dwóch palantach, którym udaje się umawiać na randki z osiemnastoletnimi modelkami, ale w końcu muszą za to zapłacić), odkryłam jednak, że w każdym wielkim mieście na całym świecie żyją jakieś odpowiedniki bohaterów *Seksu...* Sama jeszcze nie wiem, czy jest to przerażające...

Seks w wielkim mieście miał przede wszystkim odpowiedzieć na jedno palące pytanie: Dlaczego wciąż jesteśmy sami? Teraz, patrząc na to z kilkuletniej perspektywy, mogę stwierdzić, że jesteśmy sami, ponieważ tego chcemy.

To wydanie *Seksu w wielkim mieście* zawiera dwa nowe rozdziały, które napisałam już po ukazaniu się pierwszej edycji książkowej. I dzięki temu książka ma teraz prawdziwe zakończenie, w którym Carrie i Mr Big zrywają ze sobą. Jest to finał słodko-gorzki, kończy się bowiem nie tylko związek z Mr Bigiem, lecz również marzenie Carrie o znalezieniu przysłowiowego mężczyzny idealnego, który tak naprawdę nie istnieje. Jeśli będziecie czytać uważnie, zauważycie, że nawet sam Mr Big wyjawia, iż jest tylko wytworem wyobraźni Carrie, a fantazji nie można przecież kochać. Tak więc rozstajemy się z Carrie w chwili, gdy wchodzi w nową fazę życia i pojmuje, że musi najpierw odnaleźć samą siebie (bez faceta), a dzięki temu — przy odrobinie szczęścia — będzie kiedyś umiała stworzyć związek.

Może jednak nie jestem taka niesentymentalna, jak myślałam.

Candace Bushnell
23 maja 2001

1

Moja niesentymentalna edukacja:
Miłość na Manhattanie?
Nie sądzę...

Oto historia walentynkowa. Przygotuj się.

Do Nowego Jorku przyjechała angielska dziennikarka. Była atrakcyjna i dowcipna, i od razu załapała się na jednego z tych szalenie nowojorskich wolnych facetów do wzięcia. Tim miał czterdzieści dwa lata, był doradcą inwestycyjnym w banku, zarabiał jakieś pięć milionów dolarów rocznie. Przez dwa tygodnie całowali się, trzymali za rączki — a potem, pewnego ciepłego jesiennego dnia, on zawiózł ją do domu, który budował w Hamptons. Oglądali plany z architektem.

— Chciałam już prosić architekta o zabudowanie balustradki na piętrze, żeby dzieci nie pospadały — mówiła dziennikarka. — Spodziewałam się, że Tim poprosi mnie o rękę.

W niedzielę wieczorem Tim podrzucił ją do jej mieszkania i przypomniał, że mają zaplanowany obiad we wtorek. We wtorek zadzwonił i powiedział, że muszą to przełożyć na później. Nie odzywał się przez dwa tygodnie, więc zadzwoniła do niego i powiedziała:

— To piekielnie długie „później".

On na to, że zadzwoni w tygodniu.

Nigdy nie zadzwonił, oczywiście. A mnie fascynowało to, że ona nie mogła zrozumieć, co się stało. W Anglii — tłumaczyła — spotkanie z architektem coś oznacza. Wtedy do mnie dotarło: oczywiście, ona jest z Londynu. Nikt jej nie powiedział o końcu miłości na Manhattanie. Potem pomyślałam: Nauczy się.

Witamy w wieku nie-niewinności*. Migocące światła Manhattanu, na których tle u Edith Wharton rozgrywały się namiętne schadzki, wciąż błyszczą — tylko scena jest pusta. Nikt nie jada śniadania u Tiffany'ego, nikt nie przeżywa pamiętnych romansów — zamiast tego jemy śniadanie o siódmej rano i miewamy przygody, o których staramy się jak najszybciej zapomnieć. Jak wpadliśmy w takie tarapaty?

Truman Capote rozumiał aż za dobrze dylemat lat dziewięćdziesiątych — nasz dylemat: miłość kontra interes. W *Śniadaniu u Tiffany'ego* Holly Golightly i Paul Varjak też musieli stawić czoło przeszkodom — on był utrzymankiem, ona utrzymanką — ale na końcu wznieśli się ponad to i wybrali miłość, nie forsę. Dziś to się na Manhattanie zbyt często nie zdarza. Wszyscy jesteśmy na utrzymaniu — naszych posad, mieszkań, niektórych trzyma otwarty rachunek w Mortimers czy w Royalton albo dom przy plaży w Hamptons, bilety w pierwszym rzędzie w Garden — i to nam się podoba. Grunt to samoochrona i ubity interes. Kupido odmówił współpracy.

Kiedy ostatnio słyszałeś, jak ktoś mówi „kocham cię!", nie dodając tego nieuniknionego (choćby i milczącego) „jak przyjaciela"? Kiedy ostatni raz widziałeś dwoje ludzi patrzących sobie w oczy i nie pomyślałeś: Taaa, akurat? Kiedy ostatnio słyszałeś, jak ktoś ogłasza „Jestem naprawdę zakochany. Do szaleństwa!", i nie skomentowałeś w myślach: Pogadamy w poniedziałek rano? A co okazało się noworocznym przebojem kinowym? *W sieci* — dziesięć czy nawet piętnaście milionów lu-

---

* Aluzja do tytułu powieści Edith Wharton *Wiek nienawiści*. (Wszystkie przypisy od tłumaczki.)

dzi poszło zobaczyć niechciany, pozbawiony uczuć seks, uprawiany przez erotomanów z wielkich korporacji. Nie to sobie wyobrażamy, kiedy myślimy o miłości, ale tak właśnie wygląda nowoczesny związek na Manhattanie.

Na Manhattanie wciąż jest pełno seksu, ale ten seks kończy się przyjaźnią i wspólnymi interesami, nie miłością. Dziś wszyscy mają przyjaciół albo partnerów w biznesie; nikt tak naprawdę nie ma kochanków — nawet jeśli ludzie ze sobą sypiają.

Wracając do tej angielskiej dziennikarki: Po sześciu miesiącach, kilku kolejnych „związkach" i krótkiej przygodzie z facetem, który dzwonił w drodze do miasta i mówił, że zadzwoni, kiedy już będzie w mieście (i nigdy nie dzwonił), zmądrzała.

— Związki w Nowym Jorku polegają na braku przywiązania — powiedziała. — Tylko jak się przywiązać, kiedy się w końcu tego chce?

Kochana, wtedy wyjeżdżasz z miasta.

Miłość w Bowery Bar, część I

Jest piątkowy wieczór w Bowery Bar. Na dworze śnieg, w środku gwar. Jest tu aktorka z Los Angeles, wygląda uroczo bezsensownie w szarej winylowej kurteczce i minispódniczce, u boku swego zbyt opalonego, obwieszonego złotem towarzysza. Jest też aktor, piosenkarz i imprezowy chłopiec, Donovan Leitch, w zielonej marynarce i włochatej, beżowej czapce z nausznikami. Przy stoliku siedzi Francis Ford Coppola z żoną. Przy stoliku Francisa Forda Coppoli jest wolne krzesło. Nie jest tak po prostu wolne: jest zniewalająco, pociągająco, kusząco, prowokująco wolne. Jest tak wolne, że aż bardziej zajęte niż wszystkie inne krzesła w lokalu. I wtedy, gdy pustka tego krzesła grozi wywołaniem jakiejś rozróby, Donovan Leitch przysiada się na pogawędkę. Natychmiast wszyscy są zazdrośni. Wkurzeni. Energia w lokalu gwałtownie się chwieje. I to jest romans w Nowym Jorku.

Szczęśliwy małżonek

— Miłość to związanie się z drugą osobą, a co, jeśli ta osoba okaże się zobowiązaniem? — powiedział mój kumpel, jeden z nielicznych znanych mi facetów szczęśliwie żonatych od dwunastu lat. — Im więcej czasu mija, tym bardziej się utwierdzasz w tym przekonaniu. I coraz trudniej, i trudniej jest ci się zaangażować, no, chyba że przytrafi ci się coś wstrząsającego, na przykład śmierć rodziców. Nowojorczycy budują fasady, przez które nie można się przedrzeć — ciągnął. — Co za szczęście, że wszystko ułożyło mi się tak wcześnie, bo tu jest tak łatwo w ogóle z nikim nie być... czasem już nie można tego zmienić.

Szczęśliwa (w pewnym sensie) mężatka

Zadzwoniła do mnie koleżanka, mężatka.

— Nie mam pojęcia, jak w tym mieście komukolwiek udaje się utrzymać związek. To piekielnie trudne. Te wszystkie pokusy. Imprezy. Drinki. Narkotyki. Inni ludzie. Chcesz się zabawić. A jak jesteście parą, to co macie robić? Siedzieć w tym swoim pudełkowatym mieszkaniu i gapić się na siebie? Samemu jest łatwiej — powiedziała z nutką żalu. — Możesz robić, co chcesz. Nie musisz wracać do domu.

Wolny strzelec z Coco Pazzo

Wiele lat temu, kiedy mój kumpel Capote Duncan był jedną z najbardziej atrakcyjnych partii w Nowym Jorku, chodził ze wszystkimi kobietami w mieście. Wtedy byliśmy jeszcze na tyle romantyczni, żeby wierzyć, że któraś go w końcu usidli. Pewnego dnia przecież musi się zakochać — myśleliśmy. Każdy musi się kiedyś zakochać, a on zakocha się w kobiecie sukcesu, która będzie piękna i mądra. Ale te piękne i mądre kobiety sukcesu przychodziły i odchodziły. A on ciągle się nie zakochiwał.

Byliśmy w błędzie. Dzisiaj Capote siedzi przy obiedzie w Coco Pazzo i twierdzi, że jest niezatapialny. Nie chce związku. Nie chce nawet próbować. Nie interesują go uczuciowe zobowiązania. Nie chce się narażać na czyjeś nerwice. Mówi więc kobietom, że będzie ich przyjacielem i że mogą z nim uprawiać seks, ale to wszystko. I z pewnością nie będzie nic więcej.

I jemu to pasuje. Już go to nawet nie smuci tak jak kiedyś.

Miłość w Bowery Bar, część II

Przy moim stoliku w Bowery Bar siedzą: Parker, lat trzydzieści dwa — pisze powieści o związkach, które się nieuchronnie rozpadają; jego chłopak, Roger, i Skipper Johnson, prawnik w przemyśle rozrywkowym. Skipper ma dwadzieścia pięć lat i uosabia generację X z jej zawziętą niewiarą w miłość.

— Po prostu nie wierzę, że spotkam tę właściwą osobę i się ożenię — powiedział. — Związki są zbyt intensywne. Jeśli wierzysz w miłość, to sam się wystawiasz na rozczarowanie. Po prostu nie można nikomu ufać. Dzisiaj ludzie są tacy zepsuci.

— Ale chodzi o ten jeden promyk nadziei — zaprotesto-
wał Parker. — Masz nadzieję, że miłość uchroni cię przed cy-
nizmem.

Skipper tego nie kupił.

— Świat jest o wiele bardziej popieprzony niż dwadzieścia
pięć lat temu — powiedział. — I wkurwia mnie, że urodzi-
łem się w tym pokoleniu i muszę to wszystko znosić. Forsa,
AIDS, związki, to wszystko się ze sobą łączy. Większość ludzi
w moim wieku nie wierzy, że znajdzie stałą pracę. A kiedy się
boisz o finansową przyszłość, nie chcesz się wiązać.

Rozumiałam jego cynizm. Ostatnio sama zaczęłam mówić,
że nie chcę się z nikim wiązać, bo jeśli to się nie skończy małżeństwem, to zostanę z pustymi rękami. Skipper pociągnął
drinka.

— Nie mam wyboru! — wrzasnął. — Nie chcę być w płytkim związku, więc nie robię nic. Nie zakochuję się, nie upra-
wiam seksu. Komu to potrzebne? Komu potrzebne takie problemy jak choroba albo ciąża? A ja nie mam problemów. Nie
boję się zarażenia, psychopatów ani odrzuconych wielbicielek.
Czemu po prostu nie można posiedzieć z przyjaciółmi, fajnie
pogadać i dobrze się bawić?

— Jesteś wariat — powiedział Parker. — Tu nie chodzi o forsę. Może nie możemy sobie nawzajem pomagać finansowo,
ale możemy pomagać sobie inaczej. Emocje nic nie kosztują.
Masz do kogo wracać. Masz kogoś w swoim życiu.

Miałam taką teorię, że w Nowym Jorku miłość i przywią-
zanie znaleźć można jeszcze tylko w społeczności gejów. Geje
przyjaźnili się z fantazją i pasją, a tymczasem związki hetero
były skostniałe. Wyrobiłam sobie tę teorię częściowo przez to,
co usłyszałam i przeczytałam o multimilionerze, który zostawił żonę dla młodego faceta — i odważnie prowadzał się ze
swym Adonisem po najmodniejszych restauracjach Manhat-

tanu, pod nosem dziennikarzy plotkarskich kolumn. Oto — myślałam — prawdziwy kochanek.

Parker też był potwierdzeniem mojej teorii. Na przykład, kiedy Parker i Roger dopiero co zaczęli się spotykać, Parker zachorował. Roger przyszedł do niego i ugotował mu obiad, i opiekował się nim. To by się nigdy nie zdarzyło facetowi hetero. Gdyby taki hetero zachorował, a dopiero co zaczął chodzić z kobietą i ona by się chciała nim zaopiekować, toby odleciał ze strachu — myślałby, że ona usiłuje się wkupić w jego życie. I drzwi by się zatrzasnęły.

— Miłość jest niebezpieczna — powiedział Skipper.

— Skoro wiesz, że jest niebezpieczna, to tym bardziej ją cenisz, tym mocniej się starasz, by ją zatrzymać — odparł Parker.

— Ale przecież związki są poza kontrolą — upierał się Skipper.

— Wariat — upewnił się Parker.

— A co powiesz o staromodnych romantykach? — Nad Skipperem zaczął pracować Roger.

Moja przyjaciółka Carrie aż podskoczyła. Znała ten typ.

— Za każdym razem, kiedy facet mi wciska, że jest romantykiem, mam ochotę krzyczeć — powiedziała. — Bo to znaczy jedynie, że on ma romantyczną wizję ciebie, i kiedy tylko przestaniesz grać w jego klocki i jesteś sobą, on znika. Romantycy są niebezpieczni. Trzymajcie się od nich z daleka.

I wtedy zrobiło się niebezpiecznie, bo jeden z takich romantyków podszedł do naszego stolika.

Rękawiczka damy

— Kondomy zabiły romantyzm, ale o wiele łatwiej jest się z kimś przespać — powiedział mój kumpel. — Jest w kondomach coś takiego, że kobiety czują, jakby taki seks nie miał znaczenia. Bo nie ma kontaktu z ciałem. I idą z tobą do łóżka o wiele chętniej.

Miłość w Bowery Bar, część III

Barkley, lat dwadzieścia pięć, jest malarzem. Barkley i moja przyjaciółka Carrie „widywali się" przez osiem dni, co znaczy, że chodzili w różne miejsca, całowali się, patrzyli sobie w oczy, i to było słodkie. Miałyśmy już po dziurki w nosie tych wszystkich cynicznych trzydziestopięciolatków, więc Carrie wymyśliła, że spróbuje pochodzić z młodszym facetem, który jeszcze nie mieszka w Nowym Jorku na tyle długo, żeby zwapnieć.

Barkley powiedział Carrie, że jest romantykiem, „bo tak czuje", powiedział jej też, że chce przerobić powieść Parkera na scenariusz. Carrie zaproponowała, że ich sobie przedstawi, i to dlatego Barkley znalazł się teraz przy naszym stoliku.

Kiedy jednak Barkley się pojawił, spojrzeli sobie z Carrie w oczy i nie poczuli... nic. Być może dlatego, że przeczuwał nieuniknione, Barkley przyprowadził ze sobą dziwaczną młodą dziewczynę z brokatem na policzkach. W każdym razie, kiedy już usiadł, powiedział:

— Absolutnie wierzę w miłość. Gdybym w nią nie wierzył, popadłbym w czarną depresję. Ludzie to połówki. Miłość sprawia, że wszystko nabiera znaczenia.

— I wtedy ktoś ci ją zabiera, no i masz przejebane — skomentował Skipper.

— Ale to wszystko od ciebie zależy — powiedział Barkley.

— Mieszkać w Montanie, mieć antenę satelitarną, faks i range rovera i czuć się bezpiecznie. — Skipper określił swoje życiowe cele.

— A może to, czego pragniesz, jest złe — zasugerował Parker. — Może źle się z tym czujesz.

— Ja chcę piękna — ciągnął swoje Barkley. — Muszę być z piękną kobietą. Nic na to nie poradzę. To dlatego większość dziewczyn, z którymi chodzę, jest głupia.

Skipper i Barkley wyciągnęli swoje komórki.

— Twój telefon jest za duży — zauważył Barkley.

Potem Carrie i Barkley wylądowali w klubie Tunnel. Oglądali pięknych młodych ludzi, palili papierosy i wlewali w siebie drinki. Barkley odpłynął z brokatową dziewczyną, a Carrie zajęła się jego najlepszym przyjacielem, Jackiem. Tańczyli, a potem ślizgali się po śniegu jak wariaci, usiłując złapać taksówkę. Carrie nie była nawet w stanie spojrzeć na zegarek.

Barkley zadzwonił nazajutrz po południu.

— Co tam, stara? — spytał.

— Nie wiem. To ty dzwonisz.

— Mówiłem ci, nie chcę mieć dziewczyny. Wystawiłaś się. Wiedziałaś, jaki jestem.

No pewno — chciała powiedzieć Carrie — wiedziałam, że jesteś płytkim, tanim kobieciarzem, i dlatego chciałam z tobą chodzić.

Ale tego nie powiedziała.

— Nie spałem z nią. Nawet jej nie pocałowałem — zapewniał Barkley. — Nie zależy mi na niej. Już się z nią nigdy nie spotkam, jeśli tego chcesz.

— Naprawdę gówno mnie to obchodzi — przyznała Carrie. Ku swemu przerażeniu stwierdziła, że mówi prawdę.

A potem spędzili kolejne cztery godziny, dyskutując o obrazach Barkleya.

— Mógłbym to robić przez całe dnie, codziennie — przyznał Barkley. — To o tyle lepsze od seksu.

Wielki nieudawacz

— Jedyne, co pozostaje, to praca — powiedział Robert, lat
czterdzieści dwa, wydawca. — Jest tyle do zrobienia, kto ma
czas na romantyzm?

Robert opowiedział historię o tym, jak ostatnio był zwią-
zany z kobietą, którą naprawdę lubił, ale po półtora miesiąca
było już jasne, że nic z tego nie wyjdzie.

— Poddawała mnie tym wszystkim próbom. Na przykład
miałem do niej dzwonić w środę, żeby się umówić na piątek.
Ale przecież w środę mógłbym już być w nastroju samobój-
czym, a Bóg jeden wie, jak będę się czuł w piątek! Chciała być
z kimś, kto za nią szaleje. To rozumiem. Ale nie mogłem udawać, że czuję coś, czego nie czułem.

— Oczywiście, wciąż jesteśmy dobrymi przyjaciółmi — dodał. — Cały czas się spotykamy. Tyle że bez seksu.

Narcyz w Four Seasons

W którąś niedzielę wieczorem poszłam na benefis dobroczyn-
ny do Four Seasons. Hasłem przyjęcia była „Oda do miłości".
Każdy ze stołów nazwano na cześć jakiejś sławnej pary: Tammy
Faye i Jim Bakker, Narcyz i Jego Odbicie, Katarzyna Wielka i Jej
Koń, Michael Jackson i Przyjaciele. Al D'Amato siedział przy
stole Billa i Hillary. Na środku każdego stołu była dekoracja ze
stosownych rekwizytów. Na przykład na stole Tammy Faye-
Bakker były sztuczne rzęsy, błękitny cień do powiek i świeczki
w kształcie szminek. Stół Michaela Jacksona miał wypchanego
goryla i wybielający krem do twarzy Porcelana.

Był tam też Bob Pittman.

— Z miłością nie koniec, ale koniec z paleniem — powiedział, szczerząc zęby.

Obok stała jego żona Sandy, a ja chowałam się za dekoracyjną rośliną, usiłując ukradkiem wypalić papierosa. Sandy powiedziała, że ma zamiar wspinać się na jakąś górę w Nowej Gwinei i nie będzie jej przez kilka tygodni.

Do domu wróciłam sama, ale zanim wyszłam, ktoś wręczył mi szczękę konia ze stołu Katarzyny Wielkiej.

Miłość w Bowery Bar, epilog

Donovan Leitch wstał od stolika Francisa Forda Coppoli i podszedł do nas.

— Ależ nie — wtrącił się do rozmowy. — Ja absolutnie wierzę, że miłość wszystko zwycięża. Tylko czasem trzeba jej zrobić trochę miejsca.

A właśnie dokładnie tego brakuje na Manhattanie.

O, byłabym zapomniała. Bob i Sandy się rozwodzą.

2

Seks grupowy?
Nie sądzę…

Wszystko zaczęło się tak, jak to zwykle bywa: całkiem niewinnie. Siedziałam w domu, jedząc praktyczny lunch złożony z krakersów i sardynek, kiedy zadzwonił znajomy. Jego kumpel był niedawno w Le Trapeze, seksklubie tylko dla par, i był pod wrażeniem. Odleciał. Nadzy ludzie uprawiali seks tuż przed jego nosem. Nie tak jak w klubach S&M, gdzie nie ma prawdziwych stosunków, tu był autentyczny, soczysty owoc. Dziewczyna tego faceta trochę spanikowała — chociaż, kiedy inna naga kobieta otarła się o nią, „nawet jej się to podobało". Wedle jego relacji.

Facet był tak oczarowany tym miejscem, że wręcz nie chciał, żebym o nim pisała, bo bał się, że reklama je zrujnuje, jak większość porządnych miejsc w Nowym Jorku.

Zaczęłam sobie wyobrażać rozmaite scenki: piękne, umięśnione pary. Delikatny dotyk. Dziewczyny o długich, falujących blond włosach w wiankach z liści winnego krzewu. Chłopcy o idealnie białych zębach, w przepaskach z liści winnego krzewu. Ja w superkrótkiej sukience z liści winnego krzewu, z odsłoniętym jednym ramieniem. Wejdziemy ubrani, wyjdziemy oświeceni. Automatyczna sekretarka klubu drastycznie przywołała mnie do rzeczywistości. „W Le Trapeze nie ma obcych, tylko przyjaciele, których jeszcze nie znasz" — powiedział głos nieokreślonej płci, który dodał, że jest tam „bar z sokami, a także zimny i gorący bufet" — co rzadko mi się kojarzy z seksem i nagością. Z okazji Święta Dziękczynienia 19 listopada miała się odbyć „noc orientalna". To brzmiało ciekawie, tyle że okazało się, że „noc orientalna" odnosi się do jedzenia, nie do ludzi. Już wtedy powinnam była to sobie odpuścić. Nie powinnam była słuchać przerażająco napalonej Sallie Tisdale, która w swojej pornograficznej książce dla yuppie, *Mów do mnie świństwa*, zachwyca się publicznym seksem grupowym: „To jest tabu w najprawdziwszym tego słowa znaczeniu... Jeśli sekskluby robią to, o czym mówią, to nastąpi prawdziwy przewrót. Tak jak się tego obawiałam, runą zapory... Centrum się nie utrzyma". Powinnam była zapytać: No i co w tym zabawnego?

Ale musiałam sama się przekonać. I tak w zeszłą środę wieczorem w moim kalendarzu były wpisane dwa wyjścia: 21.00 — obiad na cześć kreatora mody Karla Lagerfelda, Bowery Bar; 23.30 — seksklub Le Trapeze, Dwudziesta Siódma Wschodnia.

Bałaganiary; podkolanówki

Zdaje się, że wszyscy lubią mówić o seksie, i obiad Karla Lagerfelda, naszpikowany supermodelkami i wydawcami magazynów mody, nie był wyjątkiem. Rzeczywiście, nasz koniec stołu nagrzał się do białości. Cudna młoda dziewczyna o czarnych, kręconych włosach i manierze „już-wszystko-widziałam", która może wyjść tylko dwudziestolatce, twierdziła, że uwielbia chodzić do barów topless, „ale tylko takich rasowych jak Billy's Topless, bo tam dziewczyny są prawdziwe".

Potem wszyscy się zgodzili, że małe piersi są lepsze niż sztuczne piersi, i przeprowadzono ankietę: Który z facetów przy stole był z kobietą, która rzeczywiście miała silikonowe implanty? I choć nikt się nie przyznał, jeden malarz, lat około trzydziestu pięciu, nie zaprzeczał dostatecznie mocno.

— Ty to brałeś! — oskarżył go wzięty hotelarz o twarzy cherubinka. — A najgorsze jest to, że… że ci się…. podobało.

— Wcale nie — zaprzeczył malarz. — Ale nie miałbym nic przeciwko.

Na szczęście wtedy wjechało pierwsze danie i wszyscy napełnili kieliszki winem.

Następna rundka: Czy bałaganiary są lepsze w łóżku? Hotelarz miał swoją teorię.

— Gdy wchodzisz do mieszkania kobiety i wszystko jest na swoim miejscu, to już wiesz, że ona nie spędzi w łóżku całego dnia, zamawiając chińszczyznę, żeby ją z tobą zjeść w tym łóżku, lecz każe ci wstać i jeść tosty przy kuchennym stole.

Nie bardzo wiedziałam, jak na to zareagować, bo jestem dosłownie największą bałaganiarą na świecie. I pewnie pod moim łóżkiem akurat walają się pudełka po kurczaku od Generała Tso. Na szczęście wszystko zjadłam sama. Tyle co do tej teorii.

Podano steki.

— Co mnie naprawdę nakręca — przyznał malarz — to kiedy widzę kobitkę w spódniczce w szkocką kratę i w podkolanówkach. Cały dzień nie mogę pracować.

— E, nie — skontrował hotelarz. — Najgorsze, kiedy idziesz za kobietą po ulicy, a ona się w końcu odwraca i jest tak piękna, jak to sobie wyobrażałeś. I uosabia wszystko, czego nigdy w życiu nie będziesz miał.

Malarz pochylił się nad stołem.

— Kiedyś przez kobietę przestałem malować na pięć lat — oświadczył.

Cisza. Tego nikt nie mógł przebić.

Wraz z kremem czekoladowym pojawił się mój partner na randkę w Le Trapeze. Ponieważ tam wpuszczają tylko pary — w znaczeniu mężczyzna i kobieta — poprosiłam mojego ostatniego ekschłopaka, Sama, doradcę inwestycyjnego, żeby mi towarzyszył. Sam to był dobry wybór, bo po pierwsze, był jedynym facetem, którego mogłam na to namówić, po drugie, miał już doświadczenie w te klocki. Milion lat temu był w Plato's Retreat. Podeszła tam do niego jakaś nieznajoma i wyciągnęła mu ptaka ze spodni. Jego dziewczyna — a to wyjście było jej pomysłem — wybiegła z klubu z wrzaskiem.

Rozmowa zeszła na nieuniknione: Jacy ludzie chodzą do seksklubów? Ja byłam chyba jedyna przy stole bez teorii. Bo choć nikt z biesiadników nie był w seksklubie, wszyscy się zgadzali, że do takich klubów chodzą głównie „nieudacznicy z New Jersey". Ktoś rzucił, że do seksklubu nie można sobie tak po prostu chodzić, chyba że ma się dobre usprawiedliwienie, na przykład, że tego wymaga twoja praca. Ta gadanina wcale mi nie poprawiła nastroju. Poprosiłam kelnera, żeby mi przyniósł tequilę.

Sam i ja wstaliśmy od stołu. Pisarz, który zajmował się popkulturą, dał nam ostatnią radę.

— To będzie naprawdę straszne — ostrzegł, choć oczywiście w życiu nie był w takim miejscu. — Chyba że sami przejmiecie kontrolę. Musicie przejąć kontrolę nad tym, co się dzieje. Musicie tego dokonać.

Noc seksualnych zombi

Klub Le Trapeze mieścił się w białym, kamiennym budynku pokrytym graffiti. Wejście było dyskretne, z metalową barierką, taka uboga wersja wejścia do hotelu Royalton. Kiedy wchodziliśmy, akurat wychodziła jakaś para, i gdy kobieta nas zobaczyła, zakryła twarz kołnierzem płaszcza.

— Fajnie było? — spytałam.

Rzuciła mi przerażone spojrzenie i pobiegła do taksówki. W środku, w malutkiej kabinie, siedział ciemnowłosy chłopak w pasiastej koszulce do rugby. Wyglądał, jakby miał osiemnaście lat. Nie podniósł wzroku.

— Czy to panu płacimy?

— Osiemdziesiąt pięć dolarów od pary.

— Przyjmujecie karty kredytowe?

— Tylko gotówkę.

— A dostanę paragon?

— Nie.

Musieliśmy podpisać oświadczenia, że będziemy przestrzegać reguł bezpiecznego seksu. Dostaliśmy czasowe karty członkowskie, które napominały, że zabrania się prostytucji, filmowania i nagrywania.

Spodziewałam się parującego seksu, ale pierwszą rzeczą, jaką ujrzeliśmy, były parujące stoły — ten wcześniej wspomniany gorący i zimny bufet. Nikt nie jadł, a nad bufetem wisiało ogłoszenie: PRZY JEDZENIU TWÓJ KOCHANEK MUSI MIEĆ ZAKRYTĄ DOLNĄ CZĘŚĆ TUŁOWIA. Potem zobaczyliśmy menedżera. Bob, przysadzisty brodacz w kraciastej koszuli i dżinsach, wyglądał tak, jakby zarządzał sklepem ze zwierzątkami Pet „R" Us w Vermoncie. Bob powiedział nam, że ten klub przetrwał piętnaście lat dzięki swojej „dyskrecji".

— Poza tym — dodał — tutaj „nie" oznacza „nie".

Radził, żebyśmy się nie krępowali tylko patrzeć, bo większość ludzi w ten sposób zaczyna.

A co zobaczyliśmy? No cóż, była tam spora sala z ogromnym dmuchanym materacem, na którym ochoczo walczyło kilka obwisłych par; było też „krzesło seksu" (wolne), które wyglądało jak pająk; była pulchna kobieta w luźnej sukni, która siedziała przy jacuzzi i paliła; były pary o szklistych oczach (Noc żywych seksualnych zombi, pomyślałam); i było dużo facetów, którzy najwyraźniej mieli problemy ze stanięciem na wysokości zadania. Ale przede wszystkim były te cholerne parujące stoły z jedzeniem (co oni tam trzymali — hot dogi?) i niestety, to mniej więcej wszystko, co mogę opowiedzieć.

Klub Le Trapeze był, jak to mówią Francuzi, Le Zdzierstwo. Koło pierwszej w nocy ludzie zaczęli się rozchodzić. Kobieta w sukni poinformowała nas, że jest z hrabstwa Nassau i że powinniśmy tu wrócić w sobotę wieczorem.

— W soboty — powiedziała — tu jest gorący kocioł.

Nie spytałam, czy chodzi jej o gości — bałam się, że ma na myśli bufet.

Świntuszenie w Mortimers

Kilka dni temu byłam na babskim lunchu w Mortimers. I znowu rozmowa zeszła na seks i moje przeżycia w klubie.

— Nie byłaś zachwycona? — spytała Charlotte, ta angielska dziennikarka. — Ja bym tak chciała iść w podobne miejsce. Nie podniecił cię widok tych wszystkich ludzi uprawiających seks?

— No nie — powiedziałam, opychając się kukurydzianym placuszkiem z łososiową ikrą.

— Ale czemu?

— Bo tak naprawdę nic nie było widać — wyjaśniłam.

— A faceci?

— To było najgorsze — przyznałam. — Połowa wyglądała na psychiatrów. Już nigdy nie będę mogła spokojnie iść na terapię, żeby sobie nie wyobrażać tłustego brodacza, jak ze szklanym wzrokiem leży goły na podłodze, a ktoś mu od godziny robi laskę. A on i tak nie może skończyć.

— Tak — mówiłam do Charlotte — zdjęliśmy ubrania, ale mieliśmy na sobie ręczniki. Nie, nie uprawialiśmy seksu. Nie, nie napaliłam się, nawet kiedy wysoka, atrakcyjna, czarnowłosa kobieta po trzydziestce weszła na to dmuchane jebadełko i wywołała zamieszanie. Wypięła kuperek jak małpka i po kilku minutach zniknęła w tej plątaninie rąk i nóg. To powinno być podniecające, ale ja mogłam myśleć tylko o filmach „National Geographic", o parzeniu się pawianów.

Prawdą jest, że ekshibicjonizm i voyeuryzm wcale nie są popularne. I jeśli o to chodzi, to samo tyczy sadomasochizmu, choć mogliście czytać coś wręcz przeciwnego. A w tych klubach problem sprowadza się do ludzi. Przychodzą tam aktorki, które nigdy nie mogą znaleźć pracy; upadłe diwy operowe, malarze i pisarze; ludzie niższego szczebla zarządzania, którzy nigdy nie wdrapią się na szczebel średni. Tacy, co to gdyby cię dorwali w barze, trzymaliby cię jak zakładnika opowieściami o byłych żonach i problemach z trawieniem. To ludzie, którzy nie potrafią wynegocjować sobie miejsca w tym systemie. Są na skraju, seksualnie i w życiu. I nie są to ludzie, z którymi chciałoby się dzielić swoje intymne fantazje.

No, w Le Trapeze nie wszyscy byli bladymi, opuchniętymi, seksualnymi zombi. Zanim wyszliśmy z klubu, w szatni wpadliśmy z Samem na atrakcyjną, wysoką kobietę i jej partnera. Facet był zadbany, miał „szczerą amerykańską twarz" i był gadatliwy. Mieszka na Manhattanie — mówił — i niedawno rozkręcił własny biznes. On i kobieta znali się z pracy. Kiedy ona wskoczyła w elegancki żółty kostium, facet uśmiechnął się i zdradził:

— Dzisiaj spełniła swoją seksualną fantazję.

Kobieta spiorunowała go wzrokiem i wymaszerowała z szatni.

Kilka dni później Sam zadzwonił, a ja się na niego wydarłam. Więc spytał, czy to całe wyjście to nie był przypadkiem mój pomysł.

Potem zapytał, czy niczego się nie nauczyłam.

Więc przyznałam, że i owszem. Powiedziałam, że nauczyłam się, że jeśli chodzi o seks, to nie ma jak w domu.

Ale przecież ty już to wiedziałeś, Sam, prawda? Wiedziałeś. Sam?

3

Kochamy
seryjnego randkowicza

Niedawno siedem kobiet zeszło się po południu na Manhattanie, żeby przy winie, serze i papierosach przedyskutować jedyną sprawę, która je łączyła: mężczyznę. A dokładnie, pewnego
faceta do wzięcia z Manhattanu, nazwijmy go „Tom Peri".
Tom Peri ma lat czterdzieści trzy, marne pięć stóp i dziesięć cali wzrostu, proste, brązowe włosy. W jego wyglądzie nie
ma nic szczególnego, może poza skłonnością sprzed kilku lat
do noszenia idiotycznych szelek do czarnych garniturów od
Armaniego. Pochodzi z bogatej rodziny fabrykanckiej, wychował się na Piątej Alei i w Bedford. Mieszka w nowoczesnym
wieżowcu przy Piątej Alei.

Przez ostatnie piętnaście lat Peri, do którego niemal wszyscy zwracają się tylko po nazwisku, stał się kimś w rodzaju
nowojorskiej legendy. Nie jest typowym kobieciarzem, bo zawsze chciał się ożenić. Peri jest raczej jednym z najbardziej
w tym mieście zasłużonych seryjnych randkowiczów. Angażuje
się czasem aż w dwanaście „związków" rocznie. Ale po dwóch
dniach czy dwóch miesiącach nadchodzi nieuniknione. Coś
się psuje i Peri ogłasza: „Zostałem rzucony".

Dla pewnego typu kobiet — ambitnych, dobrze ustawio-
nych, koło trzydziestki — umawianie się z Perim albo unika-
nie jego względów stało się ni mniej, ni więcej tylko rytuałem

inicjacyjnym, czymś w rodzaju pierwszej przejażdżki limuzyną połączonej z pierwszą kradzieżą.

Wśród innych znanych kobieciarzy Peri się wyróżnia. Przede wszystkim wydaje się, że ma o wiele mniej atutów. Nie ma ani doskonałej, arystokratycznej prezencji księcia Erika Wachtmeistera, ani góry gotówki Morta Zuckermana.

Chciałyśmy rozgryźć, co ma Peri.

Każda z kobiet, do których dotarłam, była kiedyś związana z Perim — albo intymnie, albo jako obiekt jego westchnień — i każda twierdziła, że go rzuciła. Żadna nie odmówiła, kiedy zaproponowałam wspólną sesję: Rozmowy o Perim. Każda z nich miała jakby coś... nierozwiązanego w związku z Perim. Może chciały, żeby wrócił. Może chciały, żeby nie żył.

Jak Daryl Van Horne

Spotkałyśmy się w domu Sary, producentki filmowej, która kiedyś była modelką ("Aż to gówno mnie znudziło i przytyłam dziesięć kilo"). Miała teraz na sobie ciemny, prążkowany kostium.

— Kiedy przeglądasz listę facetów, z którymi byłaś, to Peri jest tam jedyny bez sensu — powiedziała. — I myślisz, o co w tym chodziło?

Zanim jeszcze doszłyśmy do pikantnych kąsków, dokonałyśmy niepokojącego odkrycia. Choć żadna z tych kobiet nie widziała Periego od miesięcy, tego ranka zadzwonił aż do czterech z nich.

— Nie sądzę, żeby coś wiedział, to był tylko przypadek — powiedziała Magda.

Magda od lat przyjaźniła się z Perim — właściwie większość

jej koleżanek to były dziewczyny Periego, które przez niego poznała.

— On wie o nas wszystko — powiedziała inna. — Jak ten Daryl Van Horne z *Czarownic z Eastwick*.

— Już raczej Van Horny* — skomentowała inna. Otworzyłyśmy wino.

— Sprawa z Perim ma się tak — zaczęła Sarah. — Wydaje się czarujący, bo kiedy go poznajesz, jest wygadany, jest wesoły i jest zawsze pod ręką, bo przecież nie pracuje. To lepsze od faceta, który mówi „spotkamy się na lunchu", potem wraca do pracy, potem mówi „spotkamy się na koktajlu o szóstej". Kiedy ostatnio chodziłaś z facetem, który chciał cię widzieć trzy razy dziennie?

— Koktajl, jaki to słowo ma ładunek — zauważyła Magda. — Widzisz Katharine Hepburn i Cary'ego Granta.

Jackie, redaktorka tygodnika, dodała:

— Kiedy go poznałam, od razu zaczęliśmy się spotykać, pięć razy w tygodniu. On cię nawet na chwilę nie zostawia samej.

— Jest sprytny, a do tego uwielbia gadać przez telefon — powiedziała Sarah. — A będąc kobietą, myślisz, och, jemu naprawdę musi zależeć, bo dzwoni dziesięć razy dziennie. I przymykasz oczy na fakt, że to taki śmieszny, mały człowieczek.

— A potem zaczynasz dostrzegać te szelki i myślisz: O Boże — westchnęła Maeve, poetka, pół-Irlandka.

— Potem zaczynasz zdawać sobie sprawę, że on wcale nie jest zabawny — dodała Sarah. — Ma spory zapas dowcipów, ale kiedy już je wszystkie słyszałaś milion razy, to zaczyna wkurzać. To jak pętla. On się zapętla.

— Powiedział mi, że byłam jego jedyną dziewczyną, która rozumiała jego dowcipy — powiedziała Maeve. — A ja wcale nie uważałam, że są śmieszne.

---

* Gra słów: *horny* (ang. slang.) — napalony.

— A potem widzisz jego mieszkanie. I tych dwudziestu pięciu odźwiernych… O co tu chodzi?

— I myślisz, czemu on po prostu nie wywali wszystkich mebli i nie idzie mieszkać w sklepie z drzwiami.

— Kiedyś mi pokazał kółka do serwetek, jakie dostał. Były w kształcie kajdanek. Jakby w ten sposób chciał uwieść dziewczynę. Kółkami do serwetek.

Pierwsza randka: 44

Więc jak to się zaczyna?

Historia Jackie była typowa.

— Czekałam na stolik w Blue Ribbon — powiedziała. — Podszedł do mnie i zaczął rozmowę. Był strasznie zabawny. Pomyślałam: O Boziu, naprawdę coś iskrzy, ale pewnie już go nigdy nie spotkam.

Zgodnie pokiwałyśmy głowami. Czyż nie wszystkie to przeżyłyśmy?

— Zadzwonił tak jakoś koło ósmej nazajutrz rano — ciągnęła Jackie. — „Chcesz iść na lunch?", spytał. Następnego dnia zawsze zabiera na lunch do 44.

Sapphire, młoda rozwiedziona mama, aż się zaśmiała.

— A mnie wziął do 44 dopiero za drugim razem.

— Kiedy wciąż jeszcze uważasz, że jest inteligentny i zabawny, zaprasza cię na wspólny wyjazd na cały weekend — powiedziała Jackie.

— Poprosił mnie o rękę gdzieś tak na dziesiątej randce — dodała Sarah. — To było tempo, nawet jak na niego.

— A mnie wziął na obiad do domu swoich rodziców chyba na trzeciej randce — wtrąciła Britta, wysoka, smukła brunetka, która pracowała w fotografice i była już szczęśliwą mężatką. — Byłam tylko ja, jego rodzice i lokaj. Następnego dnia, pamiętam, siedziałam na jego łóżku, a on mi puszczał filmy ze swojego dzieciństwa. I błagał, żebym za niego wyszła. Mówił: „Widzisz, umiem być poważnym facetem". A potem zamówił jakąś tanią chińszczyznę, a ja myślałam: Wyjść za ciebie? Czyś ty się naćpał?

Ramona westchnęła.

— Z drugiej strony, ja wtedy właśnie z kimś zerwałam i było mi ciężko. A on był zawsze przy mnie.

Pojawiła się pewna prawidłowość. Każda z kobiet, które chodziły z Perim, właśnie odeszła od męża albo zerwała długotrwały związek, kiedy to Peri ją odnalazł. A może to one znajdowały jego?

— To facet odtrutka — stwierdziła Sarah. — Jakby mówił: „Przepraszam, jest pani załamana? No to chodźmy do łóżka".

— To emocjonalny *Mayflower* — powiedziała Maeve. — Zabiera kobiety z punktu A do punktu B. I docierasz do Plymouth Rock, czując się o niebo lepiej.

Jego mocną stroną była umiejętność empatii. Pojawiało się wciąż określenie „On jest jak dziewczyna".

— On czyta więcej magazynów mody niż większość kobiet — powiedziała Sapphire. — I jest gotowy bić się o twoje sprawy bardziej niż o swoje.

— Jest niesamowicie pewny siebie — ciągnęła Maeve. — Uważam, że faceci popełniają błąd, przedstawiając się jako bezradni idioci, którzy nie potrafią znaleźć skarpetek. Peri za to mówi: „Jestem absolutnie godny zaufania. Wesprzyj się na mnie". A ty myślisz: Co za ulga! Naprawdę, to wszystko, czego chcą kobiety. Większość mężczyzn tego nie rozumie. Przynajmniej Peri jest na tyle bystry, żeby tym zagrać.

No i jest jeszcze seks.

— Jest fantastyczny w łóżku — stwierdziła Sarah.

— Niewiarygodnie się całuje — dodała Sapphire.

— Uważacie, że jest super? — spytała Jackie. — Ja myślę, że był straszny. Możemy pogadać o jego stopach?

Mimo wszystko, jak na razie, Peri jawił się jako uosobienie dwóch rzeczy, których kobiety, jak twierdzą, pragną najbardziej na świecie: był mężczyzną, który potrafi rozmawiać i rozumieć jak kobieta, ale który równocześnie wie, jak być facetem. No więc czego mu brakowało?

Peri: rozmiar (osiem) ma znaczenie

— Bo to jest tak — mówiła Maeve. — Tak długo, jak jesteś neurotyczna i szalona, on jest super. Ale kiedy już rozwiąże wszystkie twoje problemy, sam staje się problemem.

— Robi się strasznie złośliwy — stwierdziła jedna z kobiet. Pozostałe przytaknęły.

— Kiedyś — przypomniała sobie Jackie — powiedziałam mu, że noszę rozmiar osiem, a Peri na to: „Nie ma mowy, żebyś nosiła ósemkę. Nosisz co najmniej dziesiątkę. Wiem dobrze, jak wygląda ósemka, i wierz mi, ty ósemką nie jesteś".

— Mnie zawsze powtarzał, żebym schudła siedem kilo — dodała Sarah. — A kiedy z nim chodziłam, byłam akurat chuda jak nigdy.

— Uważam, że kiedy mężczyźni mówią kobietom, żeby straciły na wadze, chcą odwrócić uwagę od własnych niedostatków w rozmiarze pewnych miejsc — dodała sucho inna z kobiet.

Maeve pamiętała też wyprawę na narty do Sun Valley.

— Peri wszystkim się zajął. Kupił bilety, zamówił domek. Miało być kapitalnie…

Ale zaczęli się kłócić już w limuzynie, w drodze na lotnisko — każde chciało siedzieć z tej samej strony. W samolocie stewardesa musiała ich rozdzielać. („Wtedy kłóciliśmy się o to, kto ma więcej powietrza" — wyjaśniła Maeve.) Kłócili się też na stokach. Drugiego dnia Maeve zaczęła się pakować. A on na to:

— „Ha, ha, ha, jest zamieć, nie możesz wyjechać" — wspominała Maeve. — A ja mu na to: „Ha, ha, ha, pojadę autobusem".

Miesiąc później wróciła do męża. Nie była wyjątkiem, wiele kobiet rzucało Periego po to, by wrócić do mężczyzn, z którymi wcześniej zerwały. Ale to nie znaczyło, że Peri znikał z ich życia.

— Faksy, listy i tysiące telefonów — mówiła Sapphire. — To było straszne. On ma wielkie serce i pewnego dnia będzie świetnym facetem.

— Ja przechowuję wszystkie jego listy — przyznała Sarah. — Są takie wzruszające. Widać nawet ślady po jego łzach.

Wyszła z pokoju i po chwili wróciła, trzymając listy. Czytała nam na głos: „Nie jesteś mi winna swej miłości, lecz mam nadzieję, że będziesz miała odwagę wyjść naprzeciw mojej. Nie przesyłam Ci kwiatów, bo nie chcę dzielić ani zbrukać Twej miłości niczym, czego sam nie stworzyłem".

Sarah się uśmiechnęła.

Pobieramy się

Wszystkie kobiety twierdziły, że po Perim wiedzie im się całkiem dobrze. Jackie powiedziała, że widuje się ze swoim osobistym trenerem; Magda wydała swoją pierwszą powieść; Ramona wyszła za mąż i jest w ciąży; Maeve otworzyła kafejkę; Sapphire odkryła starą miłość; Sarah twierdziła, że jest szczęśliwa, uganiając się za dwudziestosiedmioletnim złotym chłoptasiem.

A co do Periego, to niedawno przeniósł się za granicę w poszukiwaniu nowych szans na ożenek. Ktoś słyszał, że dostał kosza od Angielki, która tak naprawdę chciała poślubić księcia.

— Zawsze umawiał się z nieodpowiednimi kobietami — podsumowała Sapphire.

Sześć miesięcy temu Peri wrócił na chwilę i zaprosił Sarah na obiad.

— Ujął moją dłoń — westchnęła — i powiedział do swojego przyjaciela: „Oto jedyna kobieta, którą kiedykolwiek kochałem". No i przez wzgląd na stare czasy poszłam do niego na drinka, a on poprosił mnie o rękę tak poważnie, że nie mogłam uwierzyć. Myślałam, że udaje. Więc postanowiłam go potorturować. Powiedział mi: „Nie chcę, żebyś się widywała z innymi mężczyznami, ja nie będę się spotykał z innymi kobietami". Ja na to: „W porządku". A pomyślałam: Jak on to sobie wyobraża? On mieszka w Europie, ja w Nowym Jorku. Ale następnego ranka zadzwonił i przypomniał: „Miej świadomość, że jesteś teraz moją dziewczyną". Ja na to: „W porządku Peri, spoko".

Wrócił do Europy, a Sarah, jak twierdziła, zapomniała o całej sprawie. Pewnego ranka była w łóżku z nowym chłopakiem, kiedy zadzwonił telefon. To był Peri. Kiedy Sarah z nim rozmawiała, jej chłopak zapytał: „Chcesz kawy?" Peri oszalał.

— Kto tam jest?!

— Przyjaciel — odparła Sarah.

— O dziesiątej rano? Sypiasz z innym! Mamy się pobrać, a ty sypiasz z innym facetem?

Rzucił słuchawką, ale tydzień później znowu zadzwonił.

— Jesteś gotowa? — zapytał.

— Na co?

— Przecież się pobieramy, nie? Chyba nikogo nowego nie szukasz, co?

— Słuchaj Peri, nie widzę na swoim palcu pierścionka — powiedziała Sarah. — Może byś tak wysłał umyślnego do Harry'ego Winstona, żeby coś wybrał. Wtedy pogadamy.

Peri nie zadzwonił do Winstona. Sarah nie miała od niego wiadomości przez kilka miesięcy. Teraz powiedziała, że nawet za nim tęskni.

— Uwielbiam go — przyznała. — Współczuję mu, bo jest totalnie popieprzony.

Na dworze robiło się ciemno, ale żadna nie chciała wychodzić. Wszystkie chciały zostać, owładnięte obrazem mężczyzny takiego jak Tom Peri, który nie jest Tomem Perim.

4

Kobierzec ślubny na Manhattanie: Niezamężne kobiety, toksyczni kawalerowie

Wczoraj na lunchu. Zajadle plotkuję z facetem, którego dopiero co poznałam. Omawiamy wspólnych znajomych, pewną parę. On znał męża, ja żonę. Nigdy nie poznałam męża, a żony też nie widziałam od lat (poza przypadkowym wpadaniem na nią na ulicy). Ale jak zwykle wiedziałam wszystko, co trzeba.

— To się źle skończy — powiedziałam. — On był naiwny. Prowincjonalny prostaczek. Przyjechał z Bostonu i nic o niej nie wiedział, a ona wykorzystała okazję. Przeszła już przez tylu facetów w Nowym Jorku, miała swoją reputację. Żaden mężczyzna z miasta by się z nią nie ożenił.

Zaatakowałam swojego smażonego kurczaka, rozgrzewając się w temacie.

— Bo kobiety w Nowym Jorku wiedzą. Wiedzą, kiedy powinny wyjść za mąż. I wtedy to robią. Może już się przespały ze zbyt wieloma facetami albo stwierdziły, że zawodowo nic więcej nie osiągną, a może naprawdę chcą mieć dzieci. Do tego momentu odkładają małżeństwo, jak długo się da. I wtedy przychodzi okazja, i jeśli jej nie złapią… — wzruszyłam ramionami — …to po ptakach. Pewnie już nigdy nie wyjdą za mąż.

Siedzący przy naszym stoliku prawnik z Westchester, typ ciepłego tatuśka, patrzył na nas przerażony.

— Ale co z miłością? — zapytał.

Rzuciłam mu współczujące spojrzenie.

— Zapomnij.

Jeśli chodzi o znajdowanie partnerów do małżeństwa, to Nowy Jork ma własne okrutne rytuały godowe, tak skomplikowane i wyrafinowane jak te z powieści Edith Wharton. Wszyscy
znają zasady, ale nikt nie chce o nich mówić. W rezultacie
Nowy Jork wyhodował specyficzny gatunek samotnych kobiet — mądrych, atrakcyjnych, odnoszących sukcesy, które...
nigdy nie były zamężne. Taka kobieta jest już dobrze po trzydziestce albo tuż po czterdziestce, i jeśli wiedza empiryczna na
coś się przydaje, to pewnie nigdy nie wyjdzie za mąż.

Nie mówię o statystykach. Ani o wyjątkach. Wszyscy znamy przypadek wziętego dramatopisarza, który poślubił piękną
projektantkę mody kilka lat starszą od siebie. Jeśli jednak ktoś
jest piękny, bogaty, robi karierę i „zna wszystkich", to normalne zasady go nie dotyczą.

A z drugiej strony, co, jeśli jesteś śliczną czterdziestolatką,
producentką telewizyjną albo masz własną firmę public relations, ale wciąż mieszkasz w studiu i sypiasz na rozkładanej kanapie — no, jesteś taką Mary Tyler Moore* lat dziewięćdziesiątych? Tyle że w przeciwieństwie do Mary Tyler Moore poszłaś
do łóżka z tymi wszystkimi facetami, zamiast ich stanowczo
wykopać tuż po północy? Co się dzieje z takimi kobietami?

W tym mieście są tysiące, może dziesiątki tysięcy takich kobiet. Każdy zna wiele z nich i wszyscy się zgadzają, że są świetne. Podróżują, płacą podatki, potrafią wydać czterysta dolarów na parę sandałków od Manolo Blahnika.

— Te kobiety są w porządku — powiedział Jerry, kolejny
prawnik, lat trzydzieści dziewięć, który poślubił jedną z takich
świetnych kobiet, trzy lata starszą od siebie. — Nie są ani szalone,

---

* Mary Tyler Moore — słynna aktorka filmowa i telewizyjna. Przez dwanaście lat bohaterka sitcomu telewizyjnego „Mary Tyler Moore Show".

ani neurotyczne. Nie są typem z *Fatalnego zauroczenia*. — Jerry
się zamyślił. — Dlaczego znam tyle wspaniałych kobiet, które nie
są zamężne, a żadnego świetnego, wolnego faceta? Powiedzmy to
wprost: nieżonaci faceci w Nowym Jorku są do dupy.

M&Ms

— Bo to jest tak — ciągnął Jerry. — Kobiety w Nowym Jorku
mają szansę wyjść za mąż. Ale to takie wąskie okienko gdzieś
pomiędzy dwudziestym szóstym a trzydziestym piątym rokiem życia. No, może trzydziestym szóstym.

Zgodziliśmy się co do tego, że jeśli kobieta była już kiedyś
mężatką, to zawsze znowu może się wydać; ma pewną wiedzę,
jak dobić targu.

— Ale potem nagle, kiedy kobieta ma już trzydzieści siedem
czy trzydzieści osiem lat, pojawiają się te wszystkie... opinie —
powiedział Jerry. — Bagaż. Za długo tu były. Ich przeszłość działa
przeciwko nim. Gdybym był wolny i dowiedziałbym się, że jakaś kobieta chodziła z Mortem Zuckermanem albo „Marvinem"
(wydawca), z tymi panami M&Ms, to zapomnij. Kto chce być
dwudziesty na liście? A potem jeszcze czekają inne niespodzian-
ki, jak nieślubne dzieci, pobyty na odwyku — to już jest problem.

Jerry opowiedział nam historię: Zeszłego lata był na małym obiedzie w Hamptons. Goście byli z telewizji i filmu. On
i jego żona starali się skojarzyć czterdziestoletnią byłą modelkę z facetem świeżo po rozwodzie. Para już ze sobą rozmawiała i nagle wyszło coś na temat Morta Zuckermana, a potem
Marvina, i na oczach Jerry'ego i jego żony facet się zmył.

— W Nowym Jorku jest lista toksycznych kawalerów — powiedział Jerry. — Oni są jak zaraza.

Po południu opowiedziałam o tym Annie, która ma trzydzieści sześć lat i nawyk negowania wszystkiego, co mówią mężczyźni. Wszyscy faceci chcą się z nią przespać, a ona ich spławia, bo są płytcy. Chodziła z M&Ms, zna też Jerry'ego. Kiedy jej wszystko opowiedziałam, wrzasnęła:

— Jerry jest zwyczajnie zazdrosny! Chciałby być taki jak ci faceci, tyle że nie ma ani takiej forsy, ani układów. Zajrzyj pod maskę, a każdy koleś w Nowym Jorku chce być Mortem Zuckermanem.

George, bankier lat trzydzieści siedem, jest następną osobą, która dostrzega problem toksycznych kawalerów.

— Ci faceci — ten chirurg plastyczny, ten redaktor z „Timesa", ten wariat, co to ma kliniki płodności — wszyscy oni zadają się z tymi samymi kobietami i to nigdy donikąd nie prowadzi — powiedział. — Fakt, gdybym poznał kobietę, która z nimi chodziła, nie byłbym zachwycony.

Dzieci czy bielizna?

— Jeśli jesteś Diane Sawyer*, to zawsze wyjdziesz za mąż — powiedział George. — Ale nawet kobietom z pierwszej ligi może się powinąć noga. Problem w tym, że w Nowym Jorku ludzie sami siebie selekcjonują i tworzą coraz mniejsze, zamknięte grupy. Ty masz do czynienia z osobami niezwykle uprzywilejowanymi, a ich wymagania są strasznie wysokie... Poza tym są to wszyscy twoi przyjaciele. Spójrz na siebie — mówił George. — Faceci, z którymi chodziłaś, byli w porządku, ale znajomi ci ich obrzydzili.

To prawda. Każdy z moich partnerów był na swój sposób wspaniały, ale moi przyjaciele w każdym znaleźli jakiś brak

---

* Diane Sawyer — słynna amerykańska dziennikarka telewizyjna.

i bezdusznie mnie maglowali, żebym się nie zgadzała na takie, w ich pojęciu okropne (w moim — wybaczalne) wady. Teraz w końcu byłam sama i wszyscy moi znajomi byli szczęśliwi.

Dwa dni później wpadłam na George'a na imprezie.

— W tym wszystkim chodzi o dzieci — stwierdził. — Jeśli chcesz się żenić, to dlatego, żeby mieć dzieci, a nie chcesz tego robić z kimś starszym niż lat trzydzieści pięć, bo wtedy trzeba mieć dzieci natychmiast, i koniec historii.

Postanowiłam sprawdzić, co na ten temat myśli Peter, pisarz lat czterdzieści dwa, z którym odbyłam dwie randki. Zgodził się z George'em.

— Tak, chodzi o wiek i biologię — powiedział. — Nie masz pojęcia, jak niewiarygodnie silny jest ten początkowy pociąg do kobiet w wieku rozrodczym. Starszej kobiecie, takiej koło czterdziestki, będzie trudniej, bo facet nie poczuje tego pierwszego wzlotu. Z takimi trzeba się dobrze poznać, zanim się człowiek z nimi prześpi, a i w związku chodzi o coś innego.

Może o seksowną bieliznę?

— Myślę, że sprawa niezamężnych, dojrzałych kobiet jest niewyobrażalnie wielkim problemem w Nowym Jorku — wypalił Peter, a po chwili namysłu dodał: — To przyczyna udręki tylu kobiet, choć wiele się do tego nie przyznaje…

Peter opowiedział mi historię. Miał przyjaciółkę, lat czterdzieści jeden. Zawsze chodziła ze strasznie seksownymi facetami i po prostu dobrze się bawiła. Potem pokazała się z chłopakiem, który miał dwadzieścia lat, i bezlitośnie ją wyśmiano. Więc znalazła kolejnego seksownego gościa w swoim wieku, ale on ją zostawił. I nagle okazało się, że nie może się z nikim umówić. Całkowicie się załamała, straciła przez to pracę. Musiała wrócić do Iowa i zamieszkać z matką. To największy koszmar każdej kobiety, ale nie jest to bynajmniej historia, która psuje humor facetom.

Wersja Rogera

Roger siedział w restauracji na Upper East Side, czuł się świetnie, popijał czerwone wino. Roger ma trzydzieści dziewięć lat, szefuje własnej fundacji i mieszka na Park Avenue w klasycznym, sześciopokojowym apartamencie. Rozmyślał właśnie nad czymś, co nazwę „przerzutką władzy wieku średniego".

— Kiedy jesteś młody, między dwudziestką a trzydziestką czy nawet trochę po, kontrolę w związku trzyma kobieta — tłumaczył Roger. — Kiedy stajesz się wolną partią pod czterdziestkę, zaczynasz być dosłownie pożerany przez kobiety.

Innymi słowy, nagle to facet ma całą władzę. Zmiana może nastąpić w ciągu nocy.

Roger powiedział, że tego wieczoru wybrał się na koktajl party. Było tam siedem wolnych kobiet, wszystkie w wieku od trzydziestu pięciu do czterdziestu lat, każda — typowa blondynka z Upper East Side, ubrana w czarną koktajlową suknię. Jedna mądrzejsza od drugiej.

— I wiesz, tak naprawdę nic im nie można zarzucić — mówił Roger. — To tylko desperacja połączona z okresem największych możliwości seksualnych. A to bardzo wybuchowa mieszanka. Widzisz ten wyraz ich oczu — chęć posiadania za wszelką cenę, połączoną ze zdrowym szacunkiem dla forsy — i czujesz, że kiedy tylko wyjdziesz z pokoju, nie zostawią na tobie suchej nitki. Najgorsze, że większość tych kobiet jest naprawdę interesująca, bo one nie poszły na łatwiznę i nie wyszły za mąż od razu. Ale kiedy facet widzi ten wyraz ich oczu, jak może poczuć namiętność?

Wracamy do Petera, który dostał świra na punkcie Aleca Baldwina.

— Cały problem przez te oczekiwania. Starsze kobiety nie chcą brać tego, co jest dostępne. Nie mogą znaleźć facetów,

którzy są idealni, no to mówią: „Pieprzyć to, wolę być sama".
O nie, nie żal mi nikogo, kto ma zawyżone oczekiwania. Żal
mi za to tych biednych facetów, na których te kobiety nawet
nie spojrzą. Bo one wszystkie chcą Aleca Baldwina. Nie ma takiej babki w Nowym Jorku, która by nie odrzuciła co najmniej
dziesięciu cudownych, kochających facetów tylko dlatego, że
byli za grubi albo nie dość wpływowi, albo nie dość bogaci,
albo nie dość obojętni. Tyle że ci naprawdę seksowni faceci, na
których kobiety lecą, chcą młodych dziewczyn po dwudziestce. — W tej chwili Peter już właściwie wrzeszczał: — Dlaczego
te baby nie wyjdą za grubasa? Dlaczego nie wyjdą za wielki,
tłusty połeć słoniny?!

Dobrzy kumple, kiepscy mężowie

Zadałam dokładnie to samo pytanie Charlotte, angielskiej dzien-
nikarce.
— Powiem ci, dlaczego — odparła. — Chodziłam i z takimi facetami. Tymi niskimi, grubymi i brzydkimi. I nie ma żadnej różnicy. Są dokładnie tak samo zapatrzeni w siebie i nie-
wdzięczni jak ci przystojni. Kiedy już jesteś dobrze po trzydziestce i jeszcze nie wyszłaś za mąż, myślisz sobie: Po co mam
zakładać rodzinę? — dodała.
Powiedziała, że właśnie odmówiła randki z kuszącno wolnym,
niedawno rozwiedzionym, czterdziestojednoletnim bankierem,
bo jego niewymowny był zbyt maciupki.
— Palec wskazujący — westchnęła.
Wtedy wpadła Sarah. Właśnie zdobyła forsę na swój pierwszy niezależny film i była w ekstazie.
— Co to za afera z tymi kobietami, które nie mogą wyjść za
mąż? To takie małostkowe, że szkoda gadać. Jak chcecie do-

rwać tych facetów, to musicie się zamknąć. Macie siedzieć na tyłkach, zamknąć się i zgadzać ze wszystkim, co oni mówią. Na szczęście zadzwoniła moja koleżanka Amalita i wszystko mi wyjaśniła. Wytłumaczyła, dlaczego rewelacyjne kobiety są często same i niezbyt z tego powodu szczęśliwe, choć z drugiej strony, wcale aż tak nie rozpaczają.

— Och, kochana — zagruchała w słuchawkę. Była w dobrym humorze, bo poprzedniej nocy przeleciała dwudziestoczteroletniego studenta prawa. — Każdy wie, że faceci z Nowego Jorku to wspaniali kumple, ale kiepscy mężowie. W Ameryce Południowej, skąd pochodzę, mamy takie powiedzenie: Lepiej samemu niż w złym towarzystwie.

5

Poznajcie tych,
co sypiają z modelkami

Kiedy „Gregory Roque", konspiracyjny filmowiec, wślizgnął się w zeszły piątek wieczorem do Bowery Bar, wywołał jedynie leciutkie poruszenie. Pan Roque, autor tak kontrowersyjnych filmów jak *G.R.F.* (Gerald Rudolph Ford) i *The Monkees*, miał na sobie wytartą, tweedową marynarkę i nisko pochylał głowę. Otaczał go wianuszek sześciu młodych kobiet, nowych modelek ze znanej agencji. Dziewczyny nie miały jeszcze dwudziestu jeden lat (dwie miały nawet po szesnaście) i większość z nich w życiu nie widziała filmów pana Roque'a, i szczerze mówiąc, najwyraźniej miały to gdzieś.

Jak dwa holowniki, które asekurują dużą jednostkę, po bokach wianuszka kręcili się Jack i Ben — „modelarze" — dwaj niezależni inwestorzy po trzydziestce, faceci bez znaków szczególnych, z wyjątkiem wystających zębów jednego i modnej, nastroszonej fryzury drugiego z nich.

Na pierwszy rzut oka wyglądali na wesołą załogę. Dziewczyny się uśmiechały. Pan Roque zasiadł w loży otoczony przez swe ślicznotki, a tych dwóch zajęło dwa zewnętrzne krzesła, jakby gotowi byli przegonić każdego intruza, który by próbował odezwać się do pana Roque'a lub, co gorsza, skraść którąś z modelek. Pan Roque pochylał się to do jednej, to do drugiej i rzucał jakieś słówko. Młodzi mężczyźni byli ożywieni. Tyle że to wszystko nie było takie urocze, jak by się mogło wydawać. Po pierwsze, gdyby ktoś dokładniej przyjrzał się dziewczynom, zobaczyłby znudzenie, które ściąga ich twarze jak starość. Nie miały nic do powiedzenia panu Roque'owi, a jeszcze mniej sobie nawzajem. Ale każda osoba przy stoliku miała do wykonania swoją robotę i ją wykonywała. Tak więc grupa siedziała i siedziała, wyglądając olśniewająco, a potem załadowali się wszyscy do limuzyny pana Roque'a i pojechali do klubu Tunnel, gdzie pan Roque tańczył beznamiętnie z jedną z dziewczyn, aż w końcu stwierdził, że jest znudzony po czubki włosów, i wrócił do domu sam. Dziewczyny zostały jeszcze trochę i wzięły narkotyki, i wtedy Jack, ten z nastroszoną fryzurą, chwycił jedną z nich i powiedział: „Ty durna dziwko". Więc pojechała z nim do domu. Dał jej jeszcze więcej poćpać, a ona mu obciągnęła laskę.

Taki scenariusz rozgrywa się niemal każdej nocy w restauracjach i klubach Nowego Jorku. Zawsze można tu znaleźć piękne, młode modelki, które zlatują do Nowego Jorku jak ptaki, i ich towarzyszy, facetów takich jak Ben i Jack, którzy niemal zawodowo te modelki kaperują, wyprowadzają na kolacje, a także, ze zmiennym sukcesem, uwodzą. Oto modelarze.

Modelarze to szczególny gatunek. Są o szczebel wyżej od kobieciarzy, którzy przelecą wszystko, co nosi spódnicę. Modelarze nie mają świra na punkcie kobiet w ogóle, tylko modelek. Kochają je za urodę i nienawidzą za całą resztę.

— Za ich głupotę, ich niechlujstwo, brak wartości, za przeszłość — mówi Jack.

Modelarze zamieszkują taki równoległy wszechświat, który ma własne planety (Nobu, Bowery, Tabac, Flowers, Tunnel, Expo, Metropolis) i satelity (różne mieszkania, wiele przy Union Square, które agencje wynajmują dla swoich modelek), i boginie (Lindę, Naomi, Christy, Elle, Bridget).

Witajcie w ich świecie. Nie jest ładny.

Modelarze

Nie każdy może zostać modelarzem.

— Żeby zerwać modelkę, musisz być bogaty, naprawdę przystojny i/albo zajmować się sztuką — twierdzi Barkley. Sam jest początkującym malarzem, a twarz ma jak aniołek Botticellego, okoloną jasnowłosą fryzurą „na pazia". Siedzi w swojej pracowni w SoHo, za którą płacą jego rodzice, jak zresztą za wszystkie jego wydatki. Tato jest w Minneapolis magnatem od wieszaków na ubrania. To się dobrze dla Barkleya składa, bo bycie modelarzem nie jest tanie — drinki w klubach, obiady, przejazdy taksówkami z klubu do klubu, no i narkotyki — najczęściej marihuana, ale czasem heroina i kokaina. Zabiera też czas — mnóstwo czasu. Rodzice Barkleya myślą, że on maluje, a on całe dnie spędza na organizowaniu sobie nocy z modelkami.

— Szczerze mówiąc, trochę się pogubiłem w tej całej sprawie z modelkami — przyznaje Barkley.

Przemierza swój strych w skórzanych spodniach, bez koszuli. Ma świeżo umyte włosy, a na jego piersiach rosną może ze trzy pojedyncze włoski. Modelki za nim szaleją. Uważają, że jest miły i namiętny.

— Trzeba je traktować jak zwyczajne dziewczyny — mówi Barkley. Zapala papierosa i dodaje: — Musisz umieć wpaść w sam środek i dorwać najlepszą dziewczynę, inaczej jesteś skończony. To jest jak ze sforą psów, nie wolno ci okazać strachu.

Dzwoni telefon. Hannah. Jest na zdjęciach w Amsterdamie. Barkley przełącza na głośnik. Jest samotna i upalona.

— Tęsknię za tobą, skarbie — jęczy dziewczyna. Jej głos jest jak wąż, który próbuje się wyślizgnąć z własnej skóry. — Gdybyś tu teraz był, miałabym w gardle twojego fiuta. Aaaaahhhh. Tak to uwielbiam, skarbie.

— Widzisz? — mówi do mnie Barkley.

Potem z nią rozmawia, przeczesując palcami włosy. Zapala skręta.

— Teraz palę z tobą, malutka — dyszy do słuchawki.

„Są dwa typy modelarzy. Tacy, którzy przelatują, i tacy, którzy nie", twierdzi Coerte Felske, autor *Płytkiego mężczyzny* — książki o facecie, który ugania się za modelkami.

Na samej górze są supermodelarze — to ci, których widuje się z modelkami pokroju Elle Macpherson, Bridget Hall, Naomi Campbell.

„Tacy mężczyźni są w każdym miejscu, gdzie zbiera się dużo modelek, w Paryżu, Mediolanie i Rzymie — twierdzi pan Felske. — Mają swoją pozycję w świecie modelingu. Mogą przebierać w modelkach jak w ulęgałkach. Używają i zużywają".

Jednak nie wszyscy modelarze są z najwyższej półki. Na Manhattanie, przystanku koniecznym w karierze początkujących modelek, wystarczy być bogatym. Na przykład taki George i jego partner, Charlie. Każdego wieczoru George i Charlie zabierają na obiad grupę modelek, czasem nawet cały tuzin.

George i Charlie mogliby pochodzić z Europy Środkowej, albo nawet z Bliskiego Wschodu, ale tak naprawdę są z New Jersey. Robią w imporcie–eksporcie, i choć żaden jeszcze nie ma trzydziestki, każdy jest wart miliony.

— Charlie nigdy nie przelatuje — mówi ze śmiechem George i kręci się na skórzanym fotelu stojącym za mahoniowym biurkiem w jego biurze. Na podłodze leżą drogie dywany, na ścianach wiszą prawdziwe obrazy. George twierdzi, że na samym pieprzeniu jemu też nie zależy. — Chodzi o sport — wyjaśnia.

„Dla tych mężczyzn dziewczyny grają rolę trofeum — potwierdza pan Felske. — Może czują się nieatrakcyjni albo zaślepia ich ambicja".

W zeszłym roku George zapłodnił dziewiętnastoletnią modelkę. Znał ją od pięciu tygodni. I teraz mają dziewięciomiesięcznego synka. George już się z nią nie widuje. Oto jej żądania: 4500 dolarów miesięcznie alimentów, polisa ubezpieczeniowa za pół miliona, 50 tysięcy dolarów na konto studiów dziecka.

— To chyba lekka przesada, nie uważasz? — pyta George. Kiedy się uśmiecha, widzę, że zęby ma szare u nasady.

Dziewczęta Wilhelminy

A więc jak facet osiąga taką pozycję jak George?

— Dziewczyny podróżują w grupach — tłumaczy Barkley. — W bardzo zżytych paczkach. One razem wychodzą, razem mieszkają w wynajętych apartamentach. Nie czują się bezpiecznie, jeśli nie są razem. To facetów onieśmiela. Z drugiej strony, to działa na naszą korzyść, bo jeśli w jednym miejscu jest dwadzieścia modelek, to nie powinno się namierzać tej najpiękniejszej. Wtedy rosną twoje szanse. A jeśli gdzieś jest tylko jedna, to już przez samo to jest najpiękniejsza, i to wykorzystuje. Gdy podrywasz jedną z grupy czterech czy pięciu, to taka dziewczyna czuje się lepsza od pozostałych.

Sztuką jest poznać dziewczynę. Najlepiej przez wspólnego znajomego. „Kiedy już facet ma dostęp, kiedy zostaje oceniony przez którąś z dziewcząt, wtedy przestaje być jakimś zwykłym Jasiem” — poucza pan Felske.

Trzy lata temu George wpadł w klubie na dawną koleżankę ze szkoły, która była teraz z bookerem jednej z agencji. Poznał kilka modelek. Miał narkotyki. W końcu wszyscy wylądowali w mieszkaniu tych modelek. Miał dość towaru, żeby je trzymać na haju do siódmej rano. Przystawiał się do jednej z nich.

Nazajutrz zgodziła się znów z nim spotkać, ale pod warunkiem, że pozostałe też będą mogły przyjść. Więc zabrał je wszystkie na obiad. I tak robi do dziś.

— To był początek obsesji — przyznał George.

W tej chwili George zna już wszystkie mieszkania modelek — to miejsca, gdzie za pięćset dolarów miesięcznie nowa modelka dostaje miejsce do spania w zatłoczonym dwu- lub trzypokojowym apartamencie z pięcioma innymi dziewczynami. George musi jednak trzymać rękę na pulsie, bo dziewczyny cały czas przychodzą i odchodzą, a trzeba znać choć jedną z każdego mieszkania. Ale i tak wciąż jest dostawa nowego towaru.

— To proste — wyjaśnia George. Bierze słuchawkę i wybiera numer.

— Halo, czy jest Susan? — pyta.

— Susan jest w Paryżu.

— Oooooch. — George udaje rozczarowanie. — Jestem jej starym przyjacielem — (zna ją od dwóch miesięcy) — i sam właśnie wróciłem do miasta. Cholera, a kto mówi?

— Sabrina.

— Cześć, Sabrina, ja jestem George.

Gadają przez jakieś dziesięć minut.

— Idziemy dziś wieczorem do Bowery Bar. Montuję ekipę. Przyłączysz się?

— Nnnooo, właściwie, czemu nie... — zgadza się Sabrina. Niemal słychać, jak wyjmuje z ust kciuk.

— A kto tam teraz z tobą mieszka? — pyta George. — Myślisz, że też by chciały pójść?

George odkłada słuchawkę.

— Kiedy się wychodzi, to nawet lepiej, żeby było więcej facetów niż dziewczyn — tłumaczy. — Jak jest przewaga dziewczyn, to ze sobą rywalizują. Czają się. Bo kiedy modelka spotyka się z kimś i powie o tym innym, to może być błąd. Myśli, że jej współlokatorki to przyjaciółki, ale tak nie jest. To tylko dziewczyny, które dopiero co poznała i które przypadkiem są w tej samej sytuacji. One sobie wciąż próbują kraść facetów. „W tym światku wiele jest pierwszych naiwnych" — pisze pan Felske.

George poznał system:

— Mieszkania modelek mają swoją hierarchię seksualnej dostępności. Najłatwiejsze są dziewczęta Wilhelminy. Bo Willi zatrudnia dziewczyny wychowane w przyczepach albo na East Endzie w Londynie. Agencja Elite ma dwa mieszkania: jedno dalej, na Osiemdziesiątej Szóstej, a jedno w centrum, na Szesnastej. W pierwszym trzymają układne dziewczyny, za to te z centrum są bardziej „przyjazne". Modelki, które mieszkają u Eileen Ford, są nietykalne. Głównie dlatego, że kiedy się dzwoni, pokojówka Eileen odkłada słuchawkę.

Wiele dziewcząt mieszka pomiędzy Dwudziestą Ósmą Ulicą i Union Square. W Zeckendorf Tower, na Piętnastej Ulicy. I na Park Avenue South pod numerem 22. Starsze modelki, które mają dużo pracy, mieszkają na East Side.

Słowniczek modelarza

Rzecz = modelka.

Cywilki = kobiety, które nie są modelkami.

— Cały czas o tym gadamy. O tym, jak trudno wrócić do świata cywilek — mówi George. — Już takich nie spotykamy, nawet nie próbujemy ich poznawać.

— Łatwiej jest zaciągnąć modelkę do łóżka, niż umówić się z cywilką na stanowisku — mówi Sandy. Sandy jest aktorem o lśniących, zielonych oczach. — Cywilki wymagają od facetów wielu rzeczy.

Podział towaru

Czwartek wieczorem w Barolo. Mark Baker, restaurator i promotor, wydaje jedno ze swoich słynnych przyjęć. To działa tak: Promotorzy mają swoje układy z agencjami. Agencje wiedzą, że promotorzy są „bezpieczni", to znaczy zajmą się dziewczynami, zabawią je. Z kolei promotorzy potrzebują modelarzy, żeby dziewczyny zapraszali. Bo promotorzy nie zawsze mają forsę, żeby zabrać dziewczyny na obiad. Modelarze szmal mają. Ktoś musi dziewczyny karmić. Więc modelarze poznają kogoś takiego jak pan Roque. Pan Roque chce dziewczyn. Modelarze też chcą dziewczyn, chcą się też pokazywać w towarzystwie pana Roque'a. Wszyscy są szczęśliwi.

Tego wieczoru na ulicy przed wejściem do lokalu trwa istne pandemonium. Ludzie się pchają, starają się zwrócić uwagę wysokiego, wrednego bramkarza, który wygląda na pół Azjatę, pół Włocha. W środku totalna zadyma. Wszyscy tańczą, wszyscy są wysocy i piękni.

Rozmawiam z dziewczyną, która udaje europejski akcent. Wtrąca się dziewczyna z Tennessee, która właśnie wróciła po odwiedzinach w domu.

— Włożyłam dzwony i buty na koturnach, a mój dawny chłopak na to: „Carol Anne, co ty, do diabła, masz na sobie?" A ja na to: „Przestaw się, skarbie. To Nowy Jork".

Podpływa do mnie Jack i zaczyna mówić:

— Modelki są bardzo podatne na manipulacje, nawet te tępe. Można je podzielić na trzy typy. Pierwszy: nowy towar w mieście. Te są zwykle strasznie młode, szesnastki, siedemnastki. Lubią wychodzić. Nie mają tak dużo pracy, a chcą coś robić, spotykać ludzi, na przykład fotografów. Typ drugi to te, co dużo pracują. Są trochę starsze, od dwudziestu jeden wzwyż. Są w tym biznesie od pięciu lat. Nigdy nie wychodzą, często podróżują, prawie się ich nie widuje. I typ trzeci: supermodelki. Szukają grubej ryby, faceta, który coś dla nich zrobi. Mają obsesję szmalu, może dlatego, że ich kariera jest tak niepewna. Nawet nie spojrzą na gościa, który ma mniej niż dwadzieścia, trzydzieści melonów. Do tego mają kompleks wyższości: nie pokażą się z żadną dziewczyną, która nie jest topmodelką, a inne modelki całkowicie ignorują albo wieszają na nich psy. Idę z Jackiem do męskiej toalety i tam sobie siedzimy.

— Kiedy te dziewczyny kończą dwadzieścia jeden lat, są już cholernie doświadczone — mówi Jack. — Mają przeszłość. Dzieci. Facetów, z którymi spały. Facetów, których nie lubisz. Większość dziewczyn pochodzi z rozbitych rodzin albo z menelskiego środowiska. Są piękne, ale tak naprawdę, co możesz z nich mieć? Są młode. Niewykształcone. Nie mają własnych wartości, czujesz? Wolę te starsze. Tylko trzeba znaleźć taką bez bagażu. I ja wciąż szukam.

Masz jedną, masz wszystkie

— Sztuka polega na tym, żeby złapać jedną ważną dziewczynę, jak Hunter Reno czy Janna Rhodes — mówi George. — Takie dziewczyny są w Europie na okładkach. Jak taką złapiesz, masz je wszystkie. W nocnych klubach trzeba zwracać uwagę na starsze dziewczyny. Zawsze chcą wcześnie wracać, bo rano muszą wstawać do pracy. Odprowadzasz taką do taksówki jak dżentelmen, a potem wracasz i atakujesz te młode.

„Te dziewczyny po prostu szukają wygody — naucza pan Felske. — Są takie młode. Dopiero odnajdują swoje miejsce w dorosłym świecie. Nie są w pełni ukształtowane i spotykają facetów, którzy znają wszystkie sztuczki. Czy taki podryw może być trudny?"

Na swoim strychu Barkley otwiera butelkę coca-coli i siada na stołku pośrodku pokoju.

— Myślisz sobie, kto może być ładniejszy od modelki. Ale one nie są bystre, są pokręcone i popieprzone, są o wiele łatwiejsze, niż można przypuszczać. Przelecieć modelkę jest o niebo prościej niż zwykłą dziewczynę. One to robią cały czas. Tak się zachowują zwykli ludzie, kiedy są na wakacjach. Są poza domem, więc robią to, czego normalnie by nie robili. A te dziewczyny są ciągle poza domem, bo podróżują z miejsca na miejsce. I dlatego takie właśnie są.

Barkley pociąga colę i drapie się po brzuchu. Jest trzecia po południu, a on dopiero godzinę temu wstał.

— Te dziewczyny to nomadki — mówi. — Mają faceta w każdym mieście. Dzwonią do mnie, kiedy są w Nowym Jorku, a ja zawsze sobie wyobrażam, że tak samo dzwonią do innych, kiedy są w Paryżu, Rzymie czy Mediolanie. Kiedy są w mieście, udajemy, że ze sobą chodzimy. Trzymamy się za ręce i codziennie spotykamy. Wiele dziewczyn tego chce. A potem wyjeżdżają... — Barkley ziewa. — Sam nie wiem. Dokoła jest tyle pięknych dziewczyn, że po jakimś czasie szukasz takiej, która cię po prostu rozśmieszy.

— To zadziwiające, co czasem wyczyniasz, żeby być z tymi dziewczynami — mówi George. — Z jedną taką i jej córeczką poszedłem nawet do kościoła. Bo teraz zadaję się wyłącznie z tymi starszymi. Niedługo muszę spasować. Odciągają mnie od roboty. Przez nie spieprzę sobie życie...

George wzrusza ramionami i spogląda na centrum Manhattanu przez okno swojego biura na trzydziestym czwartym piętrze.

— Patrz na mnie — wzdycha. — Mam dwadzieścia dziewięć lat i jestem starym człowiekiem.

6

Ostatnie uwiedzenie w Nowym Jorku:
Spotkanie z Mr Bigiem*

Producentka filmowa „koło" czterdziestki, nazwę ją Samantha Jones, weszła do Bowery Bar i natychmiast wszyscy podnieśli głowy, żeby zobaczyć, z kim jest. Samantha prowadzała się zwykle z co najmniej czterema facetami i zabawa polegała na tym, żeby zgadnąć, który jest jej kochankiem. Oczywiście to nie była trudna gra, bo wybranek był zbyt łatwy do rozpoznania. Nieodmiennie był to ten najmłodszy, przystojny urodą hollywoodzkich aktorów z filmów klasy B. I siedział z radośnie durnym wyrazem twarzy (jeśli dopiero co poznał Sam) albo z tępą, znudzoną miną, jeśli już z nią wcześniej wychodził kilka razy. Bo w tym drugim przypadku zaczynało do niego docierać, że nikt przy stoliku słowem się do niego nie odezwie. Po co mają z nim gadać, skoro za dwa tygodnie będzie już tylko wspomnieniem?

Wszyscy podziwialiśmy Sam. Po pierwsze, wcale nie jest łatwo uwieść dwudziestopięciolatka, kiedy jesteś po czterdziestce. Po drugie, Sam to inspiracja Nowego Jorku. Bo jeśli jesteś samotną kobietą sukcesu, to w tym mieście masz dwie możliwości: albo walić głową w ścianę, starając się znaleźć prawdziwy związek, albo pieprzyć to, używać życia i uprawiać seks jak mężczyzna. Casus: Sam.

---

* Mr Big (ang.) — ważniak.

Oto prawdziwy dylemat kobiet w Nowym Jorku. Po raz pierwszy w historii Manhattanu wiele kobiet między trzydziestką a czterdziestką ma tyle samo kasy i władzy co mężczyźni — albo przynajmniej tak dużo, by czuć, że wcale mężczyzn nie potrzebują. Z wyjątkiem seksu. Paradoks ów jest godzinami wałkowany u analityków. Niedawno, gdy nasza grupa siedziała przy herbacie w hotelu Mayfair, moja przyjaciółka Carrie, dziennikarka dobrze po trzydziestce, postanowiła, że spróbuje zawalczyć w prawdziwym świecie. Zrezygnuje z miłości jako takiej i odnajdzie spełnienie w sile. I, jak się okaże, udało się. No, w pewnym sensie.

Testosteronowe kobiety; męskie głuptasy

— Chyba się zmieniam w faceta — powiedziała Carrie. Zapaliła dwudziestego papierosa tego dnia, a kiedy podbiegł kierownik sali i poprosił, żeby go zgasiła, odparła: — Oczywiście. Nie chciałam nikogo urazić.

I odłożyła papierosa. Na dywan.

— Pamiętacie, jak się przespałam z tym Drew? — spytała. Zgodnie potaknęłyśmy. To była wielka ulga, bo wcześniej Carrie od miesięcy z nikim nie spała.

— No więc potem nie czułam kompletnie nic. Rzuciłam: „Muszę spadać do roboty, skarbie. Odezwij się". I zupełnie o nim zapomniałam.

— A dlaczego, do cholery, miałaś cokolwiek czuć? — spytała Magda. — Faceci nie czują. Ja też niczego nie czuję po seksie. Pewnie, że bym chciała, ale w czym problem?

Rozparłyśmy się wszystkie wygodnie, popijając herbatkę, jakbyśmy należały do jakiegoś specjalnego klubu. Byłyśmy twarde i dumne z tego, a nie było nam łatwo dojść do owego stanu. Do tego poczucia absolutnej niezależności, które dawało nam luksus traktowania mężczyzn jak obiekty seksualne. To wymagało ciężkiej pracy, samotności i zrozumienia, że skoro może nigdy nie znajdzie się nikt odpowiedni dla ciebie, musisz sama o siebie zadbać. W każdym tego słowa znaczeniu.

— No cóż, chyba mamy sporo blizn — powiedziałam. — Ci wszyscy faceci, którzy cię rozczarowują. Po jakimś czasie w ogóle nie chcesz mieć uczuć. Chcesz tylko spokojnie żyć.

— Ja myślę, że to hormony — powiedziała Carrie. — Któregoś dnia siedziałam w salonie fryzjerskim z głęboko nawilżającą maseczką, bo mi ciągle mówią, że mam łamliwe włosy. I w „Cosmo" przeczytałam o męskim testosteronie u kobiet. Otóż badania wykazały, że kobiety, które mają wysoki poziom testosteronu, są bardziej agresywne, odnoszą sukcesy, mają więcej partnerów seksualnych i rzadziej wychodzą za mąż. W tych informacjach było coś niesamowicie uspokajającego, poczułam, że nie jestem dziwolągiem.

— Bo trzeba umieć zmusić facetów do współpracy — powiedziała Charlotte.

— Mężczyźni w tym mieście zawalają na obu frontach — rzuciła Magda. — Nie chcą się wiązać, ale kiedy chcesz od nich tylko seksu, to też im się nie podoba. Nie potrafią się wywiązać z tego, z czego powinni.

— Zadzwoniłaś kiedyś do faceta o północy i powiedziałaś: „Chcę do ciebie przyjść", a on na to, że w porządku? — spytała Carrie.

— Problem w tym, że seks nie jest rzeczą raz dokonaną — powiedziała Charlotte. Fantastycznych kochanków nazywała bogami seksu. Ale nawet ona miała trudności. Jej ostatnim podbojem był poeta, który był świetny w łóżku, ale, jak powiedziała, „Chciał, żebym z nim chodziła na obiady i odwalała te wszystkie gadki". Ostatnio przestał dzwonić. — Chciał mi czytać swoje wiersze, ale mu nie pozwoliłam — wyjaśniła. — Pomiędzy przyciąganiem i odpychaniem biegnie cienka linia — mówiła dalej. — To drugie zaczyna się zwykle wtedy, gdy chcą, żebyś ich traktowała jak ludzi, a nie jak seksualne zabawki.

Spytałam, czy istnieje realna szansa, żeby udało się przeprowadzić wariant „Kobiety, które uprawiają seks jak mężczyźni".

— Musisz być naprawdę wredną suką — powiedziała Charlotte. — Albo to, albo musisz być nieprawdopodobnie milutka i słodka. A my się wahamy gdzieś pomiędzy. To facetów zbija z tropu.

— Dla mnie za późno na wersję słodką — stwierdziła Carrie.

— No to będziesz musiała zostać wredną suką — skomentowała Magda. — Tylko zapomniałaś o jednym.

— O czym?

— A jak się zakochasz?

— Nie przewiduję — zapewniła Carrie. Oparła się wygodnie. Miała na sobie dżinsy i starą marynarkę od Yves Saint Laurenta. Siedziała jak facet, z rozkraczonymi nogami. — Tak zrobię. Stanę się prawdziwą suką.

Spojrzałyśmy na nią i wybuchnęłyśmy śmiechem.

— Co jest? — spytała.

— Już nią jesteś.

Spotkanie z Mr Bigiem

W ramach swoich badań Carrie poszła zobaczyć *Ostatnie uwiedzenie* na seansie o trzeciej po południu. Słyszała, że film opowiada o kobiecie, która w pogoni za forsą, gorącym seksem i absolutną władzą uwodzi i porzuca każdego faceta na swojej drodze — i nigdy nie żałuje ani nie miewa epifanii w stylu „O Boże, cóż ja zrobiłam?"

Carrie nigdy nie chodzi do kina. Miała mamusię protestancką snobkę, która jej powtarzała, że tylko biedacy z chorymi dziećmi posyłają swoje chore dzieci do kina, więc to wyjście to była dla niej duża sprawa. Przyszła trochę spóźniona i kiedy bileter jej powiedział, że film się już zaczął, wypaliła:

— Pierdol się. Robię tu badania. Chyba nie myślisz, że mogłabym faktycznie przyjść na ten film?

Kiedy wyszła z kina, wciąż myślała o tej scenie, w której Linda Fiorentino podrywa faceta w barze i uprawia z nim seks na parkingu, trzymając się za łańcuch ogrodzenia. Czy właśnie o to chodziło?

Carrie kupiła dwie pary wysokich sandałków i ścięła włosy.

W niedzielę wieczorem poszła na koktajl party wydane przez projektanta, Joopa — jedno z tych przyjęć, które powinny trafić do filmu. Wszyscy się tłoczyli, geje byli rozkosznie ożywieni, i choć Carrie musiała nazajutrz pracować, wiedziała, że w końcu wypije zbyt wiele i wróci do domu za późno. Carrie nie lubi wracać nocą do domu i nie lubi kłaść się spać.

W połowie imprezy panu Joopowi sprytnie skończył się szampan, więc goście dobijali się do drzwi kuchni i błagali kelnerów o kieliszek wina. Obok Carrie przeszedł mężczyzna z cygarem w ustach, a jeden z facetów, z którymi akurat rozmawiała, spytał:

— Oooooch. A to kto? Wygląda jak młodsza, przystojniejsza wersja Rona Perelmana*.

— Wiem, kto to — odparła Carrie.

— Kto?

— To Mr Big.

---

* Ron Perelman — biznesmen, potentat finansowy, jeden z najbogatszych ludzi w USA. Zawsze z cygarem w ustach.

— Wiedziałem. Zawsze mylę Biga z Perelmanem.

— Ile mi dacie — spytała Carrie — no, ile mi dacie, jeśli do niego podejdę i zagadam?

To mówiąc, wykonała swój nowy manewr, który stosuje, odkąd obcięła włosy — roztrzepała je rękami.

— Jesteś szalona — stwierdzili.

Carrie raz już widziała Mr Biga, ale nie sądziła, by ją zapamiętał. Była wtedy w redakcji gazety, dla której czasem pracuje, i program telewizyjny *Inside Edition* robił z nią wywiad na temat czegoś, co napisała o chihuahua. Mr Big podszedł do kamerzysty i opowiadał mu, jak to w Paryżu jest pełno chihuahua, a Carrie w tym czasie poprawiała sobie sznurowadło.

Na imprezie Mr Big siedział na kaloryferze w salonie.

— Cześć — powiedziała Carrie. — Pamiętasz mnie?

Po jego oczach poznała, że nie miał bladego pojęcia, kim ona jest, i zastanawiała się, czy spanikuje.

Obrócił cygaro w ustach, a w końcu je wyjął. Rozejrzał się, gdzie by tu strzepnąć popiół, potem znów spojrzał na Carrie.

— Abso-kurwa-lutnie.

Znowu Mr Big (w Elaine's)

Carrie nie spotkała Mr Biga przez kilka kolejnych dni. Ale tymczasem na pewno coś się działo. Wpadła na przyjaciela, pisarza, którego nie widziała od dwóch miesięcy.

— Co z tobą? Wyglądasz zupełnie inaczej — powiedział.

— Naprawdę?

— Wyglądasz jak Heather Locklear*. Wyprostowałaś sobie zęby?

---

* Heather Locklear — aktorka amerykańska, „blond seksbomba", gwiazda serialu *Melrose Place*.

Potem była w Elaine's, a pewien sławny pisarz, taki naprawdę sławny, którego osobiście nie znała, pokazał jej wzniesiony palec, a potem się do niej przysiadł.

— Nie jesteś taka ostra, jak ci się wydaje — powiedział.

— Przepraszam?

— Tak się zachowujesz, jakbyś była taka kurewsko świetna w łóżku.

Chciała już spytać „Naprawdę?", ale zamiast tego roześmiała się i powiedziała:

— Cóż, może i jestem.

Podał jej ogień.

— Gdybym chciał mieć z tobą romans, to musiałoby być coś na dłużej. Nie mam ochoty na jednorazowe numerki.

— No cóż, misiu — odparła. — Pomyliłeś adres.

Potem poszła na imprezę po jednej z tych premier filmowych Peggy Siegal i wpadła na ważnego producenta filmowego, też naprawdę ważnego, a on ją podwiózł swoim samochodem do Bowery Bar. Ale tam był Mr Big.

Mr Big wślizgnął się do loży i usiadł obok niej. Dotykali się udami.

— No więc, co ostatnio porabiasz? — spytał Mr Big.

— Poza wychodzeniem co wieczór?

— No, gdzie pracujesz?

— To właśnie moja praca — odparła. — Robię badania dla mojej przyjaciółki. Nad kobietami, które uprawiają seks jak mężczyźni. No wiesz, kochają się, a potem nic nie czują.

Mr Big spojrzał jej w oczy.

— Ale ty taka nie jesteś — stwierdził.

— A ty? — spytała.

— Ani na jotę. Nawet na pół joty.

Carrie spojrzała na Mr Biga.

— Masz jakiś problem?

— Aha, rozumiem — powiedział Mr Big. — Nigdy nie byłaś zakochana.

— Czyżby?

— Uhm.

— A ty byłeś?

— Abso-kurwa-lutnie.

Pojechali do jego mieszkania. Mr Big otworzył butelkę szampana Crystal. Carrie się śmiała i gadała. W pewnej chwili oświadczyła:

— Muszę już iść.

— Jest czwarta nad ranem — odparł, wstając. — Nie pozwolę ci teraz wracać do domu.

Dał jej podkoszulek i bokserki. Wyszedł do łazienki, kiedy się przebierała. Położyła się do łóżka i zapadła w puchowe poduszki. Zamknęła oczy. Jego łóżko było takie wygodne. To było najwygodniejsze łóżko, w jakim w życiu leżała.

Kiedy wrócił z łazienki, smacznie spała.

7

Szalone międzynarodówki

Jeśli masz szczęście (albo pecha, zależy, jak na to patrzysz), to pewnego dnia możesz w Nowym Jorku spotkać szczególny typ kobiet. Jak wiecznie migrujące, jaskrawokolorowe ptaki, wciąż są w drodze. Ale nie w jakichś przyziemnych, biznesowych delegacjach. Te kobiety jeżdżą od jednego modnego miejsca do drugiego. A kiedy je zmęczy sezon przyjęć w Londynie, kiedy mają dość nart w Aspen czy Gstaad, kiedy się znudzą całonocnymi imprezami w Ameryce Południowej, mogą wrócić na grzędę — oczywiście tylko na jakiś czas — do Nowego Jorku.

W deszczowe styczniowe popołudnie na międzynarodowe lotnisko Kennedy'ego przyleciała z Londynu kobieta, którą nazwiemy Amalita Amalfi. Miała na sobie sztuczne białe futro od Gucciego, czarne, skórzane spodnie szyte na zamówienie w New York Leather („To ostatnia para, którą uszyli z tej skóry. Musiałam się o nie bić z Elle Macpherson") i okulary słoneczne. Miała dziesięć walizek od T. Anthony'ego i wyglądała jak gwiazda filmowa. Brakowało tylko limuzyny, ale zajęła się i tym, wymuszając na bogato wyglądającym biznesmenie, żeby jej pomógł przy bagażu. Nie mógł się oprzeć — bo żaden mężczyzna nie jest w stanie odmówić Amalicie — i zanim się zorientował, co jest grane, on, Amalita i jej dziesięć walizek od T. Anthony'ego posuwali się w korku do miasta, opłacaną przez jego firmę limuzyną, a on ją zapraszał tego wieczoru na kolację.

— Tak bym chciała, kochanie — powiedziała Amalita gardłowym głosem z lekkim akcentem, który sugerował szkoły w Szwajcarii i pałacowe bale — ale jestem okrutnie zmęczona. Przyjechałam do Nowego Jorku odpocząć, rozumiesz? Ale wybierzemy się jutro na herbatę. Do Four Seasons? A potem może pójdziemy na małe zakupy. Muszę odebrać kilka rzeczy od Gucciego.

Biznesmen się zgodził. Wysadził ją przed apartamentowcem na Beekman Place, wziął jej numer i obiecał zadzwonić później.

Z apartamentu Amalita wykonała telefon do Gucciego. Przyjmując nienaganny brytyjski akcent, poinformowała:

— Tu lady Caroline Beavers. Mam u was odłożony płaszcz. Właśnie przyleciałam do miasta, wpadnę po niego jutro.

— Wspaniale, lady Beavers — powiedział sprzedawca.

Amalita odłożyła słuchawkę i zaśmiała się.

Następnego dnia Carrie gawędziła przez telefon ze swoim przyjacielem, Robertem.

— Amalita wróciła. Jem z nią lunch — rzuciła.

— Amalita! — podniecił się Robert. — To ona jeszcze żyje? Wciąż piękna? Jest niebezpieczna. Ale kiedy facet się z nią prześpi, to jakby zostawał członkiem specjalnego klubu. Wiesz sama, ona była z Jakiem, i Capote'em Duncanem... i tymi wszystkimi gwiazdami rocka, i miliarderami. To łączy. Wiesz, facet wtedy myśli: Ja i Jake.

— Mężczyźni — wycedziła Carrie — są żałośni.

Ale Robert nie słuchał.

— Nie ma wielu takich kobiet jak Amalita — ciągnął swoje. — Gabriella była taka. Marit też. I Sandra. Amalita jest tak piękna, wiesz, i naprawdę zabawna, i bardzo mądra, no wiesz, jest niesamowita. Wpadasz na którąś z tych dziewczyn w Paryżu, a ona ma na sobie przezroczystą suknię, a ty dostajesz bzika, i widzisz jej zdjęcia w „W" i innych pismach, i to cię coraz bardziej nakręca. Ich seksualna moc jest jak niezwykła, oślepiająca siła, która może zmienić twoje życie. Myślisz, gdybym mógł tego dotknąć, a oczywiście nie możesz, gdybym tylko...

Carrie odłożyła słuchawkę.

O drugiej po południu tego samego dnia Carrie siedziała przy barze w restauracji Harry'ego Ciprianiego i czekała na Amalitę. Ta, jak zwykle, była już pół godziny spóźniona. Przy barze jakiś biznesmen, kobieta z jego biura i ich klient rozmawiali o seksie.

— Uważam, że mężczyzn zrażają kobiety, które idą z nimi do łóżka na pierwszej randce — powiedziała kobieta. Miała na sobie drogi, granatowy kostium. — Jeśli chcesz, żeby facet potraktował cię poważnie, musisz odczekać co najmniej trzy randki.

— To zależy od kobiety — stwierdził klient. Miał pod czterdziestkę, wyglądał na Niemca, ale mówił z hiszpańskim akcentem — Argentyńczyk.

— Nie rozumiem — powiedziała kobieta.

Argentyńczyk spojrzał na nią wymownie.

— Wy, Amerykanki z klasy średniej, które zawsze chcecie złapać faceta, wy musicie przestrzegać reguł. Nie możecie sobie pozwolić na błąd. Ale jest pewien rodzaj kobiet, bardzo pięknych, szczególnej klasy, które mogą robić, co im się podoba.

I właśnie w tym momencie weszła Amalita. Przy drzwiach zrobiło się małe zamieszanie, kiedy maître d'hôtel ją ściskał.

— No proszę! — powiedziała Amalita. — Jaki szczupły. Dalej biegasz pięć mil dziennie? — W tym momencie zdjęto z niej płaszcz i zabrano pakunki. Miała na sobie tweedowy kostium od Jil Sander (sama spódnica kosztuje ponad tysiąc dolarów) i zielony kaszmirowy sweterek. — Czy tu jest gorąco? — spytała, wachlując się rękawiczkami. Zdjęła żakiet.

Cała sala się na nią gapiła.

— Słoneczko! — pomachała do Carrie, którą zauważyła przy barze.

— Stolik gotowy — zameldował maître d'hôtel.

— Mam ci tyle do opowiedzenia — Amalita zwróciła się do Carrie. — Dopiero co ledwie uszłam z życiem!

Jakoś tak w kwietniu Amalita pojechała do Londynu na ślub, na którym poznała lorda Skunksia Kupa.

— To oczywiście nie jest jego prawdziwe nazwisko, ale lord jest autentyczny, kochanie — mówiła. — Spokrewniony z rodziną królewską i ma zamek, i psy gończe. Powiedział, że od razu się we mnie zakochał, idiota, w chwili, gdy mnie zobaczył w kościele. „Najdroższa, uwielbiam cię", mówił, przystawiając się do mnie na bankiecie. „Ale szczególnie uwielbiam twój kapelusz". To powinno było go od razu zdradzić. Ale miałam wtedy taki mętlik w głowie. Mieszkałam w Londynie u Catherine Johnson-Bates, która mnie doprowadzała do szału, narzekała na moje rzeczy rozrzucone w jej pieprzonym mieszkaniu... no cóż, jest spod znaku Panny, więc czego się spodziewać? W każdym razie myślałam tylko o tym, żeby sobie znaleźć inną metę. I wiedziałam, że Catherine wzdycha do tego lorda Skunksa. Dziergała mu szaliki z tej potwornej wełny czesankowej, ale on nie zwracał na nią uwagi. Więc, oczywiście, nie mogłam się oprzeć. Plus potrzebowałam mieszkania.

Tej nocy, po weselu, Amalita w zasadzie wprowadziła się do jego domu na Eton Square. I przez pierwsze dwa tygodnie wszystko szło świetnie.

— Odstawiałam swój numer na gejszę — mówiła Amalita. — Masaże pleców, podawanie herbatki. Czytałam pierwsza gazety, żeby mu wskazać ciekawe momenty.

A on zabierał ją na zakupy. Wydali myśliwskie przyjęcie w jego zamku. Amalita pomagała przygotować listę gości, za-

prosiła, kogo trzeba, oczarowała służbę. Był pod wrażeniem.
Kiedy wrócili do Londynu, zaczęły się kłopoty.

— Wiesz, że mam tę całą swoją bieliznę, którą od lat kolek-
cjonuję? — spytała Amalita.

Carrie potaknęła. Wiedziała też o ogromnej kolekcji ubrań
od najlepszych projektantów, którą Amalita zgromadziła przez
ostatnie piętnaście lat. Znała je dobrze, bo kiedyś pomagała
Amalicie pakować wszystko w bibułki, żeby złożyć w przecho-
walni, co zabrało im trzy dni.

— No więc, pewnego wieczoru wszedł do pokoju, kiedy się
ubierałam. „Najdroższa — mówi — zawsze się zastanawiałem,
jak to jest mieć na sobie takie koronki... Mogę... spróbować?
Przekonam się, jak to jest być tobą". No i fajnie. Ale następnego dnia chciał, żebym go zbiła. Zwiniętą gazetą. „Kochany,
czy nie myślisz, że bardziej skorzystasz, jeśli ją raczej przeczy-
tasz?" — spytałam. „Nie! Chcę dostać w dupę". Posłuchałam.
Kolejny błąd. Doszło w końcu do tego, że budził się rano, wkła-
dał moje ciuchy i nie chciał wychodzić z domu. I tak na okrągło. Potem się uparł, żeby nosić moją biżuterię od Chanel.

— I jak mu było? — spytała Carrie.

— Pas mal — odparła Amalita. — Jest jednym z tych ślicznych angielskich chłopców. Wiesz, co to nigdy nie wiadomo,
czy są homo czy hetero. Ale to się zrobiło strasznie żałosne.
Chodził na czworakach, wystawiając tyłek. I pomyśleć, że wcześniej nawet rozważałam małżeństwo!... W każdym razie powiedziałam mu, że odchodzę. Nie chciał o tym słyszeć. Zamknął
mnie w sypialni, musiałam uciekać przez okno. A miałam na
sobie te idiotycznie wysokie obcasy od Manolo Blahnika, zamiast wygodniejszych od Gucciego, bo pozwoliłam mu nosić
moje buty, a tych od Manolo akurat nie lubił, twierdził, że są
już niemodne. Potem nie chciał mnie wpuścić z powrotem do
domu. Powiedział, że zatrzymuje w zastaw moje rzeczy, bo

nabiłam jakiś głupi, drobny rachunek telefoniczny. Na dwa tysiące funtów. Pytam: „Kochany, co miałam robić? Muszę przecież dzwonić do mojej mamy i córki". Ale tym razem miałam asa w rękawie. Zabrałam jego telefon komórkowy, więc dzwonię do niego z ulicy i mówię: „Kochanie, idę do Catherine na herbatę. A kiedy wrócę, chcę widzieć wszystkie moje walizki, schludnie spakowane, na frontowych schodach. Wszystko sprawdzę. Jeśli będzie czegoś brakować, choćby jednego maleńkiego kolczyka, jednych majteczek, fleczka na obcasie buta, zadzwonię do Nigela Dempstera".

— I posłuchał? — spytała zafascynowana Carrie.

— Oczywiście! — odparła Amalita. — Angole boją się dziennikarzy jak ognia. Jak chcesz jakiegoś usadzić, to postrasz, że zadzwonisz do gazet.

Właśnie wtedy do ich stolika podszedł Argentyńczyk.

— Amalito — przywitał się, wyciągając dłoń i lekko się kłaniając.

— Ach, Chris. *Cómo está?* — spytała, a potem zaczęli gadać po hiszpańsku, czego Carrie nie rozumiała.

Na koniec Chris powiedział:

— Jestem w Nowym Jorku cały tydzień. Musimy się spotkać.

— Oczywiście, mój drogi — zgodziła się Amalita, podnosząc na niego wzrok. Kiedy się uśmiechała, mrużyła oczy w sposób, który oznaczał: odchrzań się. — Fuj, bogaty Argentyńczyk — powiedziała, kiedy sobie poszedł. — Kiedyś byłam u niego na ranczu. Jeździliśmy po *campos* na konikach do gry w polo. Jego żona była w ciąży, a on był taki uroczy. Przeleciałam go, a ona się dowiedziała. I miała czelność się obrazić. Był kiepski w te klocki. Powinna być szczęśliwa, że ktoś go wziął na swoje barki.

— Panna Amalfi? — spytał kelner. — Telefon do pani.

— To był Righty — wyjaśniła tryumfalnie, wracając do stolika. Righty był gitarzystą solowym w sławnym rockowym zespole. — Chce, żebym z nim pojechała w trasę. Brazylia, Singapur. Powiedziałam, że się zastanowię. Ci faceci są tak przyzwyczajeni, że kobiety padają im do nóg, że trzeba ich troszkę przystopować. Wtedy się wyróżniasz.

Nagle przy drzwiach znów zrobiło się gwarno. Carrie spojrzała w tamtą stronę i szybko pochyliła głowę, udając, że ogląda paznokcie.

— Nie patrz tam — ostrzegła. — Jest tu Ray.

— Ray? Ach tak, znam Ray — powiedziała Amalita, mrużąc oczy.

Ray to nie mężczyzna, tylko kobieta. I to kobieta, która, jakkolwiek luźno, ale podpadała pod tę samą kategorię co Amalita. Też była międzynarodową pięknością, której nie umieli się oprzeć mężczyźni, miała jednak opinię kompletnej wariatki. Modelka końca lat siedemdziesiątych przeniosła się do Los Angeles, jakoby dla kariery aktorskiej. Nie załapała się na żadną rolę, ale za to na kilku znanych aktorów. I jak Amalita miała nieślubne dziecko, wedle plotki z wielkim gwiazdorem.

Ray rozejrzała się po restauracji. Słynęła — między innymi — ze swych oczu. Były ogromne, okrągłe, o tęczówkach tak jasnoniebieskich, że wydawały się niemal białe. Te oczy zatrzymały się teraz na Amalicie. Pomachała. Podeszła.

— Co tu robisz? — spytała, pozornie zachwycona, choć podobno w LA były zaciętymi wrogami.

— Ach, właśnie przyjechałam — powiedziała Amalita. — Z Londynu.

— Byłaś na tym ślubie?

— Lady Beatrice? — upewniła się Amalita. — Oczywiście. Cudowny. Wszyscy Europejczycy z tytułami.

— Szlag — powiedziała Ray. Miała lekki południowy akcent, udawany, bo przecież pochodziła z Iowa. — Trza było pojechać. No, ale byłam akurat ze Snakiem — rzuciła imię aktora znanego z filmów akcji. Dobiegał siedemdziesiątki, ale ciągle w nich grał. — No i wiesz, nie mogłam się wyrwać.

— Rozumiem — powiedziała Amalita, posyłając jej spojrzenie typu „spadaj".

Ray jakby tego nie zauważyła.

— Umówiłam się tu z kumpelą, ale obiecałam Jake'owi, że wrócę do hotelu o trzeciej. Przyjechał w sprawach reklamy. A to już prawie kwadrans po drugiej. Wiesz, Snake szaleje, jak ktoś się spóźnia, a ja zawsze jestem *en retard**.

— To kwestia właściwego ustawienia sobie faceta — skomentowała Amalita. — Ale faktycznie, pamiętam, że Snake nie lubi spóźnień. Musisz go ode mnie pozdrowić, kochana. Jak zapomnisz, nic nie szkodzi. I tak się z nim za miesiąc zobaczę. Zaprosił mnie na narty. Oczywiście tylko po przyjacielsku.

— Oczywiście — powtórzyła Ray.

Zapadła niezręczna cisza. Ray spojrzała prosto na Carrie, która miała ochotę zarzucić sobie serwetkę na głowę. Proszę, błagała w myślach, proszę, nie pytaj, jak się nazywam.

— Chyba zadzwonię do tej swojej kumpeli — powiedziała Ray.

— Świetny pomysł — zgodziła się Amalita. — Telefon jest tam.

Ray szybko odeszła.

— Ona się pieprzyła ze wszystkimi — powiedziała Carrie. — Nie wyłączając Mr Biga.

— Daj spokój, słoneczko, to mnie akurat nie obchodzi — powiedziała Amalita. — Jeśli kobieta chce spać z facetem, to jej wybór, jej sprawa. Ale ona nie jest dobrym człowiekiem.

---

* *En retard* (fr.) — spóźniona.

Słyszałam, że chciała być jedną z dziewcząt madame Alex, jednak nawet Alex uważała, że to wariatka.

— To jak sobie radzi?

Amalita uniosła prawą brew. I zamilkła — w końcu ona była prawdziwą damą, wychowaną na Piątej Alei, miała swój pierwszy bal i tak dalej. Jednak Carrie chciała naprawdę wiedzieć.

— Bierze prezenty — wytłumaczyła Amalita. — Zegarek Bulgariego. Naszyjnik od Harry'ego Winstona. Ubrania, samochody, bungalow w posiadłości kogoś, kto chce jej pomóc. I gotówkę. Ona ma dziecko. Jest wielu bogatych facetów, którzy się litują. Ci wszyscy aktorzy ze swoimi milionami. Wypisują czek na pięćdziesiąt tysięcy dolarów. Czasem tylko po to, żeby się uwolnić.

No proszę cię — ciągnęła Amalita, patrząc na Carrie. — Nie bądź taka zdziwiona. Ty zawsze byłaś taką niewinną ptaszyną. No, ale ty zawsze miałaś zawód. Nawet jak głodowałaś, miałaś zawód. Takie kobiety jak Ray i ja nie chcą pracować. Ja zawsze chciałam tylko żyć. Co wcale nie znaczy, że to łatwe. — Amalita rzuciła palenie, ale teraz sięgnęła po jednego z papierosów Carrie i czekała, aż kelner poda jej ogień. — Ile razy dzwoniłam do ciebie z płaczem? Bez pieniędzy, nie wiedząc, co mam robić, gdzie mam pójść? Faceci naobiecują, potem się wycofują. Gdybym była call girl, byłoby mi o wiele łatwiej. Problemem nie jest seks, bo jak mi się facet podoba, to i tak z nim idę, ale to, że wtedy nie jesteś na równym poziomie z mężczyzną. Stajesz się podwładną. No, tyle że potem masz gotówkę. — Uniosła brwi i wzruszyła ramionami. — Och, rany, a czy ja mam jakąś przyszłość? Trzeba się trzymać na fali. Ciuchy. Ciało. Ćwiczenia. Masaże. Kosmetyczka. Operacje plastyczne. To kosztuje. Przyjrzyj się Ray. Ma zrobione piersi, usta, pośladki. Nie jest młoda, moja kochana, jest po czterdziestce. A to, co widzisz, to wszystko, co ma. — Amalita zdusiła papierosa w popielniczce. — Po co ja palę? To niedobre dla cery. Chciałabym, żebyś ty rzuciła, słoneczko. A pamiętasz? Kiedy byłam w ciąży z córką? Byłam chora. Kompletnie spłukana. Dzieliłam sypialnię z jakąś studentką, za sto pięćdziesiąt dolców miesięcznie, w parszywym mieszkaniu, bo, do cholery, tylko na to mnie było stać. Musiałam się zarejestrować jako bezrobotna, żeby mieć ubezpieczalnię i opiekę lekarską. Rodzić do komunalnego szpitala jechałam autobusem. I kiedy naprawdę potrzebowałam pomocy, słoneczko, nie było w pobliżu żadnego faceta. Byłam sama. Z wyjątkiem kilku dobrych przyjaciółek.

W tym momencie przy stoliku znów pojawiła się Ray. Przygryzła dolną wargę.

— Mogę? — spytała. — Ta kumpela zaraz przyjdzie, ale ja muszę się napić. Kelner, wódka z martini. Bez lodu. — Usiadła. Nie patrzyła na Carrie. — Słuchaj, chcę z tobą pogadać o Snake'u — powiedziała do Amality. — Twierdzi, że byliście ze sobą.

— Doprawdy? — spytała Amalita. — No cóż, Snake i ja mamy związek intelektualny.

— Co ty nie powiesz? A ja myślałam, że on się po prostu nieźle pieprzy i jest dobry dla mojego dzieciaka — powiedziała Ray. — Nie przejmuję się tobą. Tyle że chyba nie mogę mu ufać.

— Słyszałam, że jest z kimś zaręczony — odparła Amalita. — Z jakąś ciemnowłosą kobietą, która jest z nim w ciąży.

— Cholera. To ta Carmelita czy coś takiego. Jakaś baba znikąd, jest mechanikiem samochodowym. Wieśniaczka. Snake jechał na narty i samochód mu wysiadł. Oddał go do warsztatu, a tam była ona, ze swoim francuskim kluczem. I swędzącą cipą. Nie... on się chce jej pozbyć.

— No, to sprawa jest prosta — powiedziała Amalita. — Potrzebni ci szpiedzy. Ja mam masażystkę i pokojówkę. Wysyłasz mu swoją masażystkę albo kierowcę, i niech ci potem złożą raport.

— Ale jaja! — wrzasnęła Ray. Otwarła swoje wielkie, jaskrawo uszminkowane usta i przechyliła się do tyłu na krześle, zanosząc się histerycznym śmiechem. Jej blond włosy były prawie białe, idealnie proste; rzeczywiście była ostro walnięta, ale niesamowicie seksowna. — Wiedziałam, że cię lubię — powiedziała. Krzesło stuknęło o podłogę, a Ray omal nie wylądowała na blacie stołu.

Cała sala patrzyła. Amalita się śmiała, prawie dostała czkawki.

— Jak to, kurczę, jest, że się nie przyjaźnimy? — spytała Ray. — To właśnie chcę wiedzieć.

— Kurczę, Ray, nie mam pojęcia — powiedziała Amalita. Teraz już tylko się uśmiechała. — Może to ma coś wspólnego z Brewsterem?

— Z tym pieprzonym, tanim aktorzyną? Chodzi ci pewnie o te kłamstwa, których mu o tobie nagadałam, bo chciałam go zatrzymać dla siebie? No, skarbie, czy możesz mnie o to, kurczę, winić? On miał największego fiuta w LA! Kiedy go zobaczyłam, byliśmy na obiedzie w restauracji, a on kładzie sobie na nim moją rękę. Pod stołem. Tak się napaliłam, że wyjęłam mu ze spodni i zaczęłam masować, a jedna kelnerka to zobaczyła i zaczęła wrzeszczeć, bo był taki ogromny. Wywalili nas z restauracji. Wtedy sobie powiedziałam: ten fiut jest mój. Z nikim się nie dzielę.

— Rzeczywiście był dość spory.

— Dość spory? Skarbie, był jak u konia — powiedziała Ray. — Wiesz, że jestem ekspertką w łóżku. Lepszej ode mnie faceci nie znają. Ale kiedy dochodzisz do mojego poziomu, coś się dzieje. Chuj przeciętnych rozmiarów nic ci nie robi. Pewnie, że sypiam z tymi wszystkimi kolesiami, ale mówię im otwarcie, co jest grane. Muszę wychodzić, bawić się, bo mnie też należy się jakaś satysfakcja.

Ray wypiła tylko trzy czwarte swojego martini, ale coś dziwnego zaczęło się z nią dziać. Jakby rozpędzony samochód jechał bez kierowcy.

— O, taaak — westchnęła. — Uwielbiam to uczucie... kiedy jestem pełna. Daj mi to, kotku. Pieprz mnie. — Zaczęła się bujać rytmicznie na krześle, unosząc miednicę. Podniosła prawe ramię, zamknęła oczy. — O taaak, kotku, o tak, o taak. Oooch! — zakończyła skowytem i otworzyła oczy. Patrzyła prosto na Carrie, jakby nagle zobaczyła ją po raz pierwszy.

— Jak ci na imię, skarbie? — spytała.

A Carrie nagle przypomniała sobie historię o tym, jak Capote Duncan uprawiał z Ray seks na kanapie w środku przyjęcia, na oczach wszystkich.

— Carrie.

— Carrie...? — dopytywała Ray. — Czy my się znamy?

— Nie — powiedziała Amalita. — To świetna dziewczyna. Jedna z nas. Tyle że intelektualistka. Pisarka.

— Musisz opisać moje życie — ucieszyła się Ray. — Mówię ci, moje życie to gotowy bestseller. Tyle mi się przytrafiło. Ale przetrwałam. Jestem mocna. — Popatrzyła na Amalitę, szukając potwierdzenia. — Spójrz na nas, obie przetrwałyśmy. Inne dziewczyny, takie jak my... Sandra...

— Chodzi do AA i cały czas pracuje, i nigdzie nie bywa — powiedziała Amalita.

— Gabriella...

— Call girl.

— Marit...

— Zwariowała. Detoksy, potem zakład w Silver Hill.

— To dopiero był numer — powiedziała Ray. — Słyszałam, że odleciała u ciebie na kanapie i musiałaś ją odwieźć do czubków.

— Już stamtąd wyszła. Ma pracę. Public relations.

— Nędza relations, tak to nazywam — powiedziała Ray. — Chcą ją wykorzystać, jej układy i znajomości, ale oczy ma tak nieprzytomne, że trudno się z nią porozumieć. Siedzi tam jak szmaciana lala, a oni jej grzebią w notesie.

Carrie nie mogła powstrzymać śmiechu.

Ray zmroziła ją wzrokiem.

— To wcale nie jest śmieszne, skarbie. Wiesz?

8

Manhatański przekładaniec:
Siedmiu mężczyzn
rzuca nieuniknione pytanie

Jestem na obiedzie z mężczyzną. Pijemy drugą butelkę château latour, rocznik 1982. Może to nasza trzecia randka, może dziesiąta. Nieistotne. Bo prędzej czy później i tak się zacznie. Nieuniknione.

— Eeeee — zaczyna on.

— Taak? — pytam ja, pochylając się do przodu.

Trzyma rękę na moim udzie. Może właśnie teraz „padnie pytanko". Nie wygląda na to, ale czy to można przewidzieć? Znowu zaczyna.

— Czy ty kiedyś... nie chciałaś...

— Czego?

— Czy nie chciałaś nigdy... kochać się z inną kobietą? — wyrzuca dumny z siebie.

Ja się wciąż uśmiecham. Ale „to" jest już między nami. Leży na stole jak kupka wymiocin. Wiem już, co będzie dalej.

— Oczywiście, ze mną też — mówi on. — Wiesz, trójkącik.

Potem czas na najlepsze.

— A może byśmy zaprosili jedną z twoich koleżanek?

— A niby czemu miałabym tego chcieć? — pytam. Już się nawet nie dopytuję, na jakiej podstawie on sądzi, że któraś z moich koleżanek mogłaby być zainteresowana.

— No cóż, bo ja mam na to ochotę — mówi on. — A poza tym tobie też mogłoby się spodobać.

Nie sądzę.

Wariant seksualny

Nowy Jork to miejsce, gdzie ludzie przyjeżdżają spełnić swoje fantazje. Pieniądze. Władza. Wywiad w programie Davida Lettermana*. A skoro już tak, to czemu nie dwie kobiety? (I co szkodzi zapytać?) Może każdy powinien choć raz tego spróbować?

— Ze wszystkich fantazji ta jest jedyną, która przerasta oczekiwania — powiedział mój znajomy fotograf. — Bo życie to zwykle seria średniego kalibru rozczarowań. Ale dwie kobiety? Cokolwiek by się działo, na tym nie można stracić.

Nie jest to całkowicie prawda, jak odkryłam później. Ale trójkąt to fantazja, w której nowojorczycy przodują. Jak to powiedział jeden mój kumpel:

— To seksualna wariacja, w przeciwieństwie do dewiacji.

Jeszcze jedna możliwość w mieście, gdzie wszystko jest możliwe. A może trójkąty mają swoją ciemną stronę? Może to symbol całego zła tego miasta, efekt połączenia owej specyficznej dla Manhattanu desperacji i pożądania?

Tak czy inaczej, wszyscy mają na ten temat coś do powiedzenia. Zrobili to sami. Znają kogoś, kto to zrobił, albo widzieli trzy osoby, które „mają zamiar to zrobić" — jak te dwie topmodelki, które ostatnio wciągnęły męskiego modela do męskiej toalety w klubie Tunnel, zmusiły go do zażycia

---

* David Letterman — gospodarz bardzo popularnego telewizyjnego nocnego talk show, kręconego w Nowym Jorku.

wszystkich narkotyków, jakie miał przy sobie, a potem zabrały go do domu.

Ménage à trois wymaga tej najbardziej zdradliwej z liczb: trójki. Niezależnie od tego, jak wyrafinowany sam się sobie wydajesz, czy naprawdę potrafisz to udźwignąć? Kto zostanie skrzywdzony? Czy trzy jest rzeczywiście lepsze niż dwa?

Siedmiu mężczyzn zwabionych być może obietnicą darmowych drinków, jointów i ziemnych orzeszków smażonych w miodzie spotkało się ze mną w ostatni poniedziałek wieczorem, w piwnicy jednej z galerii w SoHo, żeby pogadać o trójkątach. Zastaliśmy tam już fotografa i playboya z lat osiemdziesiątych, Petera Bearda. Był na podłodze na czworakach, bo akurat „kolażował": domalowywał kształty na swoich czarno-białych fotografiach zwierząt. Niektóre zdjęcia miały na sobie rdzawe ślady butów. Przypomniało mi się, że słyszałam, iż Peter używa do tego własnej krwi. Miał na sobie dżinsy i bluzę.

Peter to typ „dzikiego człowieka", o którym krążą różne historie. Na przykład: Jego żoną była superlaska lat siedemdziesiątych, Cheryl Tiegs (prawda); kiedyś w Afryce został spętany i niemal rzucony na pożarcie zwierzętom (pewnie nieprawda). Teraz powiedział, żebyśmy sobie gadali, a on będzie pracował.

— Pracuję calutki czas — zapewnił — żeby tylko odgonić nudę.

Każdy zrobił sobie koktajl i zapaliliśmy pierwszego jointa. Z wyjątkiem Petera wszyscy poprosili, żebym w tym artykule zmieniła ich nazwiska.

— Prawdziwe dane nie wpłynęłyby dobrze na naszą bazę klientów — wytłumaczył jeden z mężczyzn.

Przeszliśmy do tematu.

— To teraz istna lawina — powiedział Peter. — Znam kilka dziewczyn, zresztą z jedną się dziś wieczorem spotykam, które twierdzą, że ponad dziewięćdziesiąt procent ich koleżanek złożyło im takie propozycje. To zdecydowanie nowe zjawisko. Peter zanurzył pędzel w czerwonej farbie. Powiedział, że przemysł mody nakłania dziewczyny do trójkątów.

— Agenci i bookerzy wymuszają to na modelkach w zamian za angaże. — Po chwili dodał: — Wszystkie dziewczyny są macane po klopach.

Tad, architekt i złoty chłopiec, lat czterdzieści jeden, był sceptyczny.

— A prawdziwe liczby trzyma w tajemnicy rządowe biuro cenzury — zażartował, ale ciągnął dalej: — Kobiety fizycznie prezentują więcej piękna, więcej zmysłowości. Więc łatwiej jest mężczyźnie fantazjować o dwóch kochających się ze sobą kobietach. Dwóch facetów to raczej kiepska fantazja.

Peter uniósł głowę ze swego miejsca na podłodze.

— Kobiety mogą spać w jednym łóżku i nikt z tego nie robi sprawy — dorzucił.

— Wręcz przeciwnie, popieramy to — powiedział Simon, właściciel firmy oprogramowania komputerowego, lat czterdzieści osiem.

— Mało prawdopodobne, że któryś z nas mógłby spać w łóżku z drugim. Ja bym tego nie zrobił — dodał Jonesie, lat również czterdzieści osiem, dyrektor wytwórni nagrań ze Wschodniego Wybrzeża. Rozejrzał się dokoła.

— Faceci tego nie robią głównie dlatego, że większość z nich chrapie — stwierdził Peter. — Poza tym to niedobre dla systemu nerwowego.

— To wyciąga na wierzch wszystkie te głęboko zakorzenione lęki — dodał Simon.

Przez chwilę panowała cisza. Rozglądaliśmy się po pomieszczeniu. Napięcie przerwał Peter.

— Najlepiej to tłumaczą biologiczne badania na szczurach —

powiedział. — Tłok, stres, przeludnienie struktur niszowych. Pierwszym zjawiskiem wśród stłoczonych szczurów jest oddzielenie płci. A w tym mieście, przy tej liczbie adwokatów i zatłoczonych strukturach niszowych podlegamy niesamowitej presji. Presja rozpieprza nam hormony, a kiedy hormony są rozpieprzone, jest więcej homoseksualistów, a homoseksualizm to sposób natury na obniżenie populacji. Te wszystkie nienaturalne rzeczy, o których gadamy, rosną w postępie geometrycznym.

— I to wszystko wyjaśnia — rzucił kwaśno Tad.

— Prowadzimy życie nasycone zmysłowo — dalej perorował Peter. — Duże ciśnienie. Intensywność. Miliony spotkań. Miliony spotkań z prawnikami. Zwykłe rzeczy już nie cieszą. Teraz potrzebujemy dwóch albo trzech dziewczyn, albo egzotycznych striptizerek z Pure Platinum.

— Ale z drugiej strony ochota na grupowy seks może być powodowana zwykłą ciekawością — powiedział Tad. — Bez takich głębokich analiz.

Peter był jak w transie.

— A co z brakiem szczerości? — zapytał. — Jest mniej szczerości, mniej uczciwości. Jeśli dziewczyna naprawdę ci odpowiada, to nie powinieneś chcieć innej. Ale dzisiaj jest mniej szczerości.

— Może i tak — rzucił ostrożnie Jonesie.

— Kiedy spotkasz się z ludźmi w Nowym Jorku, to tylko wciskają ci kit — ciągnął Peter, nie zważając na to, że pędzle mu wysychają. — Na przyjęciach wysłuchujesz w kółko tego samego gówna. Potem na proszonych obiadach. W końcu przestajesz tam chodzić.

— Odcinasz się — przyznał Jonesie.

— I idziesz do łazienki, gdzie ktoś z przemysłu mody obciągnie ci druta — powiedział Peter.

Nastąpiła krótka, ale — jeśli się nie mylę — pełna szacunku cisza. Potem Peter znów się włączył.
— Ale to nie jest autentyczne. Nie jest szczere. Nie ma w tym żadnej komunikacji. To tylko krótka chwila w tym naładowanym stresem życiu.

„Ekstatyczna" miłość

Niewesoły był stan umysłu Tada, kiedy trzy lata temu doświadczył najprymitywniejszego rodzaju trójkąta, który nazwał „na zgłuszenie".
Tad był wtedy tuż po zerwaniu z dziewczyną, po pięciu latach związku. Znalazł się na imprezie i wypatrzył atrakcyjną dwudziestolatkę. Poszedł za nią, zobaczył, jak wsiada do taksówki. Ruszył jej tropem swoim mercedesem. Kiedy taksówka stanęła na światłach, zrównał się z nią. Umówili się na następny wieczór w klubie. Przyszła z koleżanką o imieniu Andie.
— Na szczęście — opowiadał Tad — ta Andie była kompletnie pokręcona. Dopiero co wysiadła z samolotu z Włoch i dumnie paradowała w swoim futrze z lisów. Łyknęli tabletki ecstasy i cała trójka pojechała do Tada. Pili szampana, tłukli kieliszki o podłogę, całowali się. Dwudziestolatka zasnęła, a Tad i Andie poszli na całość, z tą małą śpiącą obok nich na łóżku.
Peter znów zaczął swoje:
— Właśnie! Codziennie więcej przeżyć, więc musisz mieć jeszcze więcej i szybciej! I jeszcze więcej! — krzyczał. — Przekraczać granice wytrzymałości, kusić szczęście, stwarzać nowe nisze, rozszerzać…
— To tak, jakby ktoś podsunął ci tacę ciasteczek, ale ty bierzesz dwa, nie jedno — powiedział spokojnie Garrick, lat trzydzieści, gitarzysta w zespole z centrum miasta.

Tad zaczął się w końcu zgadzać z Peterem.

— To ta cała obsesja „więcej" — powiedział. — Cztery piersi, nie dwie.

Na szczęście przyszedł w końcu Sam, doradca inwestycyjny, lat czterdzieści jeden. Facet, który ciągle mówił, że chce się ożenić, ale często „zapominał" zadzwonić do kobiet, z którymi chodził. Więc wciąż był wolny. Sam przyznał, że bywał w trójkątach.

— Dlaczego to robiłeś? — zapytaliśmy.

Sam wzruszył ramionami.

— Odmiana. Po jakimś czasie męczy cię bycie z jedną osobą.

Sam wytłumaczył nam, że do trójkąta prowadzą trzy podstawowe sytuacje. Pierwsza: Facet od dawna starał się namówić swoją dziewczynę na pójście do łóżka z jeszcze jedną kobietą. Powodem może być to, że jest znudzony albo skrycie chce się przespać z koleżanką dziewczyny.

Druga: Dziewczyna chce się przespać z inną kobietą i namawia do tego chłopaka, żeby jej samej było łatwiej.

Trzecia: Dwie kobiety chcą być ze sobą i kombinują, żeby do łóżka wciągnąć faceta.

Sam powiedział, że przez jakieś sześć miesięcy chodził z pewną Libby i wmówił sobie, że to ona chce iść do łóżka ze swoją najlepszą przyjaciółką, Amandą. Oczywiście prawda była taka — co teraz przyznaje — że to on chciał się kochać z Amandą. Pod jego naciskiem Libby w końcu zgodziła się zorganizować wspólny wieczór. Przyszła Amanda. Pili wino. Siedzieli na kanapie. Sam powiedział kobietom, żeby się rozebrały. A potem?

— Totalna porażka — westchnął Sam. Libby została na kanapie, a on zabrał Amandę do łóżka. — Strasznie się na nią napaliłem. I to był problem. Bo zwykle jest tak, że w końcu wolisz być z jedną kobietą bardziej niż z drugą, i ta druga czuje się odrzucona.

W końcu Libby sama przyszła do łóżka.

— Chyba chciały, żebym im mówił, co robić, żebym przejął kontrolę. Ale ja byłem tak zajęty Amandą, że o niczym innym nie myślałem — mówił Sam.

Libby nigdy się z tym nie pogodziła. Dwa miesiące później zerwali. Libby i Amanda przez jakiś czas nie odzywały się do siebie. Sam przyznał, że wiedział, iż trójkąt może nieść ze sobą „konsekwencje", ale, jak stwierdził:

— I tak w to idziesz, bo jesteś facetem.

Zasada numer jeden przy trójkątach:

— Nigdy, przenigdy nie rób tego ze swoją dziewczyną — powiedział Garrick. — To zawsze katastrofa.

Zasada numer dwa:

— Nie wolno tego planować. Bo wtedy zawsze coś jest nie tak — dodał Simon, który przyznał, że brał udział w sześciu czy siedmiu trójkątach. — To musi wyjść spontanicznie.

Zanim doszliśmy do zasady numer trzy, odezwał się dzwonek u drzwi. Przyszli: Jim, magik lat dwadzieścia jeden, i Ian, producent telewizyjny lat dwadzieścia pięć. Jim oznajmił, że kochał się w trójkącie w ubiegłym tygodniu.

— O czymś takim trzeba opowiedzieć znajomym — przyznał. — Było trochę sztywno, bo wszyscy troje niedawno widzieliśmy film *Ich troje*.

Zanim zdążył rozwinąć temat, znów rozległ się dzwonek. Spojrzeliśmy po sobie. Kto to mógł być? Wszyscy zaproszeni już się pojawili. Peter spojrzał znad swoich zdjęć.

— To druga kobieta — oznajmił spokojnie.

Poszłam na górę, otworzyć drzwi. To faktycznie była druga kobieta. Gapiłyśmy się na siebie, obie zaskoczone.

— Co ty tu robisz? — spytała.

— Właśnie miałam cię zapytać o to samo — odparłam.

Potem zrobiłyśmy to, co kobiety w Nowym Jorku robią zawsze, niezależnie od tego, co naprawdę czują: ucałowałyśmy się w policzki.

— Cześć, Chloe — powiedziałam.

Miała na sobie kurtkę imitującą lamparcią skórę i różową apaszkę. Chloe to jedna z tych dziewczyn dobrze znanych w mieście, jedna z tych kobiet, które są bardzo piękne, ale nigdy nie wiadomo, jak skończą.

Panowie patrzyli, jak schodzimy po schodach. Jim pochylił się na krześle.

— Teraz może coś się zacznie dziać — powiedział.

Chloe i ja popatrzyłyśmy na siebie.

— Nie sądzę — powiedziałyśmy jednocześnie.

Chloe zlustrowała pokój.

— To pachnie konspiracją — stwierdziła.

Ktoś nalał jej wódki. Powiedziałam jej, o czym rozmawiamy.

— Uważam, że trójkąt to ostatnia rzecz, której chce dziewczyna — rzuciła Chloe takim tonem, jakby mówiła o kosmetykach. — Dziewczyny lubią układ jeden na jeden. Chcą uwagi. — Upiła łyk wódki. — Byłam już, kurwa, tyle razy w sytuacji, gdy facet chciał trójkąta. Niedawno miałam chłopaka. Byliśmy z drugą parą. Oni wszyscy chcieli się zabawić w S&M. Wylądowałam w pokoju z mężem tej kobiety, znałam go od lat. Spojrzeliśmy na siebie, a ja mówię: „To nie wypali, bo oboje jesteśmy typem uległym. To bez sensu. Wzajemnie się wykluczamy".

Chciałam wiedzieć, co się dzieje, kiedy obie kobiety w trójkącie ignorują mężczyznę.

— Modlę się o coś takiego — westchnął Simon.

— Tego właśnie wszyscy chcemy — potwierdził Tad. — O to naprawdę chodzi. To jakby w twoim łóżku dział się film. Ty tylko robisz swoje, żeby one się do siebie wzięły.

Jonesie był jednak przekonany, że sprawa wygląda trochę inaczej. Ciągle używał słówka „pro". Nie byliśmy pewni, czy miał na myśli profesjonalną prostytutkę, która się specjalizuje w trójkątach, czy coś innego.

— Takie rzeczy się zdarzają zwykle dlatego, że pro chce się kochać z drugą kobietą — powiedział. — Tak naprawdę jest lesbijką, ale sypia z facetami, żeby się dostać do kobiet. Pro się tobą zajmie najlepiej, jak umie, i tak poprowadzi sprawę, żeby ta druga kobieta nie pomyślała, że facet ją tej pro bezczelnie podsuwa. Pro tak nad tobą pracuje, aż skończysz. I wtedy pożera tę drugą.

— Nie zgadzam się — powiedział Simon. — Jonesie ma zbyt wąski zakres doświadczeń.

I jak tu odmówić?

— Jedna z dziewczyn w moim trójkącie — dorwał się w końcu do głosu Jim — uwielbia seks. Była ze wszystkimi facetami, których znamy.

— Zaczekaj no — przerwała mu Chloe. — A skąd wiesz, że naprawdę z nimi była?

— Bo Ian z nią spał — powiedział Jim. — Ian z nią spał i powiedział, że ona uwielbia się pieprzyć z każdym.

— A on skąd to wiedział? — upierała się Chloe. — Może ona lubiła się kochać tylko z nim? To właśnie jest w was najgorsze.

— Ta dziewczyna chce być jak facet — wyjaśnił Ian. — Mówi tak: „Dlaczego kobiety mają być inne od mężczyzn?" Jeśli facet może uprawiać seks z każdą kobietą, z którą chce, to dlaczego ona nie może sobie brać każdego gościa, którego chce?

— Spójrz na Simona — przerwał mu Jonesie. — On chce jej imię i numer telefonu. Natychmiast.

Jim wrócił do swojej opowieści:

— W moim trójkącie ta druga dziewczyna była przeciwieństwem pierwszej. Taka raczej cnotka. Przez całe życie miała tylko dwóch chłopaków. No, w każdym razie te dwie ostatnio wspólnie wynajęły mieszkanie. I ta szalona dziewczyna zmieniła życie tej cnotliwej, bo nie minął tydzień, a cnotka gotowa jest przespać się z każdym. Wszyscy jesteśmy od dawna przyjaciółmi — ciągnął Jim. — Spałem już z tą szaloną, a na cnotkę czyhałem od roku. Poszliśmy razem do kina, potem kupiliśmy butelkę wina i wróciliśmy do ich mieszkania. Wypiliśmy całą butelkę.

— Ale to tylko trzy i pół kieliszka na głowę — zaoponowała Chloe.

— Był czas, kiedy i ty, Chloe, potrafiłaś się upić trzema kieliszkami — uciął Tad.

— No dobra — zgodził się Jim. — No więc wróciliśmy do domu i wypiliśmy tę kapeczkę, odrobineczkę wina, a potem ja i ta szalona dziewczyna poszliśmy do sypialni. To była taka sypialnia, że łóżko zajmowało cały pokój, więc siedzieć można było tylko na nim. Ja i ta szalona zaczęliśmy się do siebie dobierać. Ale naprawdę to ona chciała tej drugiej. I ja też chciałem tej drugiej. Oboje na nią patrzyliśmy. A ona chodziła po mieszkaniu, starała się zająć sobą. Przechodziła z łazienki do kuchni. Tak w kółko.

— A co miała na sobie? — spytał Simon.

— Nie pamiętam — powiedział Jim. — Ale w końcu złapaliśmy ją za ręce i wciągnęliśmy do sypialni.

— I tam ją zgwałciliście — sapnął Simon.

Jim pokręcił głową.

— Nieeee. Posadziliśmy ją na łóżku i zaczęliśmy jej delikatnie dotykać. Masować jej plecy. Potem ją położyliśmy. Dziewczyny leżały teraz obok siebie, więc ja zacząłem kłaść dłonie jednej na piersiach drugiej. I one poszły w to dalej same. Wciąż byłem obok, ale starałem się odsunąć, żeby tylko patrzeć. No i od tego czasu one zaczęły chodzić po Nowym Jorku i robić to z każdym. Zrobiły to chyba po kolei z dwudziestką facetów z Buddha Bar.

Ian też miał dla nas opowieść.

— Pewnego razu kochałem się z dziewczyną, a w łóżku była jeszcze jedna. W pewnym momencie spojrzałem na tę drugą i nasze oczy dosłownie się zwarły. I przez następne pięć minut patrzyliśmy na siebie. To była jazda. Wtedy było wspaniale. W tym była intymność.

Peter Beard, który wyjątkowo długo wytrzymał bez słowa, nagle się odezwał.

— I wyobraź sobie, że odmawiasz udziału w trójkącie — powiedział. — Ale byś musiał być dupkiem.

To sport

— Ale raczej nie robi się tego z dziewczyną, na której ci zależy — powiedział Tad.

— Najfajniej jest to robić z dziewczyną, która jest dobrym kumplem i lubi się zabawić — dodał Ian.

— I dlatego faceci tak chcą być w trójkącie z tobą — powiedział Tad do Chloe. — Jesteś świetnym kumplem.

Chloe zabiła go wzrokiem. I wtedy ni z tego, ni z owego Ian oznajmił:

— Ja częściej byłem w układach, gdzie było dwóch mężczyzn i jedna dziewczyna. — I szybko dodał: — Ale oczywiście nie uprawiałem seksu z tym drugim.

Zapadła chwila ciszy — oszołomiło nas wszystkich. Nie byłam nawet pewna, czy dobrze usłyszałam.

— Bo to jest najprostszy sposób na trójkąt. — Ian wzruszył ramionami. — To sport. Dziewczyna cię nie obchodzi, to oczywiste, bo inaczej byś nie pozwolił, żeby twój kumpel ją pieprzył. Nic ci na niej nie zależy.

— I tak jest o wiele taniej — niespodziewanie dorzucił Sam, doradca inwestycyjny.

Pomyślałam o kilku przyjaciółkach, które mi wyznały, że czasem miewają fantazje o kochaniu się z dwoma mężczyznami. Radziłam im wtedy, żeby najlepiej pozostało to tylko fantazją.

Chloe wciąż była nastawiona sceptycznie.

— Nigdy nie słyszałam, żeby dwóch facetów to komuś proponowało — powiedziała. — Poza tym faceci tak kurewsko ze sobą rywalizują, że czegoś podobnego by nie znieśli.

— Ja bym nie chciał uprawiać seksu z kobietą po tym, jak był w niej inny mężczyzna — powiedział Peter.

Tad się nie zgodził:

— Jeśli to mój najlepszy przyjaciel, to jaki problem?

— No właśnie — poparł go Ian.

— Ale miałoby dla mnie znaczenie, kto jest pierwszy, co się dzieje — przyznał Tad.

— To taki spisek między dwoma facetami — tłumaczył Ian. — To sprawa między tobą a twoim kumplem. Razem się zastanawiacie, czy wam się uda wykręcić taki numer. A kiedy się uda, to bingo!

Jim gwałtownie potrząsnął głową.

— Nie zgadzam się.

— Jim, jak możesz mówić, że się nie zgadzasz? — spytał Ian.

— No właśnie — wtrącił Tad. — Przecież to zrobiłeś z Ianem.

— Nie podoba mi się w tym sam pomysł, sama zasada — przyznał Jim.

Ian wskazał na niego palcem.

— No proszę, a to on mnie napuścił na tę dziewczynę.

Złe wibracje

Odezwał się Garrick. Powiedział, że był w około dziesięciu trójkątach.

— No co, mam trzydzieści pięć lat, sporo gówna już mi się zdążyło przytrafić. — Kilka z tych trójkątów było z drugim mężczyzną. — To był zawsze mój najlepszy przyjaciel, Bill — zapewnił Garrick.

Bill był modelem. Poznali się na siłowni w centrum, kiedy Bill poprosił Garricka o asekurację przy wyciskaniu na ławeczce.

— Większość kolesiów na tej siłowni to byli geje — opowiadał Garrick. — No więc my dosłownie wychodziliśmy ze skóry, żeby sobie nawzajem udowodnić, że gejami nie jesteśmy. Te trójkąty to był niemal sprawdzian naszej heteroseksualności. Udowadniasz swoją męskość przed innym facetem. I mnie, i Billowi chodziło też o tego kopa, jakiego daje cała zabawa — mówił dalej Garrick. — Czasami obaj mieliśmy z dziewczyną stosunek równocześnie. Bo kiedy kobieta już się zdecyduje na pójście z dwoma facetami, to jest otwarta mniej więcej na wszystko.

Garrick pochylił się na krześle, zaciągnął się papierosem.

— Bill kiedyś zrobił to z innym facetem — powiedział cicho. Zaśmiał się. — Zawsze się z niego przez to nabijam. Bo między nimi coś zaszło. Nie wiem dokładnie. Dla mnie są w tym ukryte pragnienia homoseksualne. Czy ja je mam? Też nie wiem. Może tylko Bill nie był w moim typie.

Młodsi mężczyźni dziwnie przycichli. Ale oczywiście ode-zwał się Peter:

— Nie jestem homofobem. Zdarzyło mi się być w takiej sy-tuacji z moim najlepszym przyjacielem i kobietą. Oni spali na podwójnym łóżku w tym samym pokoju co ja. I pamiętam te seksualne wibracje. Kiedy było już po wszystkim, on miał po-parzoną dłoń. Bo chociaż to był mój najlepszy przyjaciel, to, niestety, był tylko dodatkiem do sytuacji. I to była taka zła wi-bracja. Pamiętam tylko, jak odpycham tę jego rozgrzaną dłoń. Taka zła wibracja.

Na chwilę zamilkliśmy. Zrobiło się późno. Prawie czas na obiad.

— Ech, właściwie to nie wiem — powiedział Garrick. — Jestem przekonany, że trójkąty są dobre na psyche. Bo to jest tak nietypowe seksualne doświadczenie, że jakby się w ogóle nie liczy. Gdy tylko jest po wszystkim, więcej o tym nie my-ślisz. A kiedy zdradzisz żonę czy dziewczynę, to zwykle masz potem poczucie winy. W trójkącie nie ma mowy o dłuższym związku, więc nie ma zagrożenia. A poza tym — ciągnął — to cię zbliża z tym drugim facetem. Cementuje przyjaźń. Co in-nego można z tym porównać? Dzielisz z nim najbardziej in-tymne doświadczenie.

A co jest potem? Następnego ranka?

— E, nie ma problemu. Pamiętam, raz wszyscy troje poszli-śmy na śniadanie — powiedział Garrick. — Pamiętam, bo to ja płaciłem.

9

Co ma dwa koła, nosi pompkę
i nabija mnie w balona?
Rowerowy chłopiec

Kilka tygodni temu nabrałam się na „rowerowego chłopca".
Było to na promocji książki, w wielkiej marmurowej sali, przy
ocienionej drzewami ulicy. Kiedy ukradkiem opychałam się
wędzonym łososiem, podbiegł do mnie kolega, pisarz.

— Właśnie rozmawiałem z niesamowicie interesującym człowiekiem — powiedział podniecony.

— Taa...? Gdzie jest? — spytałam, rozglądając się podejrzliwie po sali.

— Był archeologiem, a teraz pisze książki naukowe... fascynujący.

— Wystarczy — rzuciłam. Już namierzyłam rzeczonego
gościa. Był ubrany w coś, co wyobrażałam sobie jako miejską
wersję stroju safari: spodnie khaki, kremową koszulę w kratę
i lekko nadwerężoną, tweedową marynarkę. Szaroblond włosy miał odgarnięte z czoła, co eksponowało ładnie rzeźbiony
profil. Więc już mknęłam w poprzek sali, jeśli można mknąć
w sandałkach z paseczkami na wysokim obcasie. Był pogrążony w rozmowie z jakimś mężczyzną w średnim wieku, ale
szybko to rozwiązałam.

— Ty — powiedziałam — ktoś mi właśnie mówił, że jesteś
fascynujący. Mam nadzieję, że mnie nie zawiedziesz.

Podprowadziłam go do otwartego okna, gdzie odurzyłam

papierosami i tanim, czerwonym winem. Zostawiłam go po dwudziestu minutach i poszłam z przyjaciółmi na obiad.

Zadzwonił nazajutrz rano, kiedy wciąż jeszcze leżałam z kacem w łóżku. Nazwijmy go Horace Eccles. Mówił o romansie. To było miłe, leżeć tak sobie w łóżku z pękającą czaszką, kiedy przystojny facet grucha ci do ucha. Umówiliśmy się na obiad.

Kłopoty zaczęły się niemal od razu. Najpierw zadzwonił, żeby powiedzieć, że przyjdzie godzinę wcześniej. Potem zadzwonił i powiedział, że jednak nie. Na koniec zadzwonił i powiedział, że się pół godziny spóźni. Potem zadzwonił i powiedział, że jest tuż za rogiem. Ostatecznie spóźnił się czterdzieści pięć minut.

A potem się okazało, że przyjechał na rowerze.

Na początku się nie zorientowałam. Zauważyłam tylko większe niż normalnie (u pisarzy) rozchełstanie, lekkie zasapanie, które przypisałam swojej obecności.

— Gdzie chcesz iść jeść? — spytał.

— Już zrobiłam rezerwację — powiedziałam. — W Elaine's. Wykrzywił twarz.

— Myślałem, że po prostu coś zjemy w sąsiedztwie, gdzieś za rogiem.

Rzuciłam mu jedno z moich wymownych spojrzeń i wyjaśniłam:

— Ja nie jadam obiadów w sąsiedztwie, za żadnym rogiem. Przez chwilę zanosiło się na to, że sobie pójdzie. W końcu wypalił:

— Ale zrozum, ja przyjechałem na rowerze.

Odwróciłam się i zobaczyłam tę obraźliwą machinę, która stała przytroczona do latarni.

— Chyba nie rozumiem — powiedziałam.

Mr New Yorker* i jego maszyna z przerzutką

Nie było to moje pierwsze doświadczenie z tym manhatań-
skim, literackim, romantycznym podgatunkiem, który nazywam rowerowym chłopcem. Jakiś czas temu byłam na obiedzie z jednym z najsławniejszych rowerowych chłopców, którego nazwiemy po prostu Mr. New Yorker.

Mr New Yorker, redaktor i wydawca, wygląda na trzydzieści
pięć lat (choć jest sporo starszy), ma niesforne brązowe włosy
i zabójczy uśmiech. Może wybierać z zastępów wolnych kobiet,
nie tylko dlatego, że te kobiety chcą koniecznie coś opublikować
w „New Yorkerze". Jest miły i troszkę zaniedbany. Siada koło
ciebie, rozmawia o polityce, pyta o twoje zdanie. Czujesz się
przy nim mądra. A potem, zanim się zorientujesz, znika.

— Hej, a gdzież jest Mr New Yorker? — pytają wszyscy na
imprezie o jedenastej wieczorem.

— Wykonał telefon — odpowiada jakaś kobieta — a potem
odjechał na swoim rowerze. Miał się z kimś spotkać.

Prześladował mnie od dawna obrazek Mr New Yorkera mkną-
cego przez noc w tweedowej marynarce, cisnącego jak szale-
niec na pedały trzybiegowego roweru (z błotnikami, żeby nie
pobrudzić spodni). Wyobrażałam sobie, jak podjeżdża pod
dom na Upper East Side, a może pod jakiś budynek w SoHo,
opiera się na dzwonku domofonu, a potem, lekko dysząc, wno-
si swój rower po schodach. Otwierają się drzwi, po czym on
i jego inamorata, chichocząc, zastanawiają się, gdzie by postawić rower. Potem on zamyka ją w spoconym uścisku i kończą,
bez wątpienia, na kanapie albo i na podłodze.

Rowerowy chłopiec ma w Nowym Jorku długą społeczno-
-literacką tradycję. Opiekuńczymi patronami rowerowych chłop-

---

* New Yorker — nowojorczyk; także tytuł popularnego pisma literackiego.

ców są: siwowłosy pisarz George Plimpton, którego rower wisiał zwykle do góry kołami nad głowami jego pracowników w redakcji „Paris Review", i siwowłosy felietonista z „Newsday", Murray Kempton. Ci dwaj jeżdżą od lat i są inspiracją dla nowej generacji rowerowych chłopców, jak wspomniany już Mr New Yorker i zastępy młodych dziennikarzy, wydawców, redaktorów książek, pism, gazet, którzy upierają się, by przemierzać fizyczne i romantyczne krajobrazy Manhattanu, samotnie pedałując. Rowerowy chłopiec to także specjalny gatunek nowojorskiego kawalera do wzięcia: bystry, zabawny, romantyczny, szczupły, całkiem atrakcyjny. Jak z marzeń dorosłych dziewczynek (i chłopców). Jest coś niesamowicie, no... uroczego w tweedowym gościu na rowerze — zwłaszcza jeśli nosi te głupawe okulary.

Kobiety czują do nich mieszankę namiętności i uczuć macierzyńskich. Ale jest i ciemna strona: większość rowerowych chłopców nie jest żonata i prawdopodobnie nigdy nie będzie. Przynajmniej dopóki nie wyrzekną się swoich rowerów.

Dlaczego John F. Kennedy Jr nie jest rowerowym chłopcem*

— Jeżdżenie na rowerze niekoniecznie jest posunięciem dobrym dla kariery — powiedział pan Eccles. — I dlatego najlepiej wychodzi osobom już potężnym, jak George Plimpton. Bo inaczej trzeba ukrywać rower za rogiem i ukradkiem wyciągać nogawki spodni ze skarpetek.

Rowerowi chłopcy nie jeżdżą dla sportu jak ci głupi rowe-

---

* Książka została napisana przed tragiczną śmiercią Johna F. Kennedy'ego Jr.

rzyści, którzy zasuwają kolejne rundki po parku. Jeżdżą częściowo po to, by się przemieścić, ale co ważniejsze — by zachować swoją literacką chłopięcość. Wyobraź sobie przejażdżkę po Oksfordzie o zmierzchu, po kocich łbach. Nad brzegiem rzeki Cherwell czeka kobieta w zwiewnej sukni, ściskając tomik Yeatsa. Tak właśnie myślą o sobie rowerowi chłopcy, kiedy pedałują po Manhattanie, omijając taksówki i kratki kanalizacyjne. I choć John F. Kennedy Jr jest bez wątpienia najsłynniejszym i najbardziej pożądanym kawalerem na rowerze, jego sportowe podejście dyskwalifikuje go ze wspólnoty rowerowego chłopięctwa. Bo rowerowy chłopiec już raczej pomknie przez śródmieście w lnianym garniturze niż w szortach i obcisłym podkoszulku. Rowerowi chłopcy gardzą tymi obciskającymi uda kolarkami z piankową wkładką na pośladkach. Rowerowi chłopcy nie uciekają przed oczyszczającym bólem twardego siodełka — on pomaga literaturze.

— Nie mam ani jednej pary spandeksów — powiedział Mr New Yorker i dodał, że zimą nosi kalesony, żeby utrzymać ciepło.

Może dlatego rowerowi chłopcy stają się celem fizycznych napaści o wiele częściej niż ich sportowi kuzyni. Inna sprawa, że jeżdżą o każdej porze (im później, tym lepiej — bardziej romantycznie), wszędzie, niezależnie od kondycji fizycznej.

— W nocy pijacy wyją na ciebie przez okna, żeby ci dopiec do żywego — powiedział pan Eccles. — I jeszcze gorsze rzeczy.

W pewien wieczór Halloween Mr New Yorker, przebrany za angielskiego policjanta, wjechał w grupkę dwunastolatków. Zrzucili go z roweru.

— Mówię do nich: „Nie będę się bił ze wszystkimi naraz. Będę walczył z jednym". Odsunęli się, został najwyższy. Wtedy zrozumiałem, że z nim też nie chcę się bić.

Więc cała banda rzuciła się na Mr New Yorkera i zaczęła go

okładać, aż jacyś przypadkowi przechodnie narobili wrzasku i chłopcy uciekli.

— Miałem szczęście — powiedział Mr New Yorker. — Nie zabrali mi roweru, wzięli tylko kilka płyt, które miałem w koszyku (proszę zauważyć, iż Mr New Yorker wiózł „płyty", jak się mówi o czarnych krążkach, a nie żadne CD. Kolejny znak prawdziwego rowerowego chłopca).

Pan Eccles opowiedział podobną historię:

— Dwa dni temu jechałem o dziesiątej wieczorem przez Central Park, kiedy zostałem otoczony przez dziki gang na rolkach. To były prawie dzieci. Starały się mnie osaczyć manewrem oskrzydlającym, ale byłem szybszy i uciekłem.

Jednak jeszcze większym zagrożeniem dla rowerowych chłopców jest seks, jak się o tym przekonał pewien reporter, którego nazwiemy Chester. Chester nie jeździ już tak często jak dawniej, bo rok temu po romantycznym spotkaniu miał poważny rowerowy wypadek. Pisał wtedy reportaż o tancerkach topless. Tak zaprzyjaźnił się z Lolą. Może Lola widziała się w roli Marilyn Monroe u boku Chestera — Arthura Millera. Kto wie. Chester wie tylko tyle, że pewnego wieczoru zadzwoniła, mówiąc, że leży w łóżku w swoim apartamencie w Trump Palace i że Chester może wpaść. Wskoczył na rower i w kwadrans był na miejscu. Używali sobie przez trzy godziny. Potem Lola powiedziała, żeby Chester sobie poszedł, bo ona z kimś mieszka i ten facet za chwilę wróci do domu.

Chester wybiegł z budynku i wskoczył na rower, ale zaistniał mały problem. Nogi tak mu drżały od nadmiaru seksu, że kiedy zjeżdżał z Murray Hill, dostał skurczu, walnął w krawężnik i ruchem ślizgowym przejechał ciałem po chodniku.

— To naprawdę bolało — powiedział. — Kiedy masz tak zdartą skórę, to piecze jak oparzenie trzeciego stopnia.

Na szczęście sutek w końcu mu odrósł.

Eccles. — Bo jeśli jest pedantką, nie zniesie roweru w pobliżu swoich rzeczy.

Czasami też rower jest nie tylko rowerem — i kobiety chyba to wiedzą.

— Mają cię za podejrzanego osobnika. Jesteś dla nich zbyt niezależny, zbyt mobilny — mówi pan Eccles. — I z pewnością trochę niepoważny.

— W takim facecie widzą coś z Piotrusia Pana — potwierdził Kip. — I częściowo dlatego teraz już nie wszędzie zabieram rower.

— Rower zakłada pewien egoizm — zgodził się pan Eccles. — Nikogo nie możesz podwieźć. Z facetem, który jeździ na rowerze, kojarzy się też zbyt duża doza wolności. — Pan Eccles dodał, że będąc niewiele po pięćdziesiątce, może wymienić około dziesięciu powodów, dla których się nie ożenił. — Ale żaden z nich nie wydaje się istotny.

A to może sugerować specyficzne skąpstwo rowerowych chłopców. Jedna moja znajoma, asystentka naczelnego w czasopiśmie dla panów, opowiedziała mi o randce z rowerowym chłopcem, którego poderwała na promocji książki. Po wstępnych pogawędkach rowerowy chłopiec wyznaczył jej randkę w dobrej restauracji na Upper West Side. Przyjechał spóźniony, na swoim rowerze (ona czekała na ulicy, nerwowo paląc papierosy). Kiedy w końcu usiedli i dostali menu, on spytał:

— Nie obrazisz się? Bo właśnie zdałem sobie sprawę, że mam straszną ochotę na pizzę. Nie masz nic przeciwko, prawda?

I wstał.

— Ale... czy nie musimy... — wyjąkała, patrząc niepewnie na kelnera.

Rowerowy już zdążył chwycić ją za ramię i wyprowadził na zewnątrz.

— Przecież wypiłaś tylko kilka łyków wody. Ja swojej nawet nie tknąłem. Za to nie mogą nam policzyć.

Wrócili do niej do domu i zjedli pizzę, a wtedy on zabrał się do rzeczy.

Spotykali się potem jeszcze kilka razy, ale za każdym razem przyjeżdżał do niej o dziesiątej wieczorem i przywoził jedzenie na wynos. W końcu go rzuciła i zaczęła chodzić z bankierem.

Problem krocza

Rowerowi chłopcy często popełniają błąd i starają się zmienić swoje dziewczyny w rowerowe dziewczyny. Joanna, kobieta, która wychowała się na Piątej Alei, a teraz pracuje jako dekoratorka wnętrz, nawet wyszła za rowerowego chłopca.

— Oboje jeździliśmy na rowerach — powiedziała — więc na początku to nie był problem. Zauważyłam, że coś jest nie tak, kiedy na urodziny podarował mi siodełko. Potem, na Gwiazdkę, dał mi samochodowy bagażnik na rower. Kiedy się rozwiedliśmy, odkręcił ten bagażnik i zatrzymał dla siebie. Dasz wiarę?

— Chłopcy na rowerach? O Boże, tylko nie to — powiedziała Magda, powieściopisarka. — Wyobrażasz sobie, jakie mają cuchnące krocza? Nie, dziękuję. Za wiele razy mnie przewracali. To wszystko samolubni, popieprzeni kamikadze. Jeśli się kochają w ten sam sposób, jak jeżdżą na swoich rowerach, to dziękuję, ale prędkość nie jest ważna.

— Kobiety wcale nie uważają, żeby jeżdżenie na rowerze było seksowne — poskarżył się Thad. — Twierdzą, że to infantylne. Ale w pewnym momencie decydujesz, że nie możesz iść przez życie, dając kobietom fałszywy obraz siebie.

10

Kociaki ze śródmieścia i matrony z Greenwich

Tę pielgrzymkę odbyła większość manhatańskich kobiet: odwiedziny u koleżanki, która niedawno przeprowadziła się na przedmieścia. Tylko nieliczne dobrze się bawiły. Zwykle powracały do śródmieścia w stanie emocjonalnym oscylującym pomiędzy ogłuszeniem a załamaniem. Oto jedna z takich historii.

Jolie Bernard była agentką, promowała zespoły rockowe w International Creative Management. Pięć lat temu, gdy akurat nie przemierzała Matki Ziemi w swoich kowbojskich butach, włócząc się z gwiazdami rocka i czasem z nimi sypiając, mieszkała w Nowym Jorku, w apartamencie z jedną sypialnią, umeblowanym skórzanymi kanapami i gigantycznymi kolumnami stereo. Miała długie, jasne włosy i małe, prężne ciało z dużymi cyckami. Kiedy wracała do domu, na automatycznej sekretarce czekały miliony wiadomości. Kiedy wychodziła, miała przy sobie zawsze dość forsy i prochów. Była na swój sposób sławna.

I wtedy coś się stało. Nikt nie przypuszczał, że się stanie, ale się stało. Co tylko dowodzi, że w tych sprawach nigdy nie można mieć pewności. Skończyła trzydzieści pięć lat i spotkała doradcę inwestycyjnego, który pracował dla Salomon Brothers. I zanim ktokolwiek się zorientował, pobrali się, ona była w ciąży, i przenosili się do Greenwich.

— Nic się nie zmieni — zapewniała. — Będziemy się ciągle spotykać, wy możecie do nas przyjeżdżać, a latem będziemy sobie robić barbecue.

Wszystkie odparłyśmy: Pewnie, pewnie, pewnie. Minęły dwa lata. Wiedziałyśmy, że powiła jednego bachorka, potem drugiego. Nigdy nie mogłyśmy zapamiętać ich imion ani nawet tego, czy to dziewczynki czy chłopcy.

— Hej, a co tam u Jolie? — pytałam czasem Mirandę, która kiedyś była jej najlepszą przyjaciółką.

— Pojęcia nie mam — zwykle mówiła Miranda. — Ile razy do niej dzwonię, nie może rozmawiać. Przychodzi facet od zraszaczy ogrodowych albo właśnie złapała nianię na paleniu marychy w pralni, albo drze się któryś z dzieciaków.

— Straszne, po prostu straszne — kwitowałyśmy temat, natychmiast o nim zapominając.

I nagle miesiąc temu stało się nieuniknione: nadeszły małe, białe zaproszenia ze szlaczkiem z maciupkich, purpurowych kwiatków. Zwoływały cztery miastowe przyjaciółki Jolie na „wieczór panieński", który wyprawiała dla kogoś w swoim domu. Miało się to odbyć w sobotę o... pierwszej po południu. Jak zauważyła Miranda, był to najbardziej niefortunny czas i ostatnia rzecz, którą można sobie zająć sobotę. Turlać się do Connecticut.

— Jolie dzwoniła i dosłownie błagała — donosiła Miranda. — Mówiła, że bardzo chce mieć u siebie kilka koleżanek ze śródmieścia, żeby nie było tak nudno.

— Pocałunek śmierci — westchnęłam.

A jednak cztery kobiety zgodziły się pojechać: Miranda — szefowa kablówki, lat trzydzieści dwa; Sarah — właścicielka agencji PR, lat trzydzieści osiem; Carrie — w pewnym sensie dziennikarka, lat trzydzieści cztery; Belle — bankowiec i jedyna wśród nas mężatka, lat trzydzieści cztery.

Stare Greenwich, nowi wrogowie

Oczywiście sobota okazała się najpiękniejszym jak dotąd dniem tego roku. Słoneczko, 22 stopnie ciepła. Kiedy dziewczyny spotkały się na stacji Grand Central, natychmiast zaczęły narzekać, że będą zapuszkowane w domu Jolie akurat w tę najładniejszą pogodę, mimo że jako zaprzysięgłe mieszczki i tak nigdy nie wychodziły na spacer, jeśli tylko mogły tego uniknąć. Kłopoty zaczęły się już w pociągu. Jak zwykle Carrie poszła spać o czwartej nad ranem, miała potwornego kaca i cały czas się bała, że zacznie rzygać. Belle wdała się w kłótnię z jakąś kobietą siedzącą w rzędzie przed nią, bo dzieciak tej kobiety wystawiał głowę nad oparciem i pokazywał Belle język.

Potem Sarah wyjawiła, że Jolie jest w AA — już od trzech miesięcy — co znaczyło, że na party nie będzie alkoholu.

Carrie i Miranda natychmiast postanowiły wysiąść z pociągu na najbliższej stacji i wrócić do centrum, ale Belle i Sarah nie chciały im pozwolić. Na koniec Sarah powiedziała Carrie, że sama powinna zacząć chodzić na spotkania AA.

Pociąg dojechał do Old Greenwich i cztery kobiety upchały się na tylnym siedzeniu biało-zielonej taksówki.

— Po co my to robimy? — spytała Sarah.

— Bo musimy — westchnęła Carrie.

— Lepiej, żeby się tam nie walały te szpanerskie narzędzia ogrodowe. Jeśli zobaczę narzędzia, zacznę krzyczeć.

— Ja zacznę wrzeszczeć, jeśli zobaczę dzieci.

— Patrzcie. Trawa. Drzewa. Wdychajcie upojny zapach świeżo skoszonej trawy — powiedziała Carrie, która jakimś cudem zaczynała czuć się lepiej. Wszystkie spojrzały na nią podejrzliwie.

Taksówka podjechała pod biały dom w stylu kolonialnym, którego rynkową wartość zapewne miało podnieść dodanie spadzistego, łupkowego dachu i balkonów na piętrze. Trawnik był bardzo zielony, a wokół drzew zdobiących dziedziniec rosły równe klomby różowych kwiatków.

— O, jaki słodki szczeniaczek — powiedziała Carrie, kiedy golden retriever, szczekając, popędził przez trawnik. Kiedy piesek dobiegł do skraju dziedzińca, nagle coś szarpnęło go w tył, jakby ktoś ostro pociągnął za niewidzialną linę.

Miranda zapaliła niebieskiego dunhilla.

— Niewidzialne ogrodzenia elektryczne — stwierdziła. — Oni wszyscy to mają. I założę się, że będziemy musiały o tym swoje wysłuchać.

Przez chwilę cztery kobiety stały na podjeździe, gapiły się na psa, który teraz siedział na środku trawnika i zacięcie merdał ogonem.

— Proszę, czy możemy już wrócić do miasta? — jęknęła Sarah.

W salonie siedziało już pół tuzina kobiet. Każda z nogą założoną na nogę balansowała na kolanie filiżanką kawy lub herbaty. Wystawiono też przekąski: kanapki z ogórkiem i quesadille z salsą. Na dalekim krańcu stołu stała samotnie oszroniona, nietknięta, zamknięta butelka białego wina. Przyszła panna młoda, Lucy, wyglądała na lekko przerażoną najazdem kobiet z miasta.

Wszystkich wszystkim przedstawiono.

Kobieta przedstawiona jako Brigid Chalmers, od stóp do głów ubrana w ciuchy od Hermesa, sączyła coś, co wyglądało na krwawą mary.

— Jesteście, dziewczyny, spóźnione. Jolie już myślała, że w ogóle nie przyjedziecie — powiedziała z tą szczególną, cierpką złośliwością, jaką tylko kobiety umieją sobie okazywać.

— Cóż, rozkład pociągów — odparła Sarah, wzruszając ramionami.

— A czy my się w ogóle znamy? — szepnęła Miranda do ucha Carrie. To znaczyło, że jeśli chodzi o nią, Mirandę, wypowiada tej Brigid wojnę.

— Czy to krwawa mary? — spytała Carrie.

Brigid i jakaś inna kobieta wymieniły znaczące spojrzenia.

— Nie, to dziewicza mary — odparła z przekąsem. Na sekundę strzeliła oczami w kierunku Jolie. — Ja też robiłam latami te bzdury. To całe picie, imprezowanie. A potem, sama nie wiem, to się po prostu znudzi. Przechodzi się do spraw bardziej istotnych.

— Jedyną istotną sprawą jest dla mnie w tej chwili wódka — oznajmiła Carrie, obejmując głowę dłońmi. — Mam kaca giganta. Jak nie dostanę trochę wódki...

— Raleigh! — zawołała któraś z kobiet na kanapie, wykręcając szyję, by zajrzeć do drugiego pokoju. — Raleigh! Idź się pobawić na dwór.

Miranda pochyliła się do Carrie.

— Czy ona mówi do swojego psa czy do dziecka?

Seks małżeński

Miranda zwróciła się do Brigid.

— A więc, Brigid — zaczęła — czym to się zajmujesz?

Brigid otworzyła usta i zgrabnie wsunęła w nie trójkącik quesadilli.

— Pracuję w domu. Mam własną firmę konsultingową.

— Ach, rozumiem — powiedziała Miranda, poważnie kiwając głową. — A w jakich to kwestiach udzielasz konsultacji?

— Komputery.

— To nasz mały Bill Gates — rzuciła kobieta o imieniu Marguerite, która piła wodę Evian z kieliszka do wina. — Jak tylko mamy problem z komputerem, dzwonimy do Brigid, a ona wszystko rozwiązuje.

— Taaa, to takie ważne, kiedy ma się komputer — powiedziała Belle. — Komputery potrafią płatać psikusy. Zwłaszcza jeśli nie pracuje się na nich codziennie — dokończyła z uśmiechem. — A ty, Marguerite? Masz dzieci?

Marguerite lekko się zarumieniła i odwróciła wzrok.

— Jedno — powiedziała z nutką żalu. — Jednego cudnego, małego aniołka. Oczywiście nie jest już taki mały. Ma osiem lat, jest w fazie „dużego chłopca". Ale staramy się o następne.

— Margie jest w programie in vitro — wyjaśniła Jolie, a potem, zwracając się do całego pokoju, dodała: — Jak to dobrze, że urodziłam swoich dwoje tak wcześnie.

Carrie niefortunnie wybrała akurat ten moment, by wynurzyć się z kuchni z wielką szklanką wódki, z pływającymi dwoma kostkami lodu.

— A, mówicie o bachorach — włączyła się do rozmowy. — Mąż Belle chce ją znowu znokautować, ale ona nie chce. Więc poszła do apteki i kupiła ten test na płodność, który pokazuje, kiedy masz owulację. Facetka przy kasie mówi do niej: „Gratulacje!", a Belle na to: „Nic pani nie rozumie. Mnie to potrzebne, żeby wiedzieć, kiedy nie uprawiać seksu". Jaja, nie?

— Nie mogłabym chodzić w ciąży w lecie — potwierdziła Belle. — Jak tu się pokazać w kostiumie kąpielowym?

Brigid wróciła do wcześniejszej rozmowy:

— A ty co robisz, Mirando? — spytała. — Mieszkasz w śródmieściu, prawda?

— No cóż, jestem dyrektorem naczelnym telewizji kablowej.

— Och, uwielbiam kablówkę — wtrąciła niejaka Rita, obwieszona trzema złotymi naszyjnikami. Dłoń zdobił zaręczynowy pierścionek z dwunastokaratowym szafirem, na palcu obok błyszczała wysadzana szafirami ślubna obrączka.

— Tak — powiedziała Belle, uśmiechając się słodziutko. — Miranda to nasz mały Bob Pittman. Wiesz, ten co wymyślił MTV.

— Pewnie, że wiem — uradowała się Rita. — Mój mąż pracuje w CBS. Powiem mu, że cię poznałam, Mirando. Jestem pewna, że... a wiecie, że wcześniej byłam jego asystentką! Dopóki wszyscy się nie dowiedzieli, że się widujemy. No, bo w tym czasie on był już żonaty.

Wymieniła spojrzenia z pozostałymi kobietami z Connecticut. Carrie klapnęła na kanapę obok Rity, niechcący oblewając ją wódką.

— O, przepraszam — rzuciła. — Taka jestem dzisiaj cholernie niezdarna. Serwetkę?

— Nie, w porządku — powiedziała Rita.

— To takie podniecające — stwierdziła Carrie — złapać żonatego. Mnie by się to nigdy nie udało. Pewnie bym została najlepszą przyjaciółką jego żony.

— I dlatego istnieją kursy dla dorosłych — powiedziała kwaśno Sarah.

— No tak, ale nie mam ochoty chodzić na kurs z bandą nieudaczników — wyjaśniła Carrie.

— Znam sporo osób, które pokończyły kursy dla dorosłych. Niektóre są świetne — powiedziała Brigid.

— Jaki to był nasz ulubiony? — spytała Rita. — A tak, kurs S&M. Jak być dominą.

— No cóż, chłosta to raczej jedyny sposób na to, by mój mąż nie zasypiał — przyznała Brigid. — Małżeński seks.

Lucy zaśmiała się perliście.

Podmiejska niespodzianka: bidet

Carrie podniosła się i ziewnęła.

— Czy ktoś wie, gdzie jest toaleta?

Ale Carrie nie poszła do toalety. Nie była też wcale taka pijana, na jaką wyglądała. Na paluszkach skradała się na górę po schodach wyłożonych orientalnym dywanem, myśląc o tym, że Jolie z pewnością wie, jaki to rodzaj orientalnego dywanu, bo takie właśnie rzeczy powinno się wiedzieć, jeśli jest się żoną bogatego bankiera i urządza się jego dom na przedmieściach. Weszła do sypialni Jolie. Na podłodze leżał gruby, biały dywan, wszędzie stały zdjęcia w srebrnych ramkach, kilka profesjonalnie zrobionych ujęć Jolie w kostiumie kąpielowym, z długimi jasnymi włosami przerzuconymi przez ramię. Carrie długo przypatrywała się fotografiom. Jak by to było być na miejscu Jolie? Jak to się stało? Jak znajdujesz kogoś, kto się w tobie zakochuje i daje ci to wszystko? Ona ma trzydzieści cztery lata i nigdy nie była nawet blisko czegoś takiego, i istnieje ryzyko, że pewnie nigdy nie będzie. A dorastając, wyobrażała sobie, że będzie miała takie właśnie życie. Będzie je miała, bo po prostu tego chce. Jednak mężczyźni, których chciała, nie chcieli takiego życia albo jej. A z kolei ci, którzy chcieli, byli zbyt nudni. Weszła do łazienki. Od sufitu do podłogi czarny marmur. I bidet. Może podmiejscy mężowie nie bawią się w te klocki, jeśli żony nie są świeżo podmyte. Nie to co faceci z centrum. I wtedy omal nie wrzasnęła.

Na ścianie wisiało wielkie, kolorowe zdjęcie Jolie, w stylu Demi Moore. Była naga poza cieniutkim rozchylonym z przodu peniuarem, który obnażał monstrualne cycki i ogromny brzuch. Jolie dumnie patrzyła w obiektyw, dłoń trzymała tuż nad pępkiem, który był wypchnięty jak mała antenka. Carrie spuściła wodę i bez tchu zbiegła po schodach.

— Już otwieramy prezenty — zganiła ją Brigid.
Carrie usiadła na krześle obok Mirandy.
— Co ci jest? — spytała Miranda.
— Zdjęcie. W łazience przy sypialni. Zobacz — szepnęła.
— Przepraszam — rzuciła Miranda, wychodząc z pokoju.
— Co ty wyprawiasz? — spytała teraz Jolie.
— Nic — odpowiedziała Carrie. Patrzyła na przyszłą pannę młodą, która trzymała w górze parę czerwonych, jedwabnych majteczek bez krocza, ozdobionych czarną koronką. Wszyscy się śmiali. Bo tak właśnie się robi na panieńskich wieczorach.

Mam dreszcze

— Aż trudno uwierzyć w to zdjęcie, nie? — spytała Miranda.
Kiwały się leniwie w pociągu zmierzającym do miasta.
— Jeśli kiedykolwiek jeszcze będę w ciąży — powiedziała Belle — zamknę się w domu na dziewięć miesięcy. Nikt mnie nie zobaczy.
— A ja chyba mogłabym się dostosować — rzuciła melancholijnie Sarah, patrząc przez okno. — Mają domy i samochody, i piastunki do dzieci. Ich życie wydaje się takie łatwe. Jestem zazdrosna.
— Ale co robią całymi dniami? To bym chciała wiedzieć — powiedziała Miranda.
— Nawet nie mają seksu — dodała Carrie. Myślała o swoim nowym chłopaku, Mr Bigu. W tej chwili wszystko szło wspaniale, ale co będzie za rok, dwa lata — jeśli w ogóle tak długo to potrwa?
— Nie macie pojęcia, czego się dowiedziałam o tej Brigid — powiedziała Belle. — Kiedy wy byłyście na górze, Jolie wciągnęła mnie do kuchni. „Bądźcie miłe dla Brigid — poprosi-

ła. — Niedawno nakryła swojego męża, Tada, in flagranti z inną kobietą".

Tą trzecią okazała się najbliższa sąsiadka Brigid, Susan. Susan i Tad pracowali w śródmieściu i przez ostatni rok podwozili się codziennie na pociąg. Brigid znalazła ich o dziesiątej wieczorem, pijanych, w samochodzie zaparkowanym przy bocznej alejce w dole ulicy. Brigid wyprowadzała wtedy psa. Otworzyła drzwi samochodu i klepnęła Tada w goły zadek. „Wheaton ma grypę i chce powiedzieć tatusiowi dobranoc" — powiedziała i wróciła do domu. Przez następny tydzień udawała, że nic się nie stało, a Tad coraz bardziej i bardziej się denerwował, czasem po dziesięć razy dziennie dzwonił do niej z biura. Za każdym razem, kiedy usiłował o tym porozmawiać, ona zaczynała mówić coś o jednym z ich dwojga dzieci. W końcu, w sobotni wieczór, kiedy Tad upalał się marychą i miksował margarity na tarasie z tyłu domu, oznajmiła: „Jestem znów w ciąży. Już w trzecim miesiącu. Więc tym razem nie musimy się obawiać poronienia. Nie cieszysz się, kochanie?" A potem chwyciła cały dzbanek margarity i wylała mu na głowę.

— Typowe — skomentowała Carrie, czyszcząc sobie paznokcie skrawkiem tekturki od zapałek.

— Jestem taka szczęśliwa, że mojemu mężowi mogę ufać — westchnęła Belle.

— Mam dreszcze — powiedziała Miranda. Widziały już śródmieście. Mroczne i brązowe, zaczęło się rozświetlać w momencie, gdy pociąg przejeżdżał przez most. — Muszę się napić. Kto idzie?

Po trzech koktajlach w Ici Carrie zadzwoniła do Mr Biga.

— Heja, hej — powiedział. — I jak tam?

— Okropność — zachichotała. — Wiesz, jak takich imprez nienawidzę. Gadały tylko o dzieciakach i prywatnych szkołach, i jak kogoś tam wykluczono z klubu, i jak jedna z bab do dzieci rozbiła nowego mercedesa. — Słyszała, jak Mr Big wypuszcza dym z cygara.

— Spoko, mała, przywykniesz do tego — powiedział.

— Nie sądzę — oznajmiła.

Odwróciła się i spojrzała w głąb lokalu. Miranda zagarnęła dwóch facetów z sąsiedniego stolika, jeden był już głęboko pogrążony w rozmowie z Sarah.

— Ratunku. Przyjdź do Bowery Bar — powiedziała i odwiesiła słuchawkę.

11

Kociaki zwiewają z terytorium żon: Noc szaleństwa topless

Kiedy kobiety ze śródmieścia wracają do domu po wizycie u swoich zamężnych i dzieciatych przyjaciółek, mogą im się przytrafiać niemiłe rzeczy. Rano, po tym jak Carrie, Miranda, Belle i Sarah wróciły z panieńskiego przyjęcia w Greenwich, rozdzwoniły się telefony. Sarah skręciła nogę w kostce, jeżdżąc na łyżworolkach o czwartej nad ranem. Miranda uprawiała seks z jakimś facetem na imprezie, w garderobie, bez kondomu. Carrie zrobiła coś tak wariackiego, że była pewna, iż to koniec jej krótkiego związku z Mr Bigiem. I nikt nie mógł znaleźć Belle.

Łysy koleś

Miranda wcale nie miała zamiaru iść na tę imprezę ani tym bardziej odstawiać czegoś, co nazywała „imitacją Glenn Close".

— Już miałam wyjść z baru, wrócić do domu i porządnie się wyspać, żeby w niedzielę popracować.

To właśnie jedno z dobrodziejstw bycia niezamężną, bezdzietną i samotną. Możesz pracować w niedzielę.

Natomiast Sarah chciała iść na imprezę.

— Zawsze możesz złapać dobre kontakty — powiedziała. Sarah jako właścicielka firmy public relations była na nieustannych łowach „kontaktów", co można też przetłumaczyć jako „randek".

Impreza była na Wschodniej Sześćdziesiątej Czwartej Ulicy. W domu jakiegoś starszego, bogatego gościa. Pełno kobiet w czarnych sukniach, z praktycznie jednakowym odcieniem blond włosów. Taki typ kobiet zawsze bywa na imprezach u starych, bogatych facetów, i zawsze przyprowadzają ze sobą koleżanki. Były tam więc szwadrony kobiet szukających mężczyzn i udających, że tego nie robią.

Sarah zniknęła w tłumie. Miranda sama została przy barze. Miała czarne, falujące włosy i włożyła na imprezę obcięte legginsy, więc się wyróżniała. Przeszły obok niej dwie dziewczyny i Miranda usłyszała — a może to tylko jej paranoja — jak jedna mówi do drugiej:

— To ta babka, Miranda Hobbes. Totalna dziwka.

Więc Miranda powiedziała na głos, ale nie na tyle głośno, żeby ktoś mógł usłyszeć:

— Masz rację. Jestem prawdziwą dziwką, złotko, ale dzięki Bogu, nie jestem taka jak ty.

Wtedy przypomniała sobie, jak pod koniec długiego popołudnia na przedmieściach podano niskokaloryczne ciasto z marchewki z niskotłuszczowym kremem z sera i jak jadła je maleńkim, srebrnym widelczykiem o ząbkach tak ostrych, że mogły przebić skórę.

Podszedł do niej jakiś mężczyzna. Drogi garnitur na miarę. No dobra, nie był to może do końca mężczyzna, bo miał dopiero około trzydziestu pięciu lat, ale się starał. Ona zamówiła u barmana podwójną wódkę z tonikiem, a ten facet skomentował:

— Spragniona, co?

— Nie. Tak naprawdę mam ochotę na stek. W porządku?

— Przyniosę ci — zaproponował i wtedy usłyszała, że ma francuski akcent.

— Powiem, kiedy — rzuciła i już chciała odejść. Miała dość tej imprezy. Była zmęczona uczuciem, że tu nie pasuje, ale i do domu jej się nie chciało wracać, bo była też zmęczona samotnością i trochę pijana.

— Jestem Guy — przedstawił się. — Mam galerię na Siedemdziesiątej Dziewiątej.

Westchnęła.

— No pewnie, że masz.

— Może o niej słyszałaś?

— Słuchaj, Guy... — zaczęła.

— Tak? — spytał z nadzieją.

— A potrafisz ty sobie sięgnąć fiutem do dziury w dupie?

Guy chytrze się uśmiechnął. Przysunął się bliżej. Położył jej dłoń na ramieniu.

— Ależ oczywiście.

— To proponuję, żebyś się poszedł sam ze sobą jebać.

— No, daj spokój — powiedział Guy, a Miranda zastanawiała się, czy był rzeczywiście tak durny, czy tylko wyglądał na durnego, bo był Francuzem. A on chwycił jej rękę i zaczął ją ciągnąć na górę po schodach. Szła za nim, bo wykombinowała, że facet, który po obeldze potrafi zachować zimną krew, nie może być zły. Wylądowali w sypialni tego bogatego gościa. Łóżko pokrywała czerwona, jedwabna narzuta. Guy miał trochę kokainy. I jakoś tak zaczęli się całować. Ludzie wchodzili i wychodzili z sypialni.

Z jakiegoś powodu weszli do garderoby. Stara sosnowa boazeria, spodnie i marynarki na wieszakach, kaszmirowe swetry na półkach. Buty. Miranda sprawdzała metki: Savile Row — nudne. Odwróciła się, a tuż za nią stał Guy. Zwarli się. Legginsy poszły w dół. Wyskoczył łysy koleś.

— Duży? — spytała Carrie przez telefon.

— Duży. I francuski — powiedziała Miranda. (Jak mogła?)

Kiedy było po wszystkim, on poprosił:
— Hej, kochanie, lepiej o tym nie mów mojej dziewczynie. — I ostatni raz wsadził jej język w usta.
Potem zaczął opowiadać. Z dziewczyną mieszka od dwóch
lat, są tak jakby zaręczeni, ale on tak naprawdę to nie wie, czy
chce się żenić. Ona z nim mieszka, więc co ma zrobić?
I potem właśnie była Glenn Close bez króliczka.
Następnego dnia Guy namierzył numer Mirandy i zadzwonił. Chciał się spotkać.
— I z czegoś takiego musimy wybierać — zakończyła opowieść.

Newbert się martwi

W południe mąż Belle, Newbert, zadzwonił do Carrie z pyta-
niem, czy nie widziała Belle.
— Gdyby nie żyła, wiedziałabym o tym — uspokoiła go
Carrie.

Naiwność na łyżworolkach

Następna była Sarah, która, wedle doniesień Mirandy, poszła
jeździć na łyżworolkach do swojej piwnicy, o czwartej nad ranem. Pijana. Trzydziestoośmiolatka. Dorosła kobieta, która
kurczowo trzyma się roli nastolatki. Czy jest coś mniej atrak-
cyjnego? Nie sądzę.
Ale co Sarah ma robić? Ma te swoje trzydzieści osiem lat, nie
jest mężatką, chciałaby z kimś być. A mężczyzn, jak już wiemy
z tych zapisków, pociąga młodość. Nawet kobiety z „panieńskiego wieczoru", które teraz są starsze od Sarah, były od niej

młodsze w chwili, gdy wychodziły za mąż. Ta opcja może więc dla niej już w ogóle nie wchodzić w grę. No to poszła pojeździć na łyżworolkach z dwudziestopięciolatkiem — zamiast uprawiać z nim seks. On chciał, ale ona się bała, że on uzna jej ciało za zbyt stare.

— O, czeeeść — mówi Sarah, gdy Carrie dzwoni do niej po południu. Leży na kanapie w swojej maleńkiej, ale idealnie urządzonej kawalerce, w wieżowcu tuż na zachód od Drugiej Alei. — Nie… nic mi nie jest. Masz pojęcie? — brzmi nienaturalnie wesoło. — Tylko trochę złamana kostka. I taki przystojny doktorek na pogotowiu. I Luke był ze mną cały czas.

— Luke?

— Właściwie Lucas. Cudowny chłopiec. Mój mały kumpel.

Sarah chichoce. Przeraźliwy dźwięk.

— Skąd miałaś łyżworolki? — pyta Carrie.

— On na nich przyjechał. Na tę imprezę. Słodkie, prawda?

Gips ma być zdjęty za sześć tygodni. Przez ten czas Sarah będzie musiała kuśtykać na jednej nodze i ciągnąć swój interes PR najlepiej, jak się da. Nie ma ubezpieczenia od wypadków. Firma wisi na włosku.

I czy to lepsze czy gorsze od bycia mężatką i mieszkania na przedmieściach? Lepsze czy gorsze?

A kto to wie.

Belle w hotelu Carlyle

Belle dzwoni z hotelu Carlyle. Mówi coś o obrońcy z drużyny Miami Dolphins. We Frederick's. Rzuca też coś o mężu, Newbercie, i o sosie do spaghetti.

— Robię świetny sos — mówi. — Jestem wspaniałą żoną.

Carrie się z nią zgadza.

No więc, kiedy Belle wróciła do domu po wieczorze panieńskim, pokłóciła się z Newbertem. Uciekła z domu, poszła do Frederick's, nocnego klubu. Tam był ten obrońca. W kółko powtarzał, że mąż nie dosyć ją kocha.

— Ależ kocha, nic nie rozumiesz — zapewniała Belle.

— Ja będę cię kochał mocniej — upierał się obrońca.

Wyśmiała go, zwiała z klubu, wynajęła sobie apartament w hotelu Carlyle.

— I właśnie wnoszą koktajle — poinformowała Carrie. — W tej sekundzie.

Stwierdziła, że może Newbert jest spięty, bo właśnie oddał wydawcy swoją powieść. A może Newbert jest zły, bo ona nie chce więcej dzieci. Dopóki jego powieść się nie sprzeda. Kiedy zajdzie w ciążę, wszystko się skończy. Więc lepiej się zabawić, póki czas.

Wszystkie drogi prowadzą do Baby Doll

Po wieczorze panieńskim i rozmowie ze swoim nowym chłopakiem, Mr Bigiem, Carrie poszła do Bowery Bar. Była tam już Samantha Jones, ta producentka filmowa po czterdziestce. Najlepsza przyjaciółka Carrie. Czasami.

Barkley, dwudziestopięcioletni początkujący malarz i zdobywca modelek, zainstalował się przy stoliku Samanthy.

— Tak bym chciał, żebyś kiedyś wpadła do mojej pracowni — powiedział, odgarniając z oczu jasne włosy.

Samantha paliła kubańskie cygaro. Wciągnęła dym i wypuściła go prosto w twarz Barkleya.

— A pewnie, że byś chciał. Ale skąd wiesz, że spodobają mi się twoje obrazki?

— Obrazy nie muszą, wystarczy, że ja ci się spodobam —
odbił piłeczkę Barkley.

Samantha posłała mu wredny uśmiech.

— Nie zadaję się z facetami poniżej trzydziestu pięciu lat.
Mają zbyt małe doświadczenie jak na moje wymagania.

— Wypróbuj mnie — nalegał Barkley. — A jak nie, to chociaż postaw mi drinka.

— Wychodzimy — rzuciła Samantha do Carrie. — Musimy
znaleźć nową przystań.

Znalazły. Klub Baby Doll Lounge. Mordownię ze striptizem
w TriBeCa. Nie mogły się pozbyć Barkleya, więc zabrały go
ze sobą. Może nawet lepiej było z facetem iść do baru topless.
Poza tym miał trawkę. Wypalili w taksówce, a kiedy wysiedli
przed Baby Doll Lounge, Sam chwyciła Carrie za ramię (choć
niemal nigdy nie robi takich rzeczy) i powiedziała:

— Naprawdę chcę wiedzieć, co jest grane z Mr Bigiem. Nie
jestem pewna, czy to odpowiedni facet dla ciebie.

Carrie musiała się zastanowić, czy chce odpowiedzieć. Tak
było zawsze między nią i Sam. Kiedy akurat była z kimś szczęśliwa, pojawiała się Sam i wsączała te wszystkie wątpliwości,
jakby wpychała stalowy pręt między deski płotu.

— Sama nie wiem — mruknęła Carrie. — Chyba za nim
szaleję.

— Ale czy on na pewno wie, jaka jesteś wspaniała? Jaka,
według mnie, jesteś wspaniała?

Carrie pomyślała: Pewnego dnia Sam i ja wylądujemy w łóżku z jednym facetem. Ale nie dzisiaj.

Podeszła do nich barmanka.

— Jak to miło znów tutaj widzieć kobiety — powiedziała.

I zaczęła im nalewać darmowe drinki. To zawsze był problem.
Potem Barkley usiłował dyskutować. O tym, że tak naprawdę
to on chce być reżyserem, a przecież i tak wszyscy malarze na

tym kończą, to dlaczego on nie miałby przeskoczyć nudnego, malarskiego etapu i od razu nie zacząć reżyserować?

Na scenie tańczyły dwie dziewczyny. Wyglądały na „naturalne" i nie było to zachęcające — małe, obwisłe piersi, duże tyłki. Tymczasem Barkley wykrzykiwał:

— Jestem lepszy niż David Salle! Jestem, kurwa, genialny!

— Ach tak? Według kogo?! — odkrzyknęła Sam.

— Wszyscy, kurwa, jesteśmy genialni — powiedziała Carrie. I poszła do toalety.

Trzeba było przecisnąć się między dwoma podestami, potem zejść na dół po schodach. W toalecie były szare, drewniane drzwi, które się nie domykały, i połamane kafelki. Carrie myślała o Greenwich, małżeństwie, dzieciach.

— Nie jestem gotowa — stwierdziła.

Wróciła na górę, zdjęła ubranie, weszła na scenę i zaczęła tańczyć. Samantha patrzyła na nią ze śmiechem. Ale kiedy w końcu podeszła barmanka i grzecznie poprosiła Carrie, żeby opuściła scenę, Samantha już się nie śmiała.

Następnego ranka Mr Big zadzwonił o ósmej rano. Wybierał się na golfa. Głos miał spięty.

— O której wróciłaś do domu? — spytał. — Co robiłaś?

— Nic specjalnego — powiedziała Carrie. — Poszłam do Bowery Bar. Potem w to drugie miejsce. Do Baby Doll Lounge.

— Ach tak? Działo się coś wyjątkowego?

— Za dużo wypiłam — zaśmiała się.

— O niczym więcej nie chcesz mi powiedzieć?

— Nie, nie ma o czym — odpowiedziała Carrie głosem małej dziewczynki, który stosowała, gdy chciała go udobruchać. — A ty co robiłeś?

— Ja odebrałem dziś rano telefon. Ktoś mówił, że widziano, jak tańczyłaś topless w Baby Doll Lounge.

— Och, naprawdę? — spytała. — A skąd wiedzieli, że to ja?

— Wiedzieli.

— Jesteś wściekły?

— Dlaczego mi nie powiedziałaś?

— Jesteś wściekły?

— Jestem zły, że mi nie powiedziałaś. Jak możemy być ze sobą, skoro nie umiesz być szczera?

— A skąd mam wiedzieć, czy mogę ci ufać?

— Wierz mi — odparł. — Jestem jedyną osobą, której możesz ufać. — I odłożył słuchawkę.

Carrie wyjęła wszystkie zdjęcia z Jamajki (jacy byli na nich szczęśliwi, dopiero co odkrywali siebie nawzajem). Poodcinała ujęcia Mr Biga palącego cygaro. Myślała o tym, jak to jest spać z nim, jak zasypiała przytulona do jego pleców.

Chciała przykleić te fragmenty zdjęć do kawałka tektury, na górze napisać „Portret Mr Biga i jego cygara", pod spodem dodać „Tęsknię" i odbić ustami mnóstwo pocałunków.

Długo wpatrywała się w zdjęcia. W końcu nie zrobiła nic.

12

Skipper i Pan Cudowny szukają gorącego seksu w żywopłotach Southampton

Może chodzi o ten bezdyskusyjny fakt, że większość ludzi naprawdę wygląda lepiej z opalenizną. A może to dowód na to, że popęd seksualny jest silniejszy od ambicji, nawet dla nowojorczyków. W każdym razie Hamptons ma w sobie coś, co sprzyja banalnym seksualnym zwarciom, jak te żenująco krótkie spółkowania, do których większość ludzi woli rano się nie przyznawać.

Może to połączony efekt nagiej skóry (kobiety topless na Media Beach), geografii (droga z Southampton do East Hampton trwa taaak długo, zwłaszcza o czwartej nad ranem) i topografii (te wysokie żywopłoty, w których pary mogą się ukryć). Natomiast wykorzystanie tych wszystkich elementów tak, by wyjść na swoje, zwłaszcza jeśli jest się mężczyzną, wymaga pewnej finezji. Młodość niekoniecznie daje przewagę. Trzeba umieć zarzucać sieci i wiedzieć, jak się z nich później z gracją wyplątać. Inaczej możesz coś złapać, ale nie to, czego oczekiwałeś.

Oto opowiastka ku przestrodze. O trzech pełnych nadziei kawalerach z Hamptons podczas długiego weekendu Czwartego Lipca.

Najpierw jednak poznajmy bohaterów.

Kawaler nr 1: Skipper Johnson, lat dwadzieścia pięć. Student prawa. Specjalizacja — przemysł rozrywkowy. Cudowne dziecko. Zamierza pewnego dnia być szefem wielkiego studia, jak twierdzi, w Nowym Jorku. Zabawki plażowe: mały mercedes, ciuchy od Brooks Brothers („Mam ciało do Brooks Brothers") i telefon komórkowy, z którego nieustannie korzysta. Niedawno przyjaciele narzekali, że Skipper spędził dwie godziny na parkingu przy plaży, dobijając interesu przez telefon.

— Chodzenie na plażę to strata czasu — mawia Skipper. — Poza tym nie lubię się upiaszczyć.

Skipper martwi się ostatnio o brak seksualnych sukcesów.

— Czy kobiety mnie biorą za geja? — pyta całkiem szczerze.

Kawaler nr 2: Pan Cudowny, lat sześćdziesiąt pięć. Mówi, że ma sześćdziesiąt. Mocna szczęka, srebrne włosy, jasnoniebieskie oczy, atletyczne ciało — wszystkie członki działają na żądanie. Pięć razy żonaty (i rozwiedziony). Dwanaścioro dzieci. Żony numer dwa, trzy i cztery są zaprzyjaźnione. Kumple zachodzą w głowę, na czym polega jego sekret. Zabawki plażowe: nie posiada. Za to może dużo opowiadać o swoim mieszkaniu na Park Avenue, domu w Bedford, apartamencie w Palm Beach. Na weekend zatrzymał się u przyjaciół na Further Lane w East Hampton. Rozważa kupno tego domu.

Kawaler nr 3: Stanford Blatch, lat trzydzieści siedem. Scenarzysta. Nowy Joe Eszterhas. Gej, ale woli facetów heteroseksualnych. Długie, ciemne, kręcone włosy; odmawia ich ścięcia czy związania w kucyk. Pewnie w końcu się ożeni i narobi dzieciaków. Mieszka w domu swojej babci na Halsey Neck Lane w Southampton; babcia aktualnie mieszka w Palm Beach. Zabawki plażowe: nie prowadzi, więc przekonuje rodzinnego szofera, żeby przyjeżdżał z nim na weekendy i go woził. Najlepsza zabawka plażowa: od dziecka zna każdego, kogo znać warto, więc nie musi niczego udowadniać.

Zimny prysznic Skippera

Piątek, wieczór. Skipper Johnson jedzie do Southampton, gdzie umówił się ze znajomymi w Basilico. To cztery kobiety, wszystkie pod trzydziestkę, pracują u Ralpha Laurena. Gołym okiem nie sposób ich od siebie odróżnić. Skipper twierdzi, że ich łagodna uroda działa na niego kojąco. Podobnie jak fakt, że tworzą małe stadko. Znaczy to, że nie będzie obciążony zabawianiem jednej przez cały wieczór.

Przy barze piją drinki Pine Hamptons. Płaci Skipper. O jedenastej wieczorem idą do M-80. Na zewnątrz tłum, ale Skipper zna bramkarza. Piją koktajle z plastikowych kubków. Skipper spotyka kumpli — modelarzy George'a i Charliego.

— Na ten weekend mam u siebie dwanaście dziewczyn — chwali się George.

George wie, że Skippera aż skręca, żeby go odwiedzić, więc naumyślnie go nie zaprasza. Dwie modelki zaczynają ze śmiechem oblewać się koktajlami.

O drugiej w nocy jedna z dziewczyn Skippera rzyga w krzakach. Skipper proponuje, że odwiezie całą czwórkę do domu. Mieszkają na ranczu, na granicy z „dobrą" częścią Southampton. W lodówce mają skrzynkę piwa i nic więcej. Skipper idzie do sypialni z jedną z dziewczyn, siada na łóżku i sączy piwo. Kładzie się i zamyka oczy, ramieniem otacza talię dziewczyny.

— Jestem za bardzo zalany, żeby jechać do domu — mówi głosem zbitego psiaka.

— Idę spać — stwierdza dziewczyna.

— Proszę, pozwól mi zostać. Będziemy tylko spać. Obiecuję.

— Dobra. Ale masz spać w nogach łóżka. W ubraniu.

Skipper się zgadza. Zasypia i zaczyna chrapać. W środku nocy dziewczyna wykopuje go na kanapę.

Sobota rano. Skipper wraca do swojego domu w East Hampton i po drodze postanawia odwiedzić przyjaciół: Carrie i Mr Biga, w Bridgehampton. Na tyłach domu Mr Big bez koszuli pali cygaro i podlewa rośliny wokół basenu.

— Jestem na wakacjach — mówi.

— Co ty wyrabiasz? Nie masz ogrodnika? — pyta Skipper.

Carrie pali papierosy i czyta „New York Post".

— On jest ogrodnikiem. Myje też samochody.

Skipper rozbiera się do bokserek i daje nura do basenu. Z kolanami zgiętymi pod odpowiednim kątem, sterczącymi z wody, wygląda jak postać z kreskówki. Kiedy wypływa, żeby nabrać powietrza, Mr Big mówi:

— Teraz już wiem, dlaczego nie możesz nikogo zaliczyć.

— No to co mam robić? — pyta Skipper.

— Zapal cygaro — mówi Mr Big.

Zakochany Stanford Blatch

Sobota, Halsey Neck Lane. Stanford Blatch siedzi przy basenie, gada przez telefon i obserwuje, jak dziewczyna jego brata, której nienawidzi, usiłuje czytać „New York Observera". Specjalnie rozmawia podniesionym głosem w nadziei, że ona sobie pójdzie.

— Ależ musisz się przewietrzyć — mówi do słuchawki. — To śmieszne. Co chcesz robić? Przez cały weekend siedzieć w centrum i pracować? Wsiadaj do hydroplanu. Ja płacę. — Po chwili: — No to weź te skrypty ze sobą. Wy, agenci, tak cholernie ciężko pracujecie. Oczywiście, jest mnóstwo miejsca. Mam dla siebie całą górę.

Stanford kończy rozmowę. Podchodzi do dziewczyny brata.

— Znasz Roberta Morriskina? — Kiedy dziewczyna spogląda na niego nieprzytomnie, dodaje: — Tak przypuszczałem. To największa wschodząca gwiazda wśród agentów literackich. Jest cudowny.

— To jest pisarz? — pyta ona.

Skipper daje ciała

Sobota, wieczór. Skipper idzie na barbecue do swoich przyjaciół Rappaportów. To młoda para, która ciągle zdaje się balansować na krawędzi rozwodu. Skipper znów się upija i na dziewczynie imieniem Cindy próbuje swojej sztuczki z „piciem piwa i leżeniem na łóżku". Wszystko idzie dobrze do chwili, gdy wspomina, że uważa Jima Carreya za geniusza.

— Wiesz co, mam chłopaka — mówi Cindy.

Niedziela. Pan Cudowny dzwoni do przyjaciół, mówi, że ma już dość Bedford i przyjeżdża do nich swoim ferrari.

Stanford Blatch siedzi przy basenie w lekkim, plażowym garniturze od Armaniego. Marynarka z krótkimi rękawami, dopasowane spodnie. Znów rozmawia przez telefon z Robertem Morriskinem.

— Przyjedź nawet dziś wieczorem. Jest świetna impreza. Wiesz, dobre imprezy już się tu tak często nie zdarzają. Przywieziesz kogoś ze sobą? Jeśli chcesz, przyjedź z dziewczyną. Mnie wszystko jedno.

Dzieje się coś niezwykłego

Sobota, wieczór. Impreza w domu Teda Fieldsa z okazji wydania książki Coerte Felskego. Skipper nie został zaproszony, co go wkurzyło. Ale i tak załatwił sobie wstęp, bo zaproponował, że podwiezie tam Stanforda Blatcha, którego zna przelotnie, a którego zapraszają wszyscy.

Impreza odbywa się w ogrodzie. Skipper stwierdza, że młoda kobieta o imieniu Margaret wyraźnie zwraca na niego uwagę. Jest niska, ma ciemne włosy i duże piersi. Ładna, ale nie w typie Skippera. Pracuje w public relations. W pewnym momencie Skipper i Margaret stwierdzają, że muszą iść do toalety, a to oznacza spacer oświetloną pochodniami ścieżką na tyłach bujnych krzewów. Zbaczają w krzaki. Zaczynają się całować. I wtedy dzieje się coś niezwykłego.

— Naprawdę strasznie chcę to zrobić — mówi Margaret, klęka i rozpina mu spodnie.

Skipper stoi jak wryty. Cały akt trwa nie dłużej niż dwie minuty.

— Ale podwieziesz mnie do domu, prawda? — pyta Margaret, trącając go łokciem w bok.

— Nie mogę — mówi Skipper. — Obiecałem już Stanfordowi, że go odwiozę, a mieszkacie w przeciwnych kierunkach.

Och, Panie Cudowny

Further Lane. Pan Cudowny przyjeżdża z Bedford akurat na obiad. Jego gospodarz, Charlie, jest od pięciu lat rozwiedziony. Zaprosił kilku mężczyzn i kilka kobiet między trzydziestką a czterdziestką. Pan Cudowny siedzi obok kobiety imieniem Sabrina — lat trzydzieści dwa, piersi wylewające się z czarnego gorsetu od Donny Karan. Pan Cudowny nalewa jej drinki, wysłuchuje historii o byłym mężu. O jedenastej wieczorem Sabrina oznajmia, że musi pojechać do Stephen's Talk House w Amagansett, bo jest umówiona z przyjaciółmi. Pan Cudowny proponuje podwiezienie, bo może wypiła ciut za dużo. O trzeciej nad ranem lądują w domu Sabriny.

Kiedy Pan Cudowny tam wchodzi, jej współlokatorka oświadcza:

— Jeśli masz w głowie jakieś świństwa, to je sobie natychmiast wybij.

Układa się na kanapie i gasi światło.

Później, około piątej rano, Pan Cudowny zaczyna odczuwać klaustrofobię. Dom Sabriny jest maleńki. Słychać, jak jej koleżanka chrapie na kanapie, tuż za drzwiami sypialni. Chyba wariuję, myśli Pan Cudowny.

Poniedziałek. Pan Cudowny dzwoni do Sabriny, od której wyjechał godzinę wcześniej. Nagrywa się na sekretarkę. „Chcesz pojechać na plażę?"

Pan Cudowny jedzie na Media Beach, gdzie spotyka Carrie i Mr Biga. Dostrzega atrakcyjną blondynkę z cocker spanielem. Podchodzi do niej i zaczyna się bawić z psem. Zaczynają rozmawiać. Pan Cudowny już myśli, że coś z tego będzie, kiedy pojawia się jej chłopak. Wielki, zwalisty osiłek na krótkich nogach, z napakowaną klatą. Pan Cudowny wraca na swój ręcznik. Jest już tam Samantha Jones, która dosiadła się do Carrie i Mr Biga.

Blondynka i jej napakowany facet spacerują plażą. Ona odwraca głowę i macha Panu Cudownemu.

— Widzicie? Mówiłem, że była zainteresowana. Naprawdę zainteresowana — mówi Pan Cudowny.

— Tobą? — pyta Samantha. Śmieje się złośliwie.

Załamanie komórkowe

Skipper gra w tenisa, kiedy słyszy, że dzwoni jego telefon komórkowy.

— Cześć, kochanie — mówi Margaret. — Tak tylko jestem ciekawa, co robisz.

— Jestem w trakcie partii tenisa.

— Chcesz potem do mnie wpaść? Tak bym chciała ci ugotować obiad.

— Hmm. Nie mogę.

— Co to znaczy, że nie możesz?

— To znaczy, że sam jeszcze nie wiem, co będę robił. Chyba już obiecałem jednym znajomym, że przyjdę na obiad do nich.

— No to możemy iść razem.

Skipper ścisza głos:

— Chyba nie. Wiesz, to raczej takie spotkanie w interesach, rozumiesz.

— Mój ty mały potentacie — mówi Margaret.

Robert Morriskin w końcu przylatuje hydroplanem. Stanford jest trochę wkurzony, że się nie zjawił dzień wcześniej, więc posyła po niego kierowcę starym fordem kombi, a nie mercedesem.

Pan Cudowny wraca z plaży. Dzwoniła Sabrina. Natychmiast oddzwania, ale znów trafia na automatyczną sekretarkę.

„Czy to Elle?"

Poniedziałek, wieczór. Carrie, Mr Big i Pan Cudowny jadą na koktajl party. Pan Cudowny powoli prowadzi swojego mercedesa w górę Mecox Lane, mija końskie farmy. Słońce już zachodzi, trawa ma niezwykłą, spokojną zieleń. Kiedy samochód przejeżdża przez szczyt niewielkiego wzgórza, widzą kobietę dziwacznie jadącą na łyżworolkach. Ma na sobie obcisłą, białą bluzeczkę i skąpe krótkie spodenki. Długie, ciemne włosy związane w koński ogon. Ale to jej nogi przyciągają wzrok.

— Zakochałem się — mówi Pan Cudowny. Kiedy kobieta

skręca w boczną drogę, on dalej jedzie prosto. Po chwili staje.
Kładzie obie ręce na kierownicy. — Wracam.
     Carrie stara się posłać Mr Bigowi porozumiewawcze spoj-
rzenie, ale on ją ignoruje. Śmieje się, to mu się podoba.
     Pan Cudowny skręca w boczną drogę za dziewczyną.
     — Patrzcie na nią. Nawet nie wie, jak na tym jeździć. Zrobi
sobie krzywdę.
     Równają się z dziewczyną, a Mr Big pyta:
     — Czy to Elle?
     Carrie siedzi z tyłu i pali papierosa.
     — Za młoda na Elle — stwierdza z przekąsem.
     Mr Big otwiera okno i rzuca:
     — Cześć!
     Dziewczyna podjeżdża do samochodu.
     — Cześć — mówi z uśmiechem, ale wygląda na zaskoczo-
ną. — Czy ja was znam?
     — Nie wiem — mówi Pan Cudowny, pochylając się do przo-
du. — Jestem Pan Cudowny.
     — A ja Audrey — mówi dziewczyna. Patrzy na Mr Biga. —
Ty mi wyglądasz znajomo.
     Pan Cudowny wyskakuje z samochodu.
     — Czy wiesz, jak na tym hamować? Musisz umieć się za-
trzymać. Łyżworolki mogą być niebezpieczne.
     Dziewczyna się śmieje.
     — O, tak trzeba to robić — mówi Pan Cudowny i przykuca
z jedną nogą wysuniętą przed drugą i sztywno wyciągniętymi
do przodu rękoma.
     — Dziękuję — rzuca dziewczyna i zaczyna odjeżdżać.
     — Jesteś modelką? — pyta Pan Cudowny.
     — Nie — odpowiada przez ramię. — Jestem studentką.
     Pan Cudowny wraca do samochodu.
     — Miała na palcu obrączkę. Co sobie ten mąż wyobraża?

Pozwala jej tak samej jeździć na rolkach. Poprosiłbym ją o rękę. Była piękna. Widzieliście? Jak miała na imię? Audrey. Tak, miała na imię Audrey. Takie trochę staroświeckie, nie?

Chłopak w błękitnym perkalu

Stanford wydał na cześć Roberta obiad w Della Femina. Potem wszyscy wrócili do domu na Halsey Neck i palili trawę. O drugiej w nocy Robert wymówił się od towarzystwa, oznajmiając, że rano musi się przeorać przez górę manuskryptów. Stanford odprowadził go do pokoju, tradycyjnie dla Southampton udekorowanego perkalem.

— Zawsze kochałem ten pokój — mówi Stanford. — Takiego błękitnego perkalu już się teraz nie dostanie. Nie będzie ci tu chyba za gorąco? Ja wciąż uważam, że latem najlepiej jest spać bez kołdry. Tak robiliśmy jako dzieciaki. Zanim moja babcia odkryła klimatyzację.

Stanford siada w fotelu, a Robert się rozbiera. Zdaje się, że Robertowi to nie przeszkadza, a Stanford uparcie podtrzymuje rozmowę. Robert kładzie się do łóżka i zamyka oczy.

— Zmęczony? — pyta Stanford. Podchodzi do łóżka i spogląda na Roberta, który wciąż ma zamknięte oczy. — Śpisz?

Dzień Niepodległości

Wtorek. Czwarty Lipca. Dzwoni komórka. To Margaret.

— Cześć, skarbie. Wszyscy wracają wcześniej, a ja nie chcę. Kiedy wracasz? Mogę się z tobą zabrać?

— Wracam dopiero jutro rano — mówi Skipper.

— No to właściwie ja też mogę wrócić dopiero jutro. Zadzwonię do biura.

— Pewnie — mówi Skipper bez entuzjazmu.

— Uwielbiam te końce weekendów, kiedy wszyscy sobie pojechali, a ja ciągle tu jestem, a ty? Chodźmy razem na obiad.

— Chyba nie mogę. Obiecałem przyjaciołom...

— Nie ma sprawy — mówi Margaret lekko. — Przecież z pewnością zobaczymy się w przyszły weekend. Możemy się umówić jutro, po drodze.

Wtorek, wczesny wieczór. Pan Cudowny skręca swoim mercedesem w boczną drogę, gdzie ostatnio widział Audrey. Wysiada, otwiera bagażnik i po pewnej dozie zmagań wkłada rolki. Robi kilka rundek w tę i z powrotem. Potem opiera się o samochód i czeka.

13

Opowieści ślicznotek

Wczoraj po południu cztery kobiety spotkały się w restauracji na Upper East Side, by porozmawiać o tym, jak to jest być wyjątkowo piękną, młodą kobietą w Nowym Jorku. Jak to jest być pożądaną, zaczepianą, niezrozumianą, być obiektem zazdrości, po prostu być wspaniałą — i to zanim się skończy dwadzieścia pięć lat.

Pierwsza przyszła Camilla. Pięć stóp i dziesięć cali wzrostu, mlecznobiała skóra, duże usta, okrągłe kości policzkowe, maleńki nosek. Camilla ma dwadzieścia pięć lat, ale mówi, że „czuje się stara". Została modelką jako szesnastolatka. Kiedy ją po raz pierwszy spotkałam, kilka miesięcy temu, wypełniała swoje obowiązki jako „dziewczyna" znanego producenta telewizyjnego. Oznaczało to, że się uśmiechała i odpowiadała, kiedy ktoś zadał jej pytanie. Poza tym nie wysilała się zbytnio, nie licząc tego, że od czasu do czasu sama zapalała sobie papierosa.

Dziewczyny takie jak Camilla nie muszą się specjalnie starać, zwłaszcza przy mężczyznach. Choć wiele kobiet dałoby wszystko za randkę ze Scottym, tym producentem, Camilla powiedziała mi, że się z nim nudziła.

— Nie był w moim typie — stwierdziła.

Za stary (tuż po czterdziestce), nie dość atrakcyjny, nie dość bogaty. Opowiedziała mi, że właśnie wróciła z wycieczki do St. Moritz z młodym, utytułowanym Europejczykiem, i to —

stwierdziła — była prawdziwa zabawa. Fakt, że Scotty jest bez-dyskusyjnie jednym z najbardziej pożądanych wolnych face-tów w Nowym Jorku, nic dla niej nie znaczy. To ona jest łupem. Nie on.

Pozostałe kobiety spóźniały się, więc Camilla mówiła dalej.

— Nie jestem wredna — powiedziała, rozglądając się po re-stauracji — ale to fakt, że większość dziewczyn w Nowym Jor-ku to idiotki. Ptasie móżdżki. Nawet nie umieją podtrzymać rozmowy. Nie wiedzą, którym widelcem jeść. Nie wiedzą, jak dać napiwek pokojówce w czyjejś wiejskiej posiadłości.

W Nowym Jorku jest garstka takich kobiet jak Camilla. Na-leżą jakby do tajnego klubu, miejskiego stowarzyszenia, gdzie do członkostwa wymagane są: niepospolita piękność, młodość (wiek od siedemnastu do dwudziestu pięciu — albo przynaj-mniej nieprzyznawanie się do ich przekroczenia), inteligencja i umiejętność wysiadywania godzinami w restauracjach.

Wymaganie dotyczące inteligencji jest dość względne. Jak mawia jedna z koleżanek Camilli, Alexis:

— Jestem oczytana. Czytam. Potrafię usiąść i przeczytać ca-ły magazyn, od deski do deski.

Tak, to właśnie są te piękne dziewczyny, które burzą całą męsko-damską równowagę w Nowym Jorku, bo dostają wię-cej, niż na nie przypada. Więcej uwagi, zaproszeń, prezentów, strojów, pieniędzy, przelotów prywatnymi samolotami, obia-dów na jachtach na południu Francji. To te dziewczyny towa-rzyszą najlepszym wolnym facetom w mieście na najlepszych przyjęciach i imprezach. To one są zapraszane — zamiast ciebie. Mają dostęp. Nowy Jork powinien być dla nich rajem. A czy jest?

„Pogadajmy o sukinsynach"

Przyszły pozostałe kobiety. Poza Camillą, która mi powiedziała, że jest „właściwie sama, ale pracuje nad młodym dziedzicem rodzinnej fortuny z Park Avenue", zjawiły się: Kitty — lat dwadzieścia pięć, początkująca aktorka, która w tej chwili mieszka z Hubertem, wciąż sławnym, choć praktycznie-bez-pracy, pięćdziesięciopięcioletnim aktorem; Shiloh — siedemnastolatka, modelka, która trzy miesiące temu przeżyła jakieś załamanie nerwowe i teraz rzadko wychodzi; Teesie — lat dwadzieścia dwa, modelka, która niedawno przeprowadziła się do Nowego Jorku. Agencja kazała jej mówić, że ma dziewiętnaście lat.

Wszystkie dziewczyny były „zaprzyjaźnione", to znaczy, że już się wcześniej kilka razy spotykały przy okazji różnych wieczornych wyjść, a nawet chodziły z tymi samymi „sukinsynami", jak to ujęła Kitty.

— To pogadajmy o sukinsynach — zaproponowała któraś.

— Znacie tego gościa S.P.? — spytała Kitty. Miała długie, ciężkie, brązowe włosy, zielone oczy, głos małej dziewczynki. — To ten stary, siwy facet z gębą jak dynia. Jest wszędzie. No więc, jednego razu siedzę sobie w Bowery Bar, a on do mnie podchodzi i mówi: „Jesteś za młoda, żeby wiedzieć, że chcesz się ze mną przespać, a kiedy będziesz na tyle dorosła, żeby to zrozumieć, będziesz już za stara, żebym chciał cię przelecieć".

— Faceci zawsze chcą cię kupić — powiedziała Camilla. — Kiedyś facet mówi do mnie: „Pojedź ze mną na weekend do St. Barts. Nie musimy ze sobą spać, obiecuję. Chcę cię tylko tulić. To wszystko". Kiedy wrócił, pyta: „Czemu ze mną nie pojechałaś? Przecież obiecałem, że nie będziemy ze sobą spać". A ja na to: „Nie rozumiesz, że jeśli wyjeżdżam gdzieś z mężczyzną, to znaczy, że chcę z nim spać?"

— Kiedyś w mojej starej agencji próbowali mnie sprzedać takiemu bogatemu — powiedziała Teesie. Miała drobne rysy i długą, łabędzią szyję. — Ten bogaty był kumplem jednej agentki, a ona mu obiecała, że będzie mnie „miał". — Teesie wyglądała na oburzoną. Szybkim ruchem skinęła na kelnera. — Przepraszam, ale na moim kieliszku jest plama.

Ten moment wykorzystała Shiloh, być może czując nutkę współzawodnictwa.

— Mnie faceci proponują bilety lotnicze albo podróże prywatnymi samolotami. Ja się tylko uśmiecham i więcej już z takim nie gadam.

Kitty pochyliła się do przodu.

— Jeden facet chciał mi zafundować mieszkanie i powiększenie biustu. Powiedział: „Dbam o swoje dziewczyny nawet po tym, jak z nimi zrywam". To był taki malutki, łysy Australijczyk.

Dash w hotelu Mark

— Dlaczego ci wszyscy nieatrakcyjni faceci wyobrażają sobie, że tyle mogą dla ciebie zrobić? — spytała Teesie.

— Większość mężczyzn to aroganci — zgodziła się Shiloh. Miała skórę koloru palonych migdałów, proste czarne włosy i ogromne, czarne oczy. Ubrana była w gorsecik bez ramiączek i długą, powiewną spódnicę. — Ja już mam tego dosyć. W końcu znalazłam faceta, który nie jest taki, ale akurat teraz wyjechał do Indii. Nie narzucał się. Nie próbował mnie dotykać, obmacywać.

— Są dwa typy facetów — powiedziała Camilla. — Albo tacy obślizgli, którzy próbują się tylko z tobą przespać, albo tacy, którzy z mety się zakochują. To żałosne.

— A jacy się od razu zakochują? — chciała wiedzieć Kitty.
— Och, no wiesz — powiedziała Camilla. — Na przykład Scotty. Capote Duncan. Dash Peters.

Capote Duncan był trzydziestokilkuletnim pisarzem z Południa, który zawsze się prowadzał z pięknymi, młodymi dziewczynami. Dash Peters był dobrze znanym hollywoodzkim agentem często bywającym w Nowym Jorku. Obaj umawiali się też z kobietami po trzydziestce, które zwykle miały duże osiągnięcia w czymś więcej niż ładny wygląd, i łamali im serca.

— Ja też chodziłam z Dashem Petersem — powiedziała Teesie. Dotknęła z tyłu swoich krótkich, ciemnych włosów. — Usiłował mnie namówić na wspólną noc w hotelu Mark. Przysyłał mi kosze kwiatów. Tylko białe. Błagał, żebym poszła z nim do sauny. Potem chciał mnie zabrać na jakieś głupie przyjęcie w Hamptons, ale nie poszłam.

— Ja go poznałam na południu Francji — dodała Camilla. Czasem Camilla mówiła z dziwacznym, sztucznym europejskim akcentem, którego właśnie teraz „używała".

— Kupił ci coś? — spytała Teesie jakby od niechcenia.

— Nic specjalnego — odparła Camilla. Skinęła na kelnera. — Mogę prosić o inną mrożoną margaritę? — spytała. — Ta jest za ciepła. — Spojrzała znów na Teesie. — Tylko coś od Chanel.

— Ciuchy czy dodatki?

— Ciuchy — przyznała Camilla. — Mam już za dużo torebek Chanel. Nudzą mnie.

Przez chwilę panowało milczenie. Pierwsza odezwała się Shiloh:

— Ja już prawie nigdzie nie wychodzę. Mam dość. Stałam się bardzo uduchowiona.

Na jej szyi wisiał kryształek na cieniutkim rzemyku. Tym,

co ją ostatecznie wykończyło, była historia ze słynnym aktorem (przed trzydziestką), który zobaczył jej zdjęcie w gazecie i odszukał jej agencję. Zostawił swój numer. Widziała go akurat w filmie i uznała, że jest fajny. Zadzwoniła. Zaprosił ją na dwa tygodnie do swojego domu w Los Angeles. Potem przyjechał do Nowego Jorku i zaczął się dziwnie zachowywać. Nie chciał chodzić nigdzie oprócz klubów ze striptizem, gdzie próbował namawiać dziewczyny na specjalne numery za darmo, „bo przecież jest sławny", opowiadała Shiloh.

Kitty oparła łokcie na stole.

— Kilka lat temu powiedziałam sobie: za wiele razy dałam się wykiwać. Postanowiłam więc, że pozbawię pewnego prawiczka dziewictwa, a potem go zostawię. To było złe, ale z drugiej strony, koleś miał dwadzieścia jeden lat, trochę za dużo jak na dziewicę. Więc mu się należało. Byłam taka słodziutka, jak tylko potrafię, a po wszystkim już się do niego nie odezwałam. Bo nie ma znaczenia, jaka jesteś ładna. Jeśli potrafisz odgrywać taką, jaką facet chce cię widzieć, to możesz go mieć.

— Jak mi któryś mówi: „Lubię pończochy i czerwoną szminkę", to wiem, że mnie sprowadza do przedmiotu — powiedziała Teesie.

— Gdyby Hubert był dziewczyną, to byłby najgorszą zdzirą, jaką znacie — powiedziała Kitty. — Mówię mu: „Dobra. Włożę krótką sukienkę, ale pod spód włożę bieliznę". Raz naprawdę musiałam mu dać nauczkę. Ciągle mi truł i truł, żebym się zgodziła iść do łóżka z nim i jeszcze jedną kobietą. W końcu, myślę sobie, poczekaj. Mam takiego kumpla, geja. Jak mu jest, George? Czasem się całujemy, ale tak jak dzieci. Więc mówię do Huberta: „Kotku, George do nas przychodzi i zostanie na noc". A Hubert: „A gdzie będzie spał?" A ja: „No, myślałam, że razem z nami. I ty będziesz pośrodku". Ale się spietrał! Mówię: „Kotku, jeśli mnie naprawdę kochasz, zrobisz to dla mnie, bo tak bardzo tego chcę". No i proszę — zakończyła, zamawiając gestem kolejną margaritę — tak było trzeba. Teraz jesteśmy na równych prawach.

„Cześć, Kitty"

— Starsi faceci są obleśni — stwierdziła Camilla. — Już nie chcę się z nimi umawiać. Kilka lat temu stwierdziłam, że czemu mam chodzić z tymi wstrętnymi, bogatymi typami, kiedy mogę być z pięknymi, młodymi, bogatymi chłopcami. Poza tym ci starzy naprawdę cię nie rozumieją. Nieważne, że im się tak wydaje. To inne pokolenie.

— A ja uważam, że starsi faceci nie są tacy źli — powiedziała Kitty. — Oczywiście, kiedy Hubert pierwszy raz do mnie zadzwonił i powiedział, że chce się umówić, pomyślałam: A ile masz lat i ile ci jeszcze zostało włosów na głowie? Naprawdę musiał mnie uwodzić. Kiedy po raz pierwszy po mnie przyszedł, pokazałam się z brudnymi włosami i bez makijażu. Bo myślę, jak ci tak bardzo zależy, to popatrz, jaka jestem naprawdę. A potem, kiedy pierwszy raz spędziłam z nim noc, budzę się rano, a w każdym pokoju jest bukiet moich ulubionych kwiatów. Dowiedział się, którego pisarza najbardziej lubię, i kupił wszystkie jego książki. A na lustrze wypisał kremem do golenia: „Cześć, Kitty".

Kobiety zapiszczały.

— Jakie to słodkie — powiedziała Teesie. — Uwielbiam mężczyzn.

— Ja też ich lubię, ale czasem muszę od nich odpocząć — westchnęła Shiloh.

— Hubert uwielbia, jak coś pokręcę — ciągnęła Kitty. — Na przykład, kiedy kupię za dużo ciuchów i nie mam czym zapłacić. Wtedy on wkracza do akcji i wszystkim się zajmuje. Mężczyźni są spragnieni, a my jesteśmy boginiami, które ich zaspokajają — obwieściła Kitty tryumfalnym tonem. Już prawie kończyła drugą margaritę. — Ale z drugiej strony oni są... więksi. Potężniejsi. Dają bezpieczeństwo.

— Dają coś, czego nie dadzą ci kobiety — dorzuciła Shiloh. — Mężczyzna powinien zabezpieczać swoją kobietę.

— Przy Hubercie naprawdę czuję się bezpieczna. Daje mi dzieciństwo, którego nigdy nie miałam — zwierzyła się Kitty. — Ja nie kupuję tych wszystkich feministycznych bzdur. Mężczyźni mają potrzebę dominacji. To trzeba im na to pozwolić. I cieszyć się swoją kobiecością.

— Myślę, że faceci potrafią być skomplikowani, ale zawsze wiem, że jak z tym mi nie wyjdzie, to gdzieś tam jest następny — powiedziała Teesie. — Faceci nie wymagają zachodu.

— Tak naprawdę problemem są inne kobiety — rzuciła Camilla.

— Ryzykując, że zabrzmi to obrzydliwie, powiem, iż bycie piękną daje taką moc, że możesz mieć wszystko, czego chcesz — wypaliła Kitty. — Inne kobiety to wiedzą i cię nie znoszą, zwłaszcza te starsze. Uważają, że naruszasz ich terytorium.

— Bo kiedy kobiety dochodzą do trzydziestki, zaczynają zauważać swój wiek — dodała Camilla. — To faceci nałożyli na nas ten stygmat. Oczywiście, jeśli kobieta wygląda jak Christie Brinkley, takiego problemu nie ma.

— Ale są złośliwe — powiedziała Kitty. — Robią uwagi. Kobiety po prostu zakładają, że jestem idiotką. Że nic nie wiem. Że jestem głupia. Że jestem z Hubertem dla jego forsy. Więc chcesz się odgryźć i nosisz jeszcze krótsze sukienki, jeszcze ostrzejszy makijaż.

— Żadnej się nie chce zapytać. Po prostu z góry tak zakładają — potwierdziła Teesie.

— Kobiety są zazdrosne z natury — dodała Shiloh. — To nie ma nic wspólnego z wiekiem. To wstrętne. Widzą atrakcyjną dziewczynę i od razu się źle nastawiają. To takie smutne, żałosne. Po tym najlepiej widać, jakie mają życie. Są nieszczęśliwe i niepewne w swoim życiu, i nie mogą znieść, jeśli się choćby wydaje, że innej kobiecie wiedzie się lepiej. I dlatego przyjaźnię się głównie z mężczyznami.

Wszystkie kobiety przy stole zgodnie kiwnęły głowami.

— A co z seksem? — spytała któraś.

— Ja mówię każdemu, że ma największego, jakiego w życiu widziałam — przyznała Kitty. Kobiety zaśmiały się nerwowo. Kitty wysączyła przez słomkę ostatnie krople swojej margarity. — To kwestia przetrwania — wyjaśniła.

14

Portret modela męskiej bielizny:
Bone wyskakuje z gigantycznego billboardu

U szczytu schodów otwierają się drzwi i staje w nich Bone, model męskiej bielizny i początkujący aktor. Jego sylwetka rysuje się na tle wejścia: jedno ramię uniesione, oparte o framugę, ciemne włosy opadają na twarz. Śmieje się, widząc, jak bez tchu pokonujesz ostatnie stopnie.

— A ty to zawsze gdzieś pędzisz — mówi, jakby sam całymi dniami wylegiwał się w łóżku.

Przypominasz sobie, co powtarza jego przyjaciel, scenarzysta Stanford Blatch, „Bone zawsze wygląda tak, jakby miał przy sobie własnego oświetleniowca". Aż w końcu nie wytrzymujesz i musisz odwrócić wzrok.

— Bone to ludzki odpowiednik futra z soboli — mawia też Stanford.

Ostatnio Stanford ciągle ci o nim truje. Dzwoni telefon, odbierasz, a to Stanford.

— Kto jest bardziej seksy? Bone czy Keanu Reeves?

Wzdychasz. I choć tak do końca nie wiesz, kto to jest ten cały Bone, i prawdę mówiąc, masz go gdzieś, odpowiadasz:

— Bone.

Może trochę z poczucia winy. Wiesz, że powinno się wiedzieć, kto to jest: to ten koleś, który widnieje rozpostarty, umięśniony, prawie nagi na gigantycznym billboardzie na Times Square i na wszystkich autobusach. Ty nigdy jednak nie chodzisz na

Times Square i nie zwracasz uwagi na autobusy, chyba że właśnie któryś z nich ma cię potrącić.

Ale Stanford pracuje nad tobą.

— Bone i ja przechodziliśmy niedawno koło jego billboardu — mówi. — I Bone chciał sobie urwać kawałek, żeby powiesić w mieszkaniu. Może nos? Ale mu poradziłem, że powinien zabrać tę wypukłość w slipkach. I jak kobiety będą go pytały, jakiego ma dużego, może śmiało mówić „czternaście stóp".

— Bone zrobił dzisiaj coś uroczego — opowiada innym razem Stanford. — Chciał mnie zaprosić na obiad. Powiedział: „Stanford, tyle dla mnie zrobiłeś. Ja też chcę zrobić coś dla ciebie". Ja mu na to: „Nie wygłupiaj się", ale wiesz, on jest jedyną osobą w całym moim życiu, która zaproponowała, że mnie zabierze na obiad. Czy to możliwe, żeby ktoś tak piękny był tak miły?

Zgadzasz się poznać Bone'a.

„Będziesz gwiazdą"

Pierwszy raz spotykasz Bone'a w Bowery Bar, u boku Stanforda. Chcesz go nienawidzić. Ma dwadzieścia dwa lata. Model. I tak dalej. Masz nieodparte wrażenie, że on ciebie też chce nienawidzić. Czy okaże się strasznie durny? Poza tym uważasz, że takie seks-symbole nigdy nie są w życiu naprawdę seksowne. Ostatni, którego poznałaś, przypominał robala. Dosłownie. Ale nie ten. Nie jest dokładnie tym, na kogo wygląda.

— Mam różne osobowości dla różnych ludzi — mówi.

Potem gubisz go w tłumie.

Jakieś dwa miesiące później jesteś na urodzinach pewnej modelki w Barocco i wpadasz na Bone'a. Stoi po drugiej stronie sali oparty o bar i uśmiecha się do ciebie. Macha. Podchodzisz. On cię ściska, a reporterzy robią wam zdjęcia. Potem on ląduje przy twoim stoliku. A ty akurat prowadzisz niekończącą się, zażartą kłótnię z przyjaciółką. Bone co jakiś czas nachyla się do ciebie i pyta, czy wszystko w porządku. Odpowiadasz, że tak, bo skąd on ma wiedzieć, że wy zawsze rozmawiacie w ten sposób?

Stanford, który zna wszystkich w Hollywood, wysyła Bone'a do LA na przesłuchania do niewielkich ról w kilku filmach. Bone nagrywa mu wiadomość: „Wszyscy tu o tobie mówią. Jesteś wspaniały. Będziesz gwiazdą. Czy już ci to wystarczająco często powtarzałem? Jesteś gwiazdą, jesteś gwiazdą, jesteś gwiazdą".

Stanford się śmieje.

— On mnie przedrzeźnia — mówi.

W końcu ty i Bone upijacie się razem w Bowery Bar.

Łatwy celujący

Bone mieszka w maleńkiej kawalerce, gdzie wszystko jest białe: białe zasłony, białe prześcieradła, biała kołdra, biały fotel. Kiedy jesteś w łazience, rozglądasz się, czy używa też białych kosmetyków. Ale nie.

Bone wychował się w Des Moines, w stanie Iowa. Ojciec był nauczycielem. Mama szkolną pielęgniarką. W gimnazjum Bone nie kolegował się z „luzakami" z klasy. Miał same celujące i po lekcjach pomagał w nauce młodszym dzieciom. Był dla nich wzorem.

Bone nigdy nie myślał o zostaniu modelem, ale kiedy był w ósmej klasie, wybrano go na najprzystojniejszego chłopaka w szkole. Marzył skrycie, by robić w życiu coś fascynującego, na przykład zostać detektywem. Poszedł jednak na uniwersytet Iowa i przez dwa lata studiował literaturę, bo tak chciał tato. Jeden z asystentów, młody i przystojny, kiedyś zawołał Bone'a na konsultacje. Usiadł przy nim i położył mu rękę na nodze. Przesunął dłoń w górę aż do wypukłości w spodniach Bone'a.

— Możesz łatwo zarobić celujący — powiedział.

Bone już nigdy nie wrócił na jego zajęcia. Trzy miesiące później rzucił college.

Ostatnio ktoś wydzwania do mieszkania Bone'a i nagrywa wiadomości, w których jest tylko muzyka. Najpierw Bone słuchał piosenek, bo myślał, że muzyka się skończy i odezwie się ktoś znajomy. Teraz słucha piosenek, żeby odkryć, czy nie ma w nich klucza.

— Myślę, że to facet — twierdzi.

Dzieciństwo w Iowa

Leżycie na łóżku, jakbyście mieli po dwanaście lat (leży się na brzuchu, a nogi zwisają za krawędź).

— Opowiedz mi historyjkę — prosisz.

— Historia, o której ostatnio najczęściej myślę, jest o mojej byłej byłej dziewczynie — mówi Bone.

Było lato 1986 roku, a Bone miał czternaście lat. To był jeden z tych letnich dni w Iowa, kiedy niebo jest czyste, a kukurydza na polach taka zielona. I przez całe lato, jeżdżąc samochodem z kumplami, widzisz, jak ta kukurydza rośnie.

Bone i jego rodzina pojechali na miejscowy targ. Bone z kolegą przechadzali się po wystawie bydła. I wtedy ją zobaczył. Szczotkowała cielaczka. Bone chwycił kumpla za ramię i powiedział: „Ona zostanie moją żoną!"

Nie widział jej ani razu przez cały następny rok. Potem, któregoś wieczoru, poszedł na młodzieżową potańcówkę, jakie organizuje się w małych miasteczkach, żeby czymś zająć dzieciaki. I ona tam była. Potem podrywał ją w wieczór wigilijny.

— A potem mnie całkiem olała — mówi Bone. — To naprawdę bolało. W dziwny sposób.

Półtora roku później, kiedy ona stwierdziła, że go chce, on się nie poddał.

— Mimo że tak bardzo chciałem z nią być. Któregoś dnia dałem jednak za wygraną.

Chodzili ze sobą z przerwami przez kilka lat. Ona jest teraz programistką komputerową w Iowa City. Wciąż ze sobą rozmawiają. Może kiedyś się z nią ożeni? Uśmiecha się, a wtedy nos marszczy mu się u nasady.

— Mógłbym — mówi. — Niezmiennie uważam, że to piękna historia. Aż mi się od niej w głowie kręci.

— Bone ciągle powtarza, że mógłby wrócić do Iowa, mieć dzieci i być gliną — mówi Stanford.

— To urocze, oczywiście, dopóki tego nie zrobi — odpowiadasz i czujesz, że to było cyniczne.

„Wiem, że jestem neurotykiem"

Jesteście głodni, więc o szóstej wieczorem w niedzielę idziecie do Bagel „R" Us. W rogu siedzą dwie policjantki i palą. Ludzie są poubierani w brudne dresy. Bone pożera pół twojego bajgla z szynką i serem.

— Mógłbym zjeść ze cztery — mówi. — Ale nie mogę. Jak zjem hamburgera, czuję się winny.

Bone troszczy się o swój wygląd.

— Przebieram się czasem pięć razy dziennie. Kto nie spogląda do lustra ze sto razy, zanim wyjdzie na imprezę? Ja chodzę od jednego lustra do drugiego, jakbym w każdym miał wyglądać inaczej. Wiesz, to jest tak: no fajnie, w tym lustrze wyglądam dobrze, sprawdźmy, czy w drugim tak samo. A co, nie każdy tak robi? Czasem jestem tak rozkojarzony — mówi Bone. — Myśli mi się kłębią w głowie. Wszystko jest pokręcone i nie ma żadnego sensu.

— A teraz coś cię rozkojarza? — pytasz.

— Twój nos.

— Serdeczne dzięki. Nienawidzę swojego nosa.

— Ja swojego też nienawidzę — mówi. — Jest za duży. Ale to też zależy od fryzury. Któregoś dnia Stanford powiedział: „Lubię, jak masz takie włosy. Dużo ich. Twój nos wydaje się mniejszy".

Oboje wybuchacie śmiechem.

W drodze powrotnej Bone cię szturcha.

— Patrz, źle napisał „szczenięta".

Patrzysz. Facet w kombinezonie stoi obok olbrzymiego, szarego mastiffa i trzyma tekturę z napisem „szczenienta na sprzedaż".

— Hę? — pyta was. Za jego plecami stoi czerwono-biała furgonetka.

— Szczenięta. To jest źle napisane — mówi Bone.

Facet patrzy na niego i szczerzy zęby.

— Hej, na drugim końcu ulicy sprzedają te same szczeniaki po dwieście dolców, zamiast po dwa tysiące — mówi Bone, a facet się śmieje.

Później siedzisz na brzegu łóżka z głową w dłoniach i patrzysz na Bone'a, który leży wyciągnięty z ręką zatkniętą za pasek dżinsów.

— W jednej chwili idę ulicą i mogę się wygłupiać, a za moment jestem w totalnej depresji, bez żadnego powodu — wyznaje. — Wiem, że jestem neurotykiem. Widzę to. Czuję to. Jestem samoanalityczny, samokrytyczny, samoświadomy. Kontroluję wszystko, co mówię. — I Bone tłumaczy: — Zanim coś powiem, najpierw mówię to sobie w głowie, żeby na głos źle nie wyszło.

— A nie wydaje ci się, że to strata czasu? — pytasz.

— To zabiera tylko sekundę. — Milczy przez chwilę. — Kiedy ktoś obcy mnie zaczepia i pyta, czy jestem modelem, odpowiadam, że nie, że jestem studentem.

— I?

Bone się śmieje.

— Traci zainteresowanie — mówi, patrząc na ciebie tak, jakby nie wierzył, że tego nie wiesz.

Dzwoni do ciebie Stanford.

— Bone nagrał mi przeuroczą wiadomość — oznajmia i ci ją odgrywa: „Stannie, czy umarłeś? Czy jesteś martwy? Musisz być martwy, bo nie odbierasz telefonu. [śmiech] Zadzwoń do mnie później".

„Lokaj Ivany Trump"

Lubisz siedzieć w mieszkaniu Bone'a. Przypominają ci się czasy, kiedy miałaś szesnaście lat, mieszkałaś w małym miasteczku w Connecticut i spędzałaś czas z chłopakiem, który był naprawdę piękny. Paliliście trawę, a twoi rodzice myśleli, że akurat jeździsz na koniu. Nigdy nie poznali prawdy.

Patrzysz przez okno, na promienie słońca na brązowym murze.

— Chcę mieć dzieci od czasu, kiedy sam byłem dzieckiem — mówi Bone. — To moje marzenie.

Ale to było wcześniej. Zanim stały się te wszystkie rzeczy. Zanim nadeszło dzisiaj.

Kilka tygodni temu Bone dostał sporą rolę drugoplanową w filmie, w którym miały grać wszystkie młode hollywoodzkie gwiazdy. Poszedł na imprezę i przypadkowo wylądował w domu z dziewczyną jednego z tych aktorów, nową supermodelką. Aktor zagroził, że zabije Bone'a, więc on i ta supermodelka uciekli z miasta. Tylko Stanford wie, gdzie są. Stanford dzwoni i mówi, że jego telefon się urywa. Dzwonili nawet z programu Hard Copy i proponowali Bone'owi forsę za wywiad, ale Stanford im powiedział: „A co wy sobie myślicie, że to jakiś lokaj Ivany Trump?"

Bone mówi:

— Nie mogę uwierzyć w ten cały syf. To przecież ciągle ja. Nie zmieniłem się. Ludzie mi w kółko powtarzają: „Nigdy się nie zmieniaj". A w co niby miałbym się zmienić? W egomaniaka? Dupka? Palanta? Znam siebie bardzo dobrze. W co miałbym chcieć się zmienić? — Po chwili pyta: — Z czego się śmiejesz?

— Nie śmieję się — mówisz. — Płaczę.

Stanford mówi:

— Zauważyłaś, że Bone nie wydziela nigdy żadnego zapachu?

15

On kocha swoją szarą myszkę, ale mamusi jej nie przedstawi

To będzie historia o małej, brzydkiej tajemnicy w świecie randkowania. Niemal każdy brał w niej udział — po jednej lub po drugiej stronie. Dwaj mężczyźni siedzieli przy drinkach w Princeton Club. Było późne popołudnie. Obaj przekroczyli trzydziestkę. Kiedyś byli ślicznymi studentami prawa. Teraz sporo stracili na wyglądzie, w pasie przybyło im tłuszczu i kilogramów, których nie mogli się pozbyć. Chodzili razem do college'u i po dyplomie obaj przenieśli się do Nowego Jorku. Byli dobrymi przyjaciółmi. Łączył ich ten rodzaj przyjaźni, jaki rzadko się spotyka wśród mężczyzn. Naprawdę mogli ze sobą rozmawiać o wielu sprawach. O dietach, które nic nie dają. O kobietach.

Walden właśnie został partnerem w dużej firmie prawniczej i niedawno zaręczył się z panią dermatolog. Stephen był od trzech lat w stałym związku. Był producentem programu telewizyjnego dużej sieci. Narzeczona Waldena wyjechała z miasta na konferencję o kolagenie. Walden zawsze kiedy zostawał sam, czuł się samotny. To mu przypominało czasy, kiedy naprawdę był samotny przez wiele miesięcy, które ciągnęły się jak całe lata. I wtedy zawsze pojawiało się to samo wspomnienie. Wspomnienie kobiety, dzięki której poczuł się wtedy lepiej. I tego, co jej zrobił.

Walden poznał ją na imprezie pełnej bardzo pięknych ludzi. Jak na Manhattan przystało, ona też była ładnie ubrana, w krótką czarną sukienkę podkreślającą piersi, które i tak były raczej pokaźne, ale twarz miała skromną. Przy tym piękne, długie, czarne włosy. Kręcone.

— One zawsze mają jedną rzecz naprawdę wspaniałą — powiedział Walden i pociągnął łyk martini.

Coś było w tej dziewczynie, Libby. Siedziała na kanapie, sama, i wcale nie wyglądało na to, że czuje się nieswojo. Podeszła do niej inna dziewczyna, piękna dziewczyna, pochyliła się, szepnęła coś do ucha Libby, a Libby się zaśmiała, ale nie wstała. Walden stał z boku kanapy i popijał piwo prosto z butelki. Zastanawiał się, do której z dziewczyn podejść, czekał na okazję. Libby uchwyciła jego wzrok i się uśmiechnęła. To było miłe. Przysiadł się do niej, traktując to jako chwilową przystań.

Cały czas myślał, że zaraz wstanie i podejdzie do którejś z tych ślicznych dziewczyn, ale tego nie zrobił. Libby skończyła college w Columbii, magisterium robiła na Harvardzie. Rozmawiali o prawie. Opowiedziała mu o swoim dzieciństwie, jak dorastała z czterema siostrami w Karolinie Północnej. Miała dwadzieścia cztery lata, dostała stypendium na badania naukowe. Pochyliła się i zdjęła włos z jego swetra.

— Mój — stwierdziła ze śmiechem.

Rozmawiali bardzo długo. On skończył drugie piwo.

— Masz ochotę iść do mnie? — spytała.

Miał. Wyobrażał sobie, że doskonale wie, jak to się skończy. Będą się kochać przez jedną noc, rano on wróci do siebie i natychmiast o wszystkim zapomni. Jak większość mężczyzn w Nowym Jorku z mety klasyfikował kobiety. Przypisywał je do kategorii: na jedną noc, potencjalna dziewczyna albo gorący, dwutygodniowy romans. Wtedy sypiał jeszcze z wieloma kobietami i cóż, czasem zdarzały się pełne łez sceny w korytarzu, a czasem i coś gorszego.

Libby zdecydowanie należała do kategorii „na jedną noc". Nie była dość ładna, żeby z nią chodzić, żeby się z nią pokazać wśród ludzi.

— Ale co to dokładnie znaczy? — przerwał Stephen.

— Po prostu uważałem, że jest brzydsza ode mnie — wyjaśnił Walden.

Kiedy dotarli do mieszkania — skromnych dwóch pokoi w wieżowcu na Trzeciej Alei, które dzieliła z kuzynką — Libby otworzyła lodówkę i wyjęła piwo. I dopiero kiedy się pochyliła w świetle otwartej lodówki, zauważył, że jest trochę przy kości. Odwróciła się i podała mu butelkę.

— Chcę tylko, żebyś wiedział — powiedziała — że naprawdę mam ochotę się z tobą przespać.

Kiedy odstawił piwo i zaczął ją rozbierać, myślał o tym, że piękna dziewczyna by tego nie powiedziała. Ugryzł ją w szyję i ściągnął w dół stanik, nawet go nie rozpinając. Zsunął jej rajstopy. Nie miała na sobie majtek. Poszli do sypialni.

— W ogóle nie byłem spięty — wspominał Walden. — Bo ona nie była ładna. Stawka była mniejsza, emocje większe. Nie czułem żadnej presji, bo wiedziałem, że i tak nie mógłbym z nią chodzić.

Zasnął, obejmując ją.

— Następnego ranka — ciągnął Walden — obudziłem się zupełnie wyluzowany. Zrelaksowany. Od jakiegoś czasu czułem się wtedy okropnie, a przy Libby nagle poczułem spokój. To był mój pierwszy szczery uczuciowy kontakt od dłuższego czasu. Więc oczywiście natychmiast się przeraziłem i musiałem zwiać.

Wracał do domu piechotą, z rękoma w kieszeniach. Była zima, a on zostawił u niej rękawiczki.

— Takie historie zawsze zdarzają się zimą — powiedział Stephen.

Prawdziwi przyjaciele

Walden nie widział jej potem przez dwa miesiące. Wróciło parszywe samopoczucie. Gdyby tylko była ładniejsza, chodziłby z nią. A tak, odczekał całe dwa miesiące, zanim zadzwonił i zaproponował lunch. Snuł o niej fantazje. Zjedli lunch, ale potem nie wrócili do pracy, tylko poszli do niej i się kochali. Zaczęli się spotykać kilka razy w tygodniu. Mieszkali niedaleko siebie. Chodzili na obiady do knajpek w sąsiedztwie albo ona gotowała.

— Było mi przy niej niesamowicie łatwo mówić o moich uczuciach — wspominał Walden. — Mogłem nawet płakać. Opowiedziałem jej o swoich najskrytszych fantazjach seksualnych i potem razem je odgrywaliśmy. Mówiliśmy nawet, że zorganizujemy trójkąt z jedną z jej koleżanek. Ona z kolei mówiła o swoich fantazjach, które były strasznie rozbudowane. Poprosiła, żebym ją zbił. Miała sekrety, ale w życiu była niesamowicie praktyczna. Zawsze się zastanawiałem, czy stworzyła sobie to skomplikowane życie wewnętrzne dlatego, że nie była materiałem na randki. Wiesz, jak nie jesteś olimpijską pięknością, możesz się stać bardzo interesującą osobą.

W tym samym czasie za Libby uganiał się pewien, jak go nazwał Walden, „biedny ciura". Walden nie czuł się przez niego zagrożony. Poznał wszystkich jej znajomych, ale swoim jej nie przedstawił. Nigdy nie spędził z nią całego weekendu ani nawet całego dnia. Nigdy razem nie poszli na imprezę.

— Nie chciałem jej robić fałszywych nadziei — wyjaśnił.

Ona nigdy nie protestowała, nigdy nie stawiała żądań. Raz tylko spytała go, czy trzyma ją w ukryciu dlatego, że nie jest dość ładna.

— Skłamałem i powiedziałem, że nie — przyznał Walden. — Bo wiesz, jak zamykałem oczy, to była idealna pod każdym względem.

Walden zamówił kolejnego drinka.

— Sprawiała, że się zastanawiałem, czy nie czuję się brzydki w środku. To nas łączyło.

— Cóż, każdy facet skrycie nienawidzi pięknych dziewczyn, bo to one odrzucały go w szkole średniej — stwierdził Stephen. Przeżył podobną historię. Dziadek Ellen był słynny w świecie telewizji. Naprawdę gruba ryba. Stephen poznał ją na imprezie w pracy. Oboje wyszli na balkon, żeby zapalić, i tam zaczęli rozmawiać. Była zabawna. Prawdziwy śmieszek, komediantka. Akurat wtedy z kimś chodziła. Potem ona i Stephen wpadali na siebie od czasu do czasu przy różnych zawodowych okazjach.

— Zostaliśmy prawdziwymi przyjaciółmi — powiedział Stephen. — Przyjaźń z kobietą to dla mnie rzadkość. Nie miałem wobec niej seksualnych zamiarów. Mogłem z nią wychodzić i czuć się jak z kumplem. Umiała mówić o filmach, o Lettermanie, znała się na telewizji, a większość kobiet nie rozumie telewizji. Kiedy starasz się poważnie pogadać o telewizji z piękną kobietą, oczy jej się robią nieprzytomne.

Chodzili do kina, ale tylko „jako przyjaciele". Może i skrycie się w nim durzyła, ale jeśli nawet tak było, to Stephen tego nie zauważył. Rozmawiali o swoich związkach. O rozczarowaniach. Stephen był wtedy z kobietą, która wyjechała na trzy miesiące do Europy. Pisywał do niej wymuszone, euforyczne listy.

Któregoś popołudnia jedli razem lunch i Ellen zaczęła opowiadać o ostatnim stosunku ze swoim chłopakiem. Zrobiła mu ręczną robotę, używając wazeliny. I wtedy Stephenowi nagle stanął.

— Zacząłem ją postrzegać jako istotę seksualną — powiedział. — Bo te dziewczyny, które nie są pięknościami, muszą w sprawach seksu naprawdę wykładać karty na stół. Nie mogą się bawić w niuanse.

Ellen zerwała ze swoim chłopakiem, a Stephen zaczął się

spotykać z wieloma kobietami. Opowiadał o nich Ellen. Któregoś wieczoru siedzieli w restauracji przy obiedzie, a Ellen nachyliła się i pocałowała go w ucho z językiem, aż poczuł mrowienie w nogach.

Poszli potem do niej i się kochali.

— Było wspaniale — powiedział Stephen. — Spisałem się, obiektywnie rzecz biorąc, o wiele lepiej niż z innymi kobietami. Udała mi się powtórka, a nawet trzeci raz. Wykonałem czterdziestopięciominutowe jebanko.

Od tego momentu „związek" się rozwijał. Oglądali w łóżku telewizję, a potem kochali się przy włączonym odbiorniku.

— Piękna kobieta nigdy by ci nie pozwoliła zostawić włączonego telewizora podczas stosunku — powiedział Stephen. — Ale telewizor jakoś odpręża. Uwaga nie jest skupiona tylko na tobie. Takie kobiety jak Ellen pozwalają ci być sobą.

Stephen przyznał, że z punktu widzenia Ellen ich związek prawdopodobnie nie wyglądał tak wspaniale.

— W czasie tych sześciu miesięcy, kiedy ze sobą byliśmy, no cóż, pewnie częściej chodziliśmy do kina, kiedy jeszcze byliśmy tylko przyjaciółmi. Nasze randki stały się koszmarem. Zamawiane do domu jedzenie i filmy na wideo. Czułem się niewyobrażalnie winny. Czułem się płytki. Bo jeśli chodzi o urodę, to ona nie była pierwszej klasy, a ja czułem się płytki, że myślę o jej wyglądzie. To była wspaniała dziewczyna.

Wtedy wybuchła

Ellen zaczęła naciskać.

— Kiedy się spotkasz z moim dziadkiem? — pytała w kółko. — On naprawdę chce cię poznać.

— Chciałem poznać jej dziadka — przyznał Stephen. — Był

naprawdę wielką szychą. Ale nie mogłem. Bo kiedy poznajesz czyichś dziadków, to znaczy, że związek jest prawdziwy.

By rozwiązać ten problem, Stephen zaczął rajfurzyć dla Ellen, starał się umawiać ją z innymi. Rozmawiali o facetach, z którymi miała się spotkać. Któregoś wieczoru Ellen poszła na przyjęcie, gdzie miała poznać jednego z kolegów Stephena. Ale facet się nią nie zainteresował, więc się wkurzyła. Przyszła do Stephena i znów się kochali.

Kilka tygodni później, w nocy na imprezie w jakimś grunge'owym lofcie w TriBeCa, Stephen poznał dziewczynę, laseczkę. Prawie natychmiast przedstawił ją swoim rodzicom, choć nie mógł z nią w ogóle rozmawiać tak jak z Ellen. Sypiał z obiema. Używał tego, czego nauczył się w łóżku z Ellen, i stosował na tej nowej dziewczynie. Ellen chciała, żeby jej o wszystkim opowiadał. Co robili. Jaka ta nowa jest w łóżku, co on czuje, o czym rozmawiają.

A potem wybuchła. Przyszła do Stephena w niedzielę po południu. Strasznie się pokłócili. Wrzeszczeli. Ona go biła.

— Dosłownie spuściła na mnie grad ciosów — powiedział.

Wyszła, ale dwa tygodnie później zadzwoniła.

— Pogodziliśmy się przez telefon — mówił Stephen. — I poszedłem do niej po to, co zwykle. Ale kiedy doszliśmy do momentu kulminacyjnego, wykopała mnie z łóżka. Nie miałem jej tego za złe. Byłem za bardzo wściekły na samego siebie. Szanowałem ją. Pomyślałem: Masz rację.

Walden oparł się kolanem o bar.

— Około pół roku po tym, jak przestałem się widywać z Libby, zaręczyła się. Zadzwoniła i powiedziała, że wychodzi za mąż.

— Byłem w Ellen zakochany, ale nigdy jej tego nie powiedziałem — westchnął Stephen.

— Ja też byłem zakochany — przyznał Walden. — Zakochany w zwyczajny, przyziemny sposób.

16

Zagubione na Manhattanie

Są gorsze rzeczy niż bycie wolną, trzydziestopięcioletnią kobietą w Nowym Jorku. Na przykład: bycie wolną, dwudziestopięcioletnią kobietą w Nowym Jorku.

To rytuał przejścia, który niewiele kobiet chciałoby powtórzyć. Sypianie z niewłaściwymi facetami, noszenie nieodpowiednich strojów, wybieranie złych współlokatorek, mówienie głupstw, bycie ignorowaną, utrata pracy, ogólnie rzecz biorąc — bycie traktowaną jak śmieć. Ale to konieczne. Więc jeśli chcesz się dowiedzieć, w jaki sposób trzydziestopięcioletnia wolna, nowojorska kobieta stała się — no właśnie — trzydziestopięcioletnią wolną, nowojorską kobietą, czytaj dalej.

Dwa tygodnie temu na przyjęciu Louisa Vuittona Carrie wpadła na Cici, dwudziestopięcioletnią asystentkę projektanta wystrojów kwiatowych. Carrie właśnie usiłowała przywitać się z pięcioma osobami naraz, kiedy z półmroku zmaterializowała się Cici.

— Czeeeeść — powiedziała, a kiedy Carrie spojrzała w jej kierunku, powtórzyła: — Czeeeeść.

Potem tylko się gapiła. Carrie musiała się odwrócić od wydawcy, z którym właśnie rozmawiała.

— Co jest, Cici? — spytała. — No co jest?

— Nie wiem. Jak się masz?

— Świetnie, wspaniale — powiedziała Carrie.

— A co porabiasz?

— To, co zwykle. — Wydawca już zamierzał zacząć rozmowę z kimś innym. — Cici, ja...

— Tak dawno cię nie widziałam — powiedziała Cici. — Tęskniłam za tobą. Wiesz, że jestem twoją największą wielbicielką. Inni mówią, że jesteś suka, a ja na to: „Nie. To jest moja najlepsza przyjaciółka i ona wcale taka nie jest". Bronię cię.

— Dzięki.

Cici dalej stała w miejscu i się gapiła.

— A co u ciebie? — spytała Carrie.

— Super — odpowiedziała Cici. — Co wieczór się stroję i wychodzę, i nikt nie zwraca na mnie uwagi, i wracam do domu, i płaczę.

— Och, Cici — jęknęła Carrie. — Nie przejmuj się tym. To tylko taka faza przejściowa. A teraz słuchaj, naprawdę muszę...

— Wiem — powiedziała Cici. — Nie masz dla mnie czasu. W porządku. Pogadamy później. — I odeszła.

Cici York i jej najlepsza przyjaciółka, Carolyne Everhardt, to dwie dwudziestopięciolatki, które jak większość dzisiejszych trzydziestopięciolatek przyjechały do Nowego Jorku zrobić karierę.

Carolyne Everhardt pisze o nocnym życiu do jakiegoś pisma. Przyjechała trzy lata temu z Teksasu. To jedna z tych dziewczyn o pięknych twarzach, które mają lekką nadwagę, ale się tym nie przejmują, przynajmniej nie na tyle, żeby to kiedykolwiek okazać.

Cici jest przeciwieństwem Carolyne — blondynka, chuda jak patyk. Ma jedną z owych dziwnie eleganckich twarzy, których ludzie zwykle nie zauważają, bo ona sama nie jest przekonana co do własnej urody. Cici pracuje jako asystentka Yorgiego, słynnego projektanta wystrojów kwiatowych, ale odludka.

Cici przyjechała do Nowego Jorku półtora roku temu z Filadelfii.

— Wtedy byłam jak młoda Mary Tyler Moore — mówi. — Naprawdę miałam w torebce białe rękawiczki. Przez pierwsze sześć miesięcy w ogóle nigdzie wieczorami nie wychodziłam. Za bardzo się bałam, czy utrzymam pracę.

A teraz?

— Nie jesteśmy miłymi dziewczynkami. „Miłe" to nie jest słowo, które się do nas odnosi — kontynuuje Cici z akcentem ze Wschodniego Wybrzeża, który nawet wychodzi jej seksownie i odpowiednio apatycznie.

— Upokarzamy ludzi. Cały czas — dodaje Carolyne.

— Carolyne jest znana ze swoich niepohamowanych wybuchów — wyjaśnia Cici.

— A Cici nie gada z ludźmi. Tylko im rzuca pogardliwe spojrzenia.

Arabskie noce

Carolyne i Cici zostały najlepszymi przyjaciółkami w sposób, jaki najczęściej łączy nowojorskie kobiety: przez pewnego sukinsyna.

Zanim Carolyne spotkała Cici, poznała Sama, doradcę inwestycyjnego, lat czterdzieści dwa. Carolyne wpadała na niego na wszystkich imprezach. Sam miał wtedy dziewczynę, jakąś Szwajcarkę, która usiłowała się dostać do telewizji. Którejś nocy Sam i Carolyne znów wpadli na siebie, w klubie Spy. Byli pijani, zaczęli się całować. Przy kolejnym „spotkaniu" poszli do Sama, i do jego łóżka. Tak się działo jeszcze kilka razy. Potem deportowano jego dziewczynę.

Mimo to „związek" trwał wedle tych samych zasad. Za każdym razem, kiedy Carolyne i Sam wpadali na siebie, uprawiali seks. Którejś nocy spotkała go w klubie System i zrobiła mu laskę, w kącie. Potem wyszli na zewnątrz i pieprzyli się w pasażu za śmietnikiem. Po wszystkim Sam zapiął spodnie, cmoknął ją w policzek i powiedział:

— No, serdeczne dzięki. To na razie.

Carolyne zaczęła rzucać w niego śmieciami.

— Jeszcze z tobą nie skończyłam, Samuelu! — krzyknęła.

Dwa tygodnie później Cici była w Casa La Femme, gdzie spotkała dwóch znajomych facetów. Był z nimi trzeci. Śniady, miał na sobie cienką, białą koszulę i spodnie khaki. Cici stwierdziła, że facet ma wspaniałe ciało. Wydawał się nieśmiały, więc zaczęła z nim flirtować. Właśnie obcięła włosy i teraz ciągle odgarniała grzywkę z oczu i rzucała mu spojrzenia znad kieliszka szampana. Wszyscy wybierali się na urodziny jakiejś dziewczyny, do loftu w SoHo; zaprosili też Cici. Szli na piechotę. Cici wciąż chichotała i wpadała na tego śniadego faceta, aż w pewnym momencie otoczył ją ramieniem.

— Ile masz lat? — spytał.

— Dwadzieścia cztery.

— Idealny wiek — powiedział.

— Idealny? Do czego?

— Dla mnie.

— A ty ile masz lat?

— Trzydzieści sześć — odpowiedział. Kłamał.

Na imprezie był tłok. Piwo w beczce, wódka i dżin w plastikowych kubkach. Cici właśnie odwróciła się od baru i miała sobie łyknąć piwa, kiedy ujrzała dziwo toczące się w jej kierunku z drugiej strony loftu: dużą dziewczynę z długimi, ciemnymi włosami, umalowaną jaskrawą, czerwoną szminką, a ubraną, dość niewytłumaczalnie, w długą „suknię" (jeśli tak to w ogóle można nazwać). Suknia wyglądała, jakby została sklecona z kwiecistych, szyfonowych apaszek. Arabskie noce. Śniady facet akurat odwrócił się od baru.

— Carolyne! — zawołał. — Jaka piękna suknia.

— Dzięki, Sam — powiedziała Carolyne.

— Czy to dzieło tego nowego projektanta, o którym mi mówiłaś? — spytał Sam — Tego, który miał dla ciebie zrobić kilka sukienek, jeśli o nim napiszesz? — Rzucił krzywy uśmieszek.

— A zamkniesz ty się?! — wrzasnęła Carolyne. Zwróciła się do Cici: — A ty kto? I co robisz na moich urodzinach?

— On mnie zaprosił — wyjaśniła Cici.

— A ty tak po prostu przyjmujesz zaproszenia od cudzych chłopaków, co?

— Carolyne, nie jestem twoim chłopakiem — wtrącił Sam.

— No pewno. Ty tylko ze dwadzieścia razy ze mną spałeś. Może ci przypomnę ostatni? Tę ręczną robótkę w Systemie?

— Robiłaś komuś laskę w klubie? — spytała Cici.

— Carolyne, ja mam dziewczynę — powiedział Sam.

— Deportowali ją. A teraz nie możesz utrzymać swoich śliskich łapsk z daleka ode mnie.

— Ona wróciła. Mieszka ze mną.

— Masz dziewczynę? — spytała Cici. Powtarzała to pytanie w kółko przez całą drogę po schodach w dół, aż na ulicę.

Dwa tygodnie później Carolyne wpadła na Cici w toalecie, w klubie.

— Chcę ci tylko powiedzieć, że widziałam Sama — wycedziła Carolyne, nakładając czerwoną szminkę. — Padł przede mną na ziemię i na czworakach błagał, żebym do niego wróciła. Powiedział, że ja jestem ponad.

— Ponad co? — zapytała Cici, udając, że poprawia sobie rzęsy.

— Szlajałaś się z nim? — spytała Carolyne. Zatrzasnęła szminkę.

— Nie — odpowiedziała Cici. — Ja się z nikim nie szlajam.

Oczywiście, Carolyne i Cici zostały najlepszymi przyjaciółkami.

„Nienawidzę Miami"

Carrie poznała Cici mniej więcej o tej porze, w zeszłym roku, w Bowery Bar. Carrie siedziała w jednym z boksów, było dość późno, a ona czuła się do dupy. I wtedy obok klapnęła ta dziewczyna, i zaczęła mówić coś takiego:

— Jesteś moją idolką. Jesteś piękna. Gdzie kupiłaś te buty, strasznie mi się podobają.

Carrie była mile połechtana.

— Chcę być twoją najlepszą koleżanką — powiedziała dziewczyna głosikiem, który otarł się o Carrie jak kot. — Mogę być twoją najlepszą koleżanką? Proszę?

— Ale słuchaj... hmm...

— Cici.

— Cici — powtórzyła Carrie dość sztywno. — To nie działa w ten sposób.

— Dlaczego?

— Dlatego, że ja jestem w Nowym Jorku od piętnastu lat. Od piętnastu lat i...

— Aha... — westchnęła Cici i skuliła się. — Ale mogę zadzwonić? Zadzwonię do ciebie.

I już przeskoczyła do innego stolika, usiadła, odwróciła się i pomachała do Carrie.

Dwa tygodnie później Cici zadzwoniła.

— Musisz z nami pojechać do Miami!

— Nienawidzę Miami. Moja noga nigdy nie postanie w Miami — powiedziała Carrie. — Jeśli jeszcze kiedyś zadzwonisz i wspomnisz o Miami, to się rozłączę.

— Aleś ty śmieszna — powiedziała Cici.

W Miami Cici i Carolyne zatrzymały się u bogatych kolegów Carolyne z uniwersytetu teksańskiego. W piątkowy wieczór poszli się wszyscy zabawić i się popili. Cici całowała się z jednym z kolesiów z Teksasu, z Dexterem. Ale już drugiego wieczoru zaczął ją wkurzać, bo wszędzie za nią łaził, obejmował ją, chciał całować — jakby byli jakąś parą czy co.

— Chodź na górę, to się popieścimy — szeptał jej ciągle do ucha.

Cici nie miała ochoty, więc zaczęła go olewać. Dexter się wkurzył i wybiegł z domu. Wrócił kilka godzin później z dziewczyną.

— Siemanko wszystkim — rzucił i przechodząc przez salon, pomachał do Cici. Poszedł z tą dziewczyną na górę. Dziewczyna mu obciągnęła. Potem zeszli na dół, a Dexter odstawił cały teatr, zapisując sobie jej numer telefonu.

Cici wybiegła z domu, krzycząc i płacząc, właśnie w chwili, gdy Carolyne wjeżdżała na podjazd pożyczonym samochodem. Ona też krzyczała i płakała. Wpadła na Sama, który przypadkiem był w Miami i chciał ją namówić na trójkąt z jakąś blond zdzirą, striptizerką. A kiedy Carolyne powiedziała mu: „Pierdol się!" — popchnął ją na piasek na South Beach i wrzasnął:

— Pokazywałem się z tobą tylko dlatego, że zawsze na imprezach robili nam zdjęcia!

„Szósta Strona"

Dwa tygodnie później Carolyne znalazła się w plotkarskiej kolumnie „Szósta Strona" w „Post". Wybrała się na imprezę do klubu Tunnel, a kiedy bramkarz nie chciał jej wpuścić, zaczęła strasznie wrzeszczeć. On chciał ją zaprowadzić do taksówki, ona go uderzyła, a on ją powalił na ziemię i przygwoździł do chodnika. Następnego dnia zmusiła wydawcę pisma, w którym pracowała, żeby zadzwonił do klubu i kazał zwolnić tego bramkarza, a potem zadzwoniła do „Szóstej Strony". Kiedy gazeta wyszła, kupiła dwadzieścia egzemplarzy.

Potem Cici wywalono z mieszkania, które wynajmowała z pewną prawniczką z Filadelfii — starszą siostrą jej szkolnej koleżanki. Prawniczka stwierdziła:

— Cici, zmieniłaś się. Naprawdę się o ciebie martwię. Nie jesteś już miłą osobą i nie wiem, co mam z tym począć.

Cici wydarła się na nią, że jest po prostu zazdrosna, a potem przeprowadziła się na kanapę Carolyne.

Mniej więcej w tym czasie w jednej z plotkarskich kolumn ukazała się niefortunna wzmianka o Carrie. Starała się to zignorować, kiedy zadzwoniła podniecona Cici.

— O kurczę! Jesteś sławna! — szczebiotała. — Jesteś w gazetach! Czytałaś?

I zaczęła odczytywać wzmiankę na głos. Było to okropne, więc Carrie się rozkrzyczała:

— Coś ci wytłumaczę! Jeśli chcesz przetrwać w tym mieście, to nigdy, przenigdy nie dzwoń do nikogo i nie czytaj mu okropności, które o nim wypisują w gazetach! Udajesz, że tego nigdy nie widziałaś. Kapujesz? A jak cię pytają, czy widziałaś, kłamiesz i mówisz: „Skądże. Nie czytuję takich śmieci". Choć oczywiście czytasz. Dotarło?! Jezu, Cici — powiedziała już spokojniej — po czyjej jesteś stronie?

Cici zaczęła płakać, a Carrie odłożyła słuchawkę i miała potem poczucie winy.

Pan Resztka

— Przedstawię cię facetowi, i wiem, że się w nim zakochasz, ale tego nie rób — powiedziała Carolyne do Cici.

Więc Cici się zakochała. Ben miał czterdziestkę, był kiedyś

właścicielem restauracji i organizatorem przyjęć; dwukrotnie żonaty (właściwie to ciągle był żonaty, ale żona wróciła na Florydę) i z tuzin razy przechodził odwyk. Wszyscy w Nowym Jorku go znali i kiedy w rozmowie padało jego nazwisko, ludzie wznosili oczy do góry i zmieniali temat. Mimo picia i brania kokainy wciąż miał w sobie resztkę tego, kim był kiedyś: uroczym, zabawnym, przystojnym facetem. I Cici zakochała się w tej resztce. Spędzili ze sobą dwa wspaniałe weekendy, chociaż ani razu naprawdę się nie kochali. Potem poszli na imprezę. On jej zniknął z oczu, a kiedy go znalazła, ocierał się o szesnastoletnią modelkę, która dopiero co przyjechała do miasta.

— Jesteś obrzydliwy! — wrzasnęła Cici.

— No, daj spokój — powiedział. — Musisz mi pozwolić na odgrywanie moich fantazji. A ja mam fantazję bycia z szesnastką. — Wyszczerzył zęby i widać było, że powinien je wyprostować.

Nazajutrz rano Cici pojawiła się bez zaproszenia w jego mieszkaniu. Była u niego akurat z wizytą jego trzyletnia córeczka.

— Przyniosłam ci prezent — powiedziała Cici, zachowując się tak, jakby nic się nie stało. Prezentem był żywy króliczek. Posadziła go na kanapie, a króliczek zesikał się kilka razy z rzędu.

Tymczasem Carolyne w pewnym sensie wprowadziła się do Sama. Trzymała swoje mieszkanie, ale wszystkie noce spędzała u niego i za każdym razem coś u niego zostawiała — buty, perfumy, kolczyki, bluzki właśnie odebrane z pralni chemicznej, sześć czy siedem różnych kremów do twarzy. Trwało to przez kilka miesięcy. W dzień przed walentynkami Sam eksplodował.

— Wynoś się, ale już! — krzyczał i ciężko dyszał.

— Nie rozumiem — zdziwiła się Carolyne.

— Nie ma nic do rozumienia! — wydyszał Sam. — Nie chcę tu widzieć ani ciebie, ani twoich maneli!

Szarpnięciem otworzył okno i zaczął wyrzucać jej rzeczy.

— Już ja cię urządzę, draniu — wycedziła Carolyne i walnęła go ostro w tył głowy.

Odwrócił się.

— Uderzyłaś mnie — wymamrotał.

— Sam... — zaczęła.

— Nie do wiary... uderzyłaś mnie... — Zaczął się cofać w głąb pokoju. — Nie podchodź do mnie — powiedział. Schylił się ostrożnie i podniósł z podłogi swojego kota.

— Sam — powtórzyła Carolyne, idąc w jego stronę.

— Cofnij się! — Chwycił kota tak, że jego łapki sterczały w kierunku Carolyne; dzierżył zwierzę przed sobą niczym broń. — Powiedziałem, cofnij się.

— Sam, no Sam. — Carolyne potrząsnęła głową. — To takie żałosne.

— Nie dla mnie — rzucił Sam i pomknął do sypialni, tuląc kota w ramionach.

— To czarownica, prawda, Puffy? — zwrócił się do kota. — Prawdziwa czarownica.

Carolyne zrobiła krok w kierunku łóżka.

— Nie chciałam...

— Uderzyłaś mnie — powtórzył Sam dziwnie zmienionym głosem małego chłopczyka. — Nigdy więcej mnie nie bij. Nigdy już nie bij Sama.

— W porządku — powiedziała Carolyne ostrożnie.

Kot wyrwał się z objęć Sama i wybiegł z sypialni. Carolyne wyszła za nim.

— Kici, kici, chodź, koteczku — zawołała. — Chcesz mleka? Usłyszała odgłos włączanego telewizora.

„Był totalnie upokorzony"

Carrie zawsze obiecywała Cici i Carolyne, że zje z nimi obiad, i w końcu się zgodziła. W niedzielę wieczorem — w jej jedyny wolny wieczór. Carolyne i Cici siedziały w boksie, każda z nogą założoną na nogę. Sączyły drinki i wyglądały bardzo szykownie. Carolyne rozmawiała przez komórkę.

— Przez tę moją pracę muszę co wieczór gdzieś bywać — powiedziała Cici znudzonym głosem. — Dziś też musimy iść na przyjęcie. W centrum. Mnóstwo modelek. Ty też powinnaś przyjść — dodała tonem, który miał sugerować, że oczywiście nie powinna.

— No, a jak tam… sprawy? — spytała Carrie. — No wiesz, Sam i…

— Wszystko świetnie — odpowiedziała Carolyne.

Cici zapaliła papierosa i spojrzała w innym kierunku.

— Tyle że Sam łaził wszędzie i opowiadał, że on i Carolyne nigdy ze sobą nie spali, chociaż setki ludzi widziało, jak się całują i tak dalej. Więc go upokorzyłyśmy.

— Dowiedziałyśmy się, że on się spotyka z dziewczyną, która ma różne choroby, więc zadzwoniłam do niego i mówię: „Sam, proszę cię jako przyjaciółka, obiecaj, że się z nią nie prześpisz" — powiedziała Carolyne.

— A potem zobaczyłyśmy ich razem na śniadaniu.

— My byłyśmy ubrane super, a oni byli w dresach. Podeszłyśmy do nich, a oni poprosili o papierosa. A ja na to: „Papierosa? Weź sobie od kelnera".

— Usiadłyśmy przy stoliku tuż obok nich. Specjalnie. Oni próbowali do nas zagadywać, ale Carolyne ciągle gdzieś dzwoniła z komórki. A potem ja go zapytałam: „Sam, a jak ta dziewczyna, z którą cię widziałam w zeszłym tygodniu?"

— Był totalnie upokorzony — powiedziała Carolyne. — Posyłałyśmy mu karteczki z napisem „herpes simplex 19".

— A jest taki herpes simplex 19? — spytała Carrie.

— Nie — odpowiedziała Cici. — Nie kapujesz?

— Aha — odparła Carrie. Nie mówiła nic przez chwilę, długo zapalała papierosa. — Co jest z wami, dziewczyny? — spytała w końcu.

— Nic — odparła Cici. — Jedyną rzeczą, na której mi zależy, jest moja kariera. Tak jak tobie. Jesteś moim idolem.

Potem obie dziewczyny spojrzały na zegarki i na siebie nawzajem.

— Nie obraź się — powiedziała Cici — ale musimy już lecieć na to przyjęcie.

17

Miasto w gorączce!
Seksualna panika dosięga Mr Biga

Manhatańska odmiana letniej gorączki powoduje napady chodnikowych fantazji, pijackich wyskoków, łóżkowych załamań i klimatyzacyjnych koszmarów

W sierpniu Nowy Jork staje się zupełnie innym miastem. Przypomina życie w jakimś południowoamerykańskim kraju pod rządami pijanego, skorumpowanego dyktatora, z galopującą inflacją, kartelami narkotykowymi, pokrytymi kurzem drogami, zapchaną kanalizacją — gdzie już nigdy nie będzie lepiej, gdzie nigdy nie pada deszcz.

Psyche większości nowojorczyków załamuje się w tym upale. Złe myśli i złe uczucia gotują się tuż pod skórą. Prowadzą do złych zachowań, w których Nowy Jork się specjalizuje. Ukrytych. Paskudnych. Związki się rozpadają. Ludzie, którzy nie powinni być razem, schodzą się ze sobą.

Miasto jest w gorączce. Kolejne dni zlepia ze sobą ponadtrzydziestopięciostopniowy upał. Wszyscy są drażliwi. W upale nie można ufać nikomu, zwłaszcza samemu sobie.

Carrie leży w łóżku Mr Biga. Jest ósma rano. Już czuje, że nie będzie z nią dobrze. Właściwie ma cholerną pewność, że nie będzie dobrze. Histerycznie płacze w poduszkę.

— Carrie, uspokój się, uspokój się — rozkazuje Mr Big.

Carrie odwraca głowę. Jej twarz jest groteskową, opuchniętą maską.

— Wszystko będzie dobrze. Teraz muszę już iść do pracy. Zatrzymujesz mnie.

— Potrafisz mi pomóc? — łka Carrie.

— Nie — stwierdza Mr Big, wkładając złote spinki w dziurki wykrochmalonych mankietów. — Musisz sama sobie pomóc. Wymyśl jak.

Carrie chowa głowę pod kołdrę, ciągle płacząc.

— Zadzwoń do mnie za dwie godziny — mówi on i wychodzi z sypialni. — Do widzenia.

Dwie minuty później wraca.

— Zapomniałem pudełka z cygarami — wyjaśnia i obserwuje ją, przechodząc przez pokój.

Już się uspokoiła.

— Do widzenia — powtarza. — Do widzenia.

To już dziesiąty z kolei dzień duszącego, parnego upału.

Upalny rytuał Mr Biga

Carrie spędza ostatnio zbyt wiele czasu z Mr Bigiem. On ma klimatyzację. Ona też ma, ale u niej nie działa. Rozwinęli mały rytuał. Rytuał upalny. Każdego wieczoru o jedenastej, jeśli akurat razem nie wyszli, Mr Big dzwoni.

— Jak tam u ciebie w domu? — pyta.

— Gorąco — odpowiada ona.

— To co robisz?

— Pocę się.

— Chcesz przyjść spać do mnie? — pyta on, niemal nieśmiało.

— Pewnie, czemu nie — mówi ona. Ziewa.

Potem wybiega z mieszkania, przelatuje przez drzwi frontowe (mija nocnego portiera, który zawsze rzuca jej obleśne spojrzenie) i wskakuje do taksówki.

— O, czeeeść — mówi Mr Big, otwierając drzwi. Nagi, jakby zaspany i zaskoczony, że ją widzi.

Idą do łóżka. Oglądają talk-show Lettermana albo Leno. Mr Big ma jedną parę okularów. Zakładają je na zmianę.

— Nie przyszło ci do głowy, żeby sobie zainstalować nową klimatyzację? — pyta Mr Big.

— Tak — mówi Carrie.

— Nowy klimatyzator dostaniesz już za sto pięćdziesiąt dolarów.

— Wiem. Mówiłeś mi.

— No cóż, chodzi o to, że nie możesz codziennie u mnie sypiać.

— Nie martw się — mówi Carrie. — Upał mi nie przeszkadza.

— Nie chcę, żebyś była rozgrzana. Sama, u siebie w mieszkaniu.

— Jeśli mnie zapraszasz tylko dlatego, że ci mnie żal, to więcej tego nie rób — mówi Carrie. — Chcę przychodzić tylko dlatego, że za mną tęsknisz. Że nie możesz beze mnie zasnąć.

— Och, będę za tobą tęsknił. Pewnie. Oczywiście, że będę tęsknił — mówi Mr Big. A po kilku sekundach dodaje: — Masz dosyć pieniędzy?

Carrie patrzy mu w oczy.

— Mnóstwo.

Homarowy Newbert

W tym upale coś jest. Rozluźnia. Czujesz się jak pijany, choć wcale nie jesteś. Na Upper East Side szaleją hormony Newberta.

Chce mieć dziecko. Wiosną jego żona, Belle, powiedziała, że nie może chodzić w ciąży latem, bo nie mogłaby się pokazać w stroju kąpielowym. Teraz mówi, że nigdy by nie zaszła w ciążę latem, bo nie wyobraża sobie porannych mdłości w takim upale. Newbert przypomniał jej, że jako bankowiec, Belle spędza całe dnie za ścianami z przyciemnianego szkła, w chłodnej, klimatyzowanej wieży biurowca. Nie pomogło.

Tymczasem Newbert spędza całe dnie, snując się po domu w podartych bokserkach, czekając, aż agent zadzwoni z wiadomościami o jego powieści. Ogląda wszystkie talk-show w telewizji. Obcina skórki od paznokci tępymi przyborami. Dzwoni do Belle dwadzieścia razy dziennie. Zawsze jest słodka.

— Cześć, Pysiaczku.

— Co sądzisz o stalowej nierdzewnej pęsecie Revlona ze zwężonymi końcówkami? — pyta on.

— Wspaniały pomysł — mówi ona.

Któregoś wieczoru podczas fali upałów Belle musiała iść na oficjalny obiad z klientami, Japończykami. Po niekończących się ukłonach i uściskach rąk wyruszyli — Belle i pięciu facetów w czarnych garniturach — do restauracji City Crab. W połowie obiadu niespodziewanie zjawia się Newbert. Jest już ostro podpity. Ubrany tak, jakby się wybierał pod namiot. Postanawia odtańczyć swoją wersję morrisa*. Porywa ze stołu serwetki i wpycha je do kieszeni krótkich spodenek khaki. Potem, powiewając serwetkami trzymanymi w obu dłoniach, robi kilka kroków do przodu, podrzuca do góry jedną nogę, robi kilka kroków w tył i wyrzuca do tyłu drugą nogę. Dodaje jeszcze kilka wyrzutów bocznych, co, technicznie rzecz biorąc, nie należy do oryginalnego morrisa.

---

* Morris — angielski taniec ludowy, tradycyjnie wykonywany przez mężczyzn, często z rekwizytami: chusteczkami, dzwonkami, kijami.

— Och, to tylko mój mąż — mówi Belle do klientów takim tonem, jakby podobne historie były na porządku dziennym. — On uwielbia się bawić.

Newbert wyciąga mały aparat fotograficzny i zaczyna robić Japończykom zdjęcia.

— Powiedzcie „homar" — zachęca.

Kanibale w Zoo

Carrie jest w tej nowej restauracji, Le Zoo. Ma jeść obiad z grupą ludzi, których tak naprawdę nie zna. Jest z nimi Ra — nowa twarz „It". Restauracja ma wszystkiego ze trzy stoliki, przyjęto za dużo rezerwacji, więc wszyscy czekają na chodniku. Ktoś ciągle donosi na zewnątrz butelki białego wina. Bardzo szybko na chodniku robi się impreza. To dopiero początek fali upałów i ludzie są jeszcze dla siebie mili.

— Och, tak strasznie chciałem cię poznać!

— Musimy coś razem zrobić!

— Musimy się częściej spotykać.

Carrie rozmawia ze wszystkimi i do nikogo nie czuje nienawiści. I dla odmiany nie czuje też, że wszyscy jej nienawidzą.

W restauracji Carrie siada pomiędzy Ra i jego menedżerką. Ktoś z „New York Timesa" cały czas robi wszystkim zdjęcia. Ra nie mówi zbyt wiele. Tylko patrzy i dotyka swojej koziej bródki, i kiwa głową. Po obiedzie Carrie, Ra i jego menedżerka idą do mieszkania menedżerki, żeby zapalić. Wydaje się, że to dobry pomysł w taki upał. Joint jest mocny. Jest późno. Odprowadzają ją do taksówki.

— Nazywamy to miejsce zoną — mówi menedżerka, wpatrując się w Carrie.

Carrie myśli, że chyba wie, o co kobiecie chodzi, wie, co to jest „zona" i dlaczego są tu razem.

— Dlaczego nie zamieszkasz z nami w zonie? — pyta Ra.

— Chciałabym — mówi Carrie, i rzeczywiście tak myśli, ale myśli też, że musi wrócić do domu.

Zanim jednak taksówka dojeżdża do jej domu, Carrie mówi: „Stop".

Wysiada i dalej idzie piechotą. Wciąż powtarza w myślach, że musi wrócić do domu. Miasto jest rozgrzane. Carrie czuje moc. Jak drapieżne zwierzę. Kilka kroków przed nią idzie kobieta. Ma na sobie luźną, białą bluzkę. Ta bluzka powiewa jak biała flaga i doprowadza Carrie do szału. Nagle Carrie czuje się jak rekin, który zwęszył krew. Wyobraża sobie, że zabija tę kobietę i ją pożera. Przerażające, jak bardzo podoba jej się ta fantazja.

Kobieta nie ma pojęcia, że jest śledzona. Niczego nie przeczuwa, kołysze się, idąc chodnikiem. Carrie wyobraża sobie, że rozszarpuje zębami białe, miękkie ciało kobiety. Sama sobie winna, mogła schudnąć albo co. Carrie zatrzymuje się i wchodzi do swojego domu.

— Dobry wieczór, panno Carrie — mówi portier.

— Dobry wieczór, Carlos.

— Wszystko w porządku?

— O tak, świetnie.

— To dobranoc — mówi Carlos, wsadzając głowę w otwarte drzwi windy. Uśmiecha się.

— Dobranoc, Carlos. — Carrie też się uśmiecha. Pokazuje wszystkie zęby.

Blue Angel

W takim upale niedobrze jest wychodzić, ale siedzieć w domu samemu jest jeszcze gorzej.

Kitty miotała się po przestronnym apartamencie na Piątej Alei, w którym mieszka z Hubertem, swoim chłopakiem, pięćdziesięciopięcioletnim aktorem. Hubert wraca do filmu. Właśnie ma zdjęcia we Włoszech u modnego, młodego, amerykańskiego reżysera. Potem ma jechać do LA kręcić pilotażowe odcinki serialu telewizyjnego. Za kilka dni Kitty ma dołączyć do niego we Włoszech, a potem razem z nim lecieć do LA.

Myśli: Mam dopiero dwadzieścia pięć lat. Jestem na to za młoda.

O piątej dzwoni telefon.

— Cześć. Kitty? — Jakiś mężczyzna.

— Taaaak?

— Czy jest Hubert?

— Nieeee.

— Och, tu Dash.

— Dash — powtarza Kitty, trochę zbita z tropu. Dash jest agentem Huberta. — Hubert jest we Włoszech.

— Wiem, wiem — mówi Dash. — To on mnie prosił, żebym do ciebie zadzwonił, jak będę w mieście, i gdzieś cię wyciągnął. Bał się, że czujesz się samotna.

— Rozumiem — mówi Kitty. Przypuszcza, że facet kłamie, i jest tym zachwycona.

Spotykają się o dziesiątej wieczorem w Bowery Bar. Pojawia się też Stanford Blatch. Stanford jest przyjacielem Dasha, no ale trzeba pamiętać, że Stanford jest przyjacielem wszystkich.

— Stanford — mówi Dash, opierając się wygodnie — znasz jakieś nowe, dobre miejsce? Chcę być pewien, że moja podopieczna będzie się dobrze bawić. Chyba się nudzi.

Wymieniają spojrzenia.

— Mnie się podoba w Blue Angel — mówi Stanford. — Tylko pamiętaj, że ja mam szczególny gust.

— No to idziemy do Blue Angel.

Klub jest gdzieś w SoHo. Wchodzą. Duszny lokal z drewnianymi podestami dla tancerek.

— Erotyczne mordownie są bardzo modne tego lata — mówi Stanford.

— Daj spokój, ja się erotycznie morduję od lat — żartuje Dash.

— No pewno. Jesteś typem faceta, który rozmawia przez komórkę z samochodu i rzuca teksty: „Możesz chwilkę zaczekać? Ktoś mi w tej chwili obciąga na Palisades Parkway i właśnie dochodzę" — mówi Stanford.

— Tylko na Sunset Boulevard — odparowuje Dash.

Siadają tuż przed jednym z podestów. Po chwili na podest wchodzi kobieta. Trzyma bukiet stokrotek, które wyglądają tak, jakby je zerwała między płytami chodnika. Jest naga. Jest też chuda i ma cellulit.

— Wiesz, coś jest nie tak, kiedy chuda dziewczyna ma cellulit — szepce Kitty do ucha Dasha.

Dash patrzy na nią i uśmiecha się pobłażliwie. No dobra, jakoś to zniosę, myśli Kitty.

Kobieta chwyta boa z piór i zaczyna tańczyć. Obrywa płatki z kwiatów. Jest strasznie spocona. Kładzie się i turla po brudnym podeście, a kiedy wstaje, ma do całego ciała poprzyklejane kurze pióra, wymięte płatki i brud z podłogi. Potem rozwiera nogi i wypina się wprost na twarz Kitty. Kitty jest pewna, że czuje jej zapach, ale myśli: W porządku, przeżyję i to.

Potem na podest wychodzi para lesbijek. Zaczynają występ. Mniejsza kobieta jęczy. A ta większa zaczyna ją dusić. Kitty widzi, jak na szyi mniejszej wychodzą żyły. Ta druga naprawdę ją dusi. Jestem w klubie dla zboczeńców! — myśli Kitty. Stanford zamawia kolejny kieliszek białego wina.

Duża kobieta chwyta teraz tę małą za włosy i ciągnie. Kitty waha się, czy nie powinna interweniować. Włosy puszczają, to peruka, pod spodem kobieta ma krótko ściętego, różowego jeżyka.

— Koniec przedstawienia — mówi Dash. — Chodźmy do domu.

Na dworze wciąż jest gorąco.

— O co w tym, do cholery, chodziło? — pyta Kitty.

— A czego innego się spodziewałaś? — pyta Dash.

— Dobranoc, Kitty — mówi szarmancko Stanford.

Załamanie

Dziesiątego dnia upałów Carrie była już stanowczo za bardzo przywiązana do Mr Biga. Stanowczo za bardzo. I tej nocy przeżyła załamanie. Zaczęło się dobrze: Mr Big wyszedł sam na służbowy obiad. Wszystko było w porządku. Carrie poszła odwiedzić Mirandę. Miały siedzieć pod klimatyzatorem i oglądać na wideo odcinki *Ab Fab*. Ale zaczęły pić. Potem Miranda zadzwoniła do swojego dostawcy narkotyków. I tak się zaczęło. Carrie nie widziała Mirandy od dawna, bo wciąż była zajęta Mr Bigiem. Miranda zaczęła się czepiać.

— Wiesz, chciałabym go poznać. Dlaczego go jeszcze nie znam? I dlaczego ciebie nie widuję?

A potem zrzuciła bombę. Powiedziała, że zna dziewczynę, która chodziła z Mr Bigiem w pierwszym miesiącu, kiedy on już chodził z Carrie.

— Myślałam, że spotkali się tylko raz — powiedziała Carrie.

— O nie. Widzieli się wiele razy. Wieeele. To dlatego przez cały miesiąc do ciebie nie dzwoniłam. Nie wiedziałam, czy mam ci o tym powiedzieć.

— Śmierdząca sprawa — stwierdziła Carrie.

Rano, po tamtej nocy, Carrie leżała w łóżku Mr Biga i rozmyślała, czego naprawdę chce. Czuła, że jej życie się zmieniło, ale czy na pewno? Myślała: Wciąż nie jestem mężatką. Wciąż nie mam dzieci. Czy to się kiedykolwiek stanie? Kiedy?

Zona albo Mr Big, myślała, zona albo Mr Big.

Po południu Mr Big przysłał jej kwiaty. Dołączył karteczkę: „Wszystko będzie dobrze. Kocham. Mr Big".

— Dlaczego przysłałeś mi kwiaty? — spytała go wieczorem. — To było naprawdę słodkie.

— Chciałem, żebyś wiedziała, że ktoś cię kocha.

Dwa dni później Carrie i Mr Big jadą na weekend do jego domu w Westchester, żeby Mr Big mógł pograć w golfa. On wychodzi wcześnie rano. Carrie wstaje późno, parzy kawę. Wychodzi z domu, spaceruje po ogrodzie. Potem idzie do końca ulicy. Wraca. Wchodzi do domu i siada.

No, a teraz co mam robić? — myśli i próbuje sobie wyobrazić Mr Biga na polu golfowym, jak posyła piłki na niebotyczne odległości.

18

Jak poślubić mężczyznę na Manhattanie — mój sposób

Dwa miesiące temu w „New York Timesie" pojawiło się ogłoszenie, że Cindy Ryan (nazwisko zmienione) wyszła za mąż. Nie było w tym nic szczególnie interesującego ani niezwykłego, ale dla osób, które tak jak ja znały ją, a potem straciły z oczu, nowina była szokująca. Cindy wyszła za mąż! Mając czterdzieści lat! To wręcz inspirujące.

Bo widzicie, Cindy była jedną z tych nowojorskich kobiet, które od lat usiłują wyjść za mąż. Wszyscy je znamy. To te kobiety, o których od dziesięciu lat czytamy w gazetach, te atrakcyjne (niekoniecznie piękne), którym udaje się zdobyć wszystko, czego chcą — poza mężem. Cindy sprzedawała ogłoszenia dla czasopisma motoryzacyjnego. Znała się na sprzęcie stereo. Była wysoka jak facet. Umiała strzelać, dużo podróżowała (raz w drodze na lotnisko musiała znokautować pijanego taksówkarza, rzucić go na tylne siedzenie i sama się zawieźć). Nie była może szczególnie kobieca, ale zawsze miała mężczyzn.

Jednak z każdym rokiem była starsza i kiedy spotykało się ją na jakimś przyjęciu u wspólnych znajomych, raczyła wszystkich historiami o wspaniałych facetach, którzy jej się wymknęli. Koleś z jachtem. Słynny malarz, któremu nie stawał, jeśli nie miał pędzla w dupie. Prezes, który przychodził do łóżka w paputkach w kształcie myszki.

I cóż, trudno było temu zaradzić. Patrzyło się na nią i czuło mieszankę zachwytu i obrzydzenia. A potem się myślało, że ona nigdy nie wyjdzie za mąż. Jeśli się w ogóle wyda, to za jakiegoś nudnego urzędnika bankowego z New Jersey. A poza tym jest już na to za stara.

Potem szło się do domu, kładło do łóżka, a wszystkie te historie wracały i zaczynały cię prześladować. Aż musiałaś obdzwonić przyjaciółki, być wredną świnką i poprosić: „Skarbie, jeśli kiedykolwiek skończę jak ona, to błagam, zastrzel mnie, dobrze?"

No i co? Myliłaś się. Cindy wyszła za mąż. To nie jest facet, jakiego sobie w tej roli kiedykolwiek wyobrażała, ale jest szczęśliwsza, niż była w całym swoim życiu.

Już czas. Czas przestać narzekać, że nie ma fajnych facetów. Czas przestać co pół godziny sprawdzać, czy na automatycznej sekretarce nie zostawił wiadomości mężczyzna. Czas przestać się identyfikować z popapranym życiem miłosnym Marthy Stewart, choć to ona jest na okładce tygodnika „People".

Tak, najwyższy czas w końcu poślubić mężczyznę na Manhattanie. A najlepsze, że to da się zrobić. Więc wyluzuj. Masz mnóstwo czasu. Martha, patrz uważnie.

Trzy kaszmirowe swetry

Jest jesienny weekend. Pada. Carrie i Mr Big siedzą w restauracji, do której zawsze chodzą, kiedy są w Bridgehampton. Tłoczno. To denerwujące, na dodatek akurat nie ma kierownika sali, który zawsze daje im stolik. Więc jedzą przy barze, z pochylonymi ku sobie głowami. Najpierw mieli spróbować tego, co zrobili na urodziny Mr Biga: zamówili wtedy cztery przystawki, jakby to było chińskie jedzenie.

Tym razem Mr Big chce jeść dokładnie to samo co Carrie, więc w końcu zamawiają dwa identyczne obiady.

— Masz coś przeciwko? — pyta Mr Big.

— Nie, nie mam — mówi Carrie tym idiotycznym, dziecinnym głosikiem, którym ostatnio prawie cały czas ze sobą rozmawiają. — Ja za baldzio zmęciona, zeby mieć pseciwko.

— Ja tes zmęciony baldzio — powtarza dziecinnym głosikiem Mr Big. Ociera się łokciem o jej łokieć. A potem daje jej kuksańca. — Bib, bib — mówi.

— Hej — karci go Carrie — nie przesadzaj.

— Nagła śmierć — warczy Mr Big i pochylając się do przodu, dźga jej makaron swoim widelcem.

— Ja ci pokażę nagłą śmierć — syczy Carrie.

— No dalej, walnij mnie — mówi Mr Big. Ona boksuje go w ramię, on się śmieje.

— A, tutaj jesteście!

Odwracają głowy. Za nimi stoi Samantha Jones. Wokół szyi ma owinięte chyba ze trzy kaszmirowe swetry.

— Tak myślałam, że tu jesteście — powtarza.

— Uhm, hm — odpowiada na to Mr Big.

Mr Big i Samantha nie za bardzo się lubią. Kiedy Sam spytała kiedyś Carrie, dlaczego tak jest, Carrie powiedziała, że to dlatego, że Samantha zawsze mówi jej coś złośliwego i Mr Bigowi to się nie podoba. Sam tylko prychnęła i skwitowała:

— Chyba sama potrafisz się obronić.

Teraz Sam zaczyna mówić o filmach i Carrie nie ma wyboru — też zaczyna mówić o filmach. A Mr Big nie lubi dyskutować o filmach. Carrie już chce, żeby Sam sobie wreszcie poszła, żeby mogli z Bigiem porozmawiać na ich ostatnio ulubiony temat: jak to kiedyś zamieszkają w Kolorado. Carrie nie lubi samej siebie za to, że chce, by Sam odeszła, ale czasem kiedy jesteś z mężczyzną, tak właśnie jest i nic na to nie możesz poradzić.

Dupki, nieudacznicy i łysole

— To zrobił David P. — mówi Trudie.

Trudie jest redaktorem naczelnym kolorowego pisma dla nastolatek. Ma czterdzieści jeden lat, ale z tymi ogromnymi, błękitnymi oczyma i czarnymi włosami czasem wygląda jak śliczna szesnastolatka.

Odchyla się w swoim fotelu, wskazując na półkę wypełnioną zdjęciami.

— Nazywam to „Trudie i...” — wyjaśnia. — To zdjęcia moje i wszystkich tych nieudaczników, z którymi byłam. Lubię mieć wszystko skatalogowane. Kiedyś specjalizowałam się w związkach dwuletnich — dodaje po chwili. — Robiłam wszystko, żeby przetrwały. Terapia par. Gadanie godzinami o problemach zaangażowania. Walka. A potem zrozumiałam, wiesz co? Nie zmienię czterdziestoletniego faceta, który nienawidzi kobiet. To nie mój problem. Ustaliłam ostateczny termin. Powiedziałam sobie, że jak skończę czterdziestkę, muszę być mężatką. Wtedy chodziłam z Davidem P. Miał pięćdziesiąt lat i był nieuczciwy. Powiedziałam mu, że chcę wyjść za mąż. On się ciągle wykręcał, ale mnie przy sobie trzymał. „Pojedźmy jeszcze razem na tę wyprawę do Chin, a jak wrócimy, to wszystko ustalimy”, mówił. Aż kiedy byliśmy w Wenecji, w pałacu Grittich, w takiej pięknej sali z oknami wychodzącymi na Canal Grande, on powiedział: „Spójrz prawdzie w oczy. Nigdy nie znajdziesz na Manhattanie nikogo, kto będzie chciał się ożenić. To czemu nie miałoby między nami na zawsze pozostać tak, jak jest?” Wtedy odeszłam na dobre.

Kiedy Trudie wróciła na Manhattan, wygrzebała wszystkie stare notesy i obdzwoniła wszystkich mężczyzn, jakich kiedykolwiek poznała.

— Tak, zadzwoniłam do każdego z nich, do każdego z facetów, o których się otarłam, których uważałam za dupków, nieudaczników i łysoli. I na tej liście było też nazwisko mojego obecnego męża. Był ostatni — mówi Trudie. — Pamiętam, jak wtedy myślałam, że jeśli ten nie wypali, to nie wiem, co zrobię.

To oczywiście typowa skromność nowojorskiej kobiety, bo kobiety w Nowym Jorku zawsze wiedzą, co zrobią. W każdym razie Trudie zjadła z przyszłym mężem trzy obiady (wtedy jeszcze nie wiedząc, że on tym mężem będzie), po czym on wyjechał na dwa miesiące do Rosji. Był akurat początek lata, Trudie pojechała do Hamptons i kompletnie o nim zapomniała. Nawet zaczęła się umawiać z dwoma innymi facetami.

Trudie uśmiecha się i przygląda paznokciom.

— No dobra. Zadzwonił pod koniec lata i znów zaczęliśmy się spotykać. Najważniejsze, to musisz być gotowa, żeby w każdej chwili odejść. Musisz być krok do przodu. Faceci nie mogą myśleć, że jesteś biedną, cierpiącą kobietką, która nie potrafi bez nich żyć. Bo to przecież nieprawda. Potrafisz.

Jeśli chodzi o poślubianie facetów na Manhattanie, to obowiązują dwie reguły:

— Musisz być słodka — twierdzi Lisa, lat trzydzieści osiem, korespondentka wiadomości w dużej sieci telewizyjnej.

— Ale równocześnie — dodaje Britta, fotoreporterka — nie wolno ci popuścić, musisz stawiać na swoim.

Tym kobietom wiek daje przewagę. Bo jeśli kobieta przetrwała samotnie w Nowym Jorku do lat trzydziestu kilku, to prawdopodobnie doskonale wie, jak zdobywać to, czego chce. Więc kiedy jedna z takich nowojorskich kobiet namierza faceta jako potencjalnego małżonka, on ma zwykle małe szanse, by się z tego wywinąć.

— Trening musisz rozpocząć od pierwszego dnia — mówi Britta. — Na początku nie wiedziałam, że chcę wyjść za mojego męża. Wiedziałam tylko, że go chcę i że zrobię wszystko, by go dostać. I wiedziałam, że dostanę.

— Nie możesz być jak te głupie dziewczyny, które chcą wychodzić tylko za bogatych facetów — instruuje dalej. — Musisz troszkę kalkulować. I zawsze spodziewaj się więcej, niż już masz. Weź na przykład Barry'ego [jej mąż]. Mimo że sam się do tego nie przyznawał, tak naprawdę wcale nie chciał typowej dziewczyny, która mu będzie na wszystko pozwalała. Gdyby jakaś go teraz dorwała, miałaby cholerne szczęście. Jest bystry, słodki, gotuje i sprząta. A wiesz co? On tego wszystkiego wcześniej nienawidził!

Przed Barrym Britta była kobietą, która potrafiła posłać faceta do szatni po papierosy, a sama uciec tylnymi drzwiami restauracji z kimś innym.

— Kiedyś zadzwoniłam do Barry'ego ze szczytu góry w Aspen i klęłam na niego przez bite dziesięć minut, bo na sylwestra umówił się z kimś innym. Oczywiście, to było zaledwie miesiąc po tym, jak się poznaliśmy, ale czuwałam od początku.

Z tego treningu Barry wyszedł całkiem w porządku, nie licząc dwóch lekko drażliwych problemów. Lubił się oglądać za innymi kobietami i czasami narzekał, że nie ma dla siebie miejsca, zwłaszcza kiedy Britta się do niego wprowadziła.

— Cóż, po pierwsze zawsze dbałam o to, żebyśmy się świetnie bawili — zdradza Britta. — Sama gotowałam. Obojgu nam przybyło po dziesięć kilo. Razem się upijaliśmy. Patrzyliśmy, jak to drugie się upija. Opiekowaliśmy się sobą, jak przyszło któremuś rzygać. Musisz też robić rzeczy nieoczekiwane. Jednego razu, gdy Barry wrócił do domu, wszędzie stały zapalone świece, a do tego zaserwowałam na obiad gotowy „zestaw telewizyjny", z mikrofali. Namawiałam go, żeby włożył moje ciuchy. Ale facetów trzeba calutki czas pilnować. Przepraszam, ale on przecież spędza osiemdziesiąt procent czasu z dala od ciebie. Więc kiedy jest z tobą, to chyba może ci poświęcić uwagę? Dlaczego ma się taki oglądać za dupeczkami, kiedy je obiad z tobą? Kiedyś, jak Barry'emu oczka poszły w bok, zdzieliłam go po głowie tak mocno, że o mało nie spadł z krzesła. Powiedziałam mu: „Język schowaj za zęby, a ogonek między nogi i skończ obiad".

Zatrzymanie mężczyzny to zupełnie inna historia.

— Kobiety w tym mieście mają gdzieś, że facet jest żonaty albo zaręczony — narzeka Britta. — I tak się za nim uganiają. Musisz cały czas mieć na wszystko oko.

Czasami Mr Big wycofuje się w głąb samego siebie i zostaje z niego tylko zewnętrzna powłoka. Przyjazna dla wszystkich. Może lepszym słowem będzie tu „uprzejma". Zawsze idealnie dostosowana. Białe mankiety. Złote spinki. Dopasowane do garnituru szelki (choć prawie nigdy nie zdejmuje marynarki). Nie jest łatwo, kiedy występuje w takiej wersji. Carrie nie bardzo umie sobie radzić z ludźmi, których uważa za zbyt konserwatywnych. Nie jest do nich przyzwyczajona. Przywykła do tego, że wszyscy piją i zażywają narkotyki (albo ich akurat nie zażywają). Mr Big się wścieka, kiedy Carrie mówi skandaliczne rzeczy, na przykład: „Nie mam na sobie majtek", choć oczywiście je ma. Z kolei Carrie uważa, że Mr Big jest zbyt przyjazny dla innych kobiet, zwłaszcza dla modelek. Są gdzieś razem, a tu podchodzi fotograf i pyta: „Czy można?", i ustawia Mr Biga do zdjęcia z jakąś modelką. Carrie uważa, że to jej uwłacza. Kiedyś modelka usiadła mu na kolanach, więc Carrie odwróciła się i powiedziała:

— Muszę już iść. — A minę miała skrajnie wkurzoną.

— No co ty, daj spokój — powiedział Mr Big.

Carrie spojrzała na modelkę.

— Przepraszam, ale siedzisz na kolanach mojego chłopaka.
— Odpoczywam, tylko odpoczywam — wycedziła model-
ka. — To wielka różnica.
— Musisz się nauczyć, jak sobie z tym radzić — powiedział
Mr Big.

Zakupy porównawcze

Rebecca, lat trzydzieści dziewięć, dziennikarka, która wyszła
za mąż rok temu, wspomina chwilę, kiedy znalazła numer telefonu innej kobiety wśród wizytówek swojego ówczesnego
chłopaka.
— Zadzwoniłam pod ten numer i spytałam tę sukę wprost,
co jest grane.
Oczywiście kobieta przyznała się, że chłopak Rebecki zaprosił ją na obiad.
— Dostałam amoku. Nie wrzeszczałam na nią, ale zachowa-
łam się jak bohaterka jednej z tych nocnych oper mydlanych.
Powiedziałam jej, żeby trzymała łapy z daleka i nie ważyła się
do niego dzwonić. A ona na to: „Masz wspaniałego faceta, powinnaś być dla niego miła". A ja na to: „Jak jest taki wspaniały,
to jakim cudem umawia się z tobą, skoro mieszka ze mną?"
A potem zadzwoniłam sobie do niego — ciągnie Rebecca. —
Miał czelność stroić fochy, że „wtrącam się w jego prywatne
sprawy". Więc mu mówię: „Ustalmy jedną rzecz, koleś. Kiedy
jesteś ze mną, nie masz prywatnych spraw". Mimo wszystko
przez jakieś dwa dni byłam pewna, że z nami koniec. A potem
się pogodziliśmy. Trzy miesiące później poprosił mnie o rękę.
Są też inne metody. Lisa chodziła ze swoim przyszłym mężem, Robertem, od dwóch miesięcy, kiedy ten zaczął się jej
wywijać.

— Co ty na to, gdybym się spotykał również z innymi kobietami? — spytał.

— Uważam, że powinieneś się wybrać na takie zakupy porównawcze — odparła Lisa zupełnie na luzie. — Bo jak inaczej mógłbyś docenić mnie? Przecież nie jestem dozorcą więziennym.

To go kompletnie poraziło.

— Chodzi o poczucie własnej wartości — twierdzi Lisa. — Facet musi czuć, że są granice, że nie wszystko dasz sobie wcisnąć.

Ogólnie znany jest problem mieszkania z facetem, który nie ma najmniejszego zamiaru poprosić cię o rękę. Można temu zaradzić przez zaskoczenie.

— Właśnie słyszałam historię — mówi Trudie. — Kobieta mieszka z facetem od roku. Pewnego ranka budzi się i pyta: „Czy my mamy zamiar się pobrać?" Facet mówi, że nie. Na to ona: „Wyprowadź się. Natychmiast". I w najbliższy weekend on ją prosi o rękę.

— Jednym z największych błędów, jakie robią kobiety, jest to, że od samego początku nie rozmawiają o małżeństwie — podsumowuje Lisa.

Powinnam odejść

Dłużej tego nie zniosę, myśli Carrie, budząc się pewnego ranka. Leży i obserwuje Mr Biga, aż ten otwiera oczy. I zamiast ją pocałować, wstaje i idzie do łazienki. To koniec, myśli Carrie.

Kiedy Mr Big wraca do łóżka, mówi mu:

— Słuchaj. Myślałam…

— Tak? — pyta Mr Big.

— Jeśli nie jesteś we mnie absolutnie zakochany i nie szalejesz za mną, i jeśli nie uważasz, że jestem najpiękniejszą kobietą, jaką kiedykolwiek w życiu spotkałeś, to myślę, że powinnam odejść.

— Aha — mówi Mr Big.

— Naprawdę. To żaden problem.

— W porządku — mówi Mr Big dość ostrożnie.

— Więęęęc... tego właśnie chcesz?

— A ty tego chcesz?

— Nie. Niespecjalnie. Ale chcę być z kimś, kto jest we mnie zakochany — mówi Carrie.

— No cóż, w tej chwili nie mogę ci dać żadnych gwarancji. Ale gdybym był na twoim miejscu, tobym jeszcze poczekał. Zobaczył, co będzie.

Carrie opada na poduszki. Jest niedziela. Trochę by było bez sensu teraz wychodzić. Co by zrobiła z resztą dnia?

— No dobra — mówi. — Ale tylko na chwilę. Wiesz, nie mam przed sobą wieczności. Pewnie niedługo umrę. Za jakieś piętnaście lat czy coś koło tego.

Zapala papierosa.

— Dobrze — mówi Mr Big. — A tymczasem mogłabyś mi zrobić kawy. Proszę.

Naomi, która wyszła za mąż w zeszłym roku, mając trzydzieści siedem lat, jest prezesem dużej agencji i typowym przypadkiem większości z nas, kobiet Nowego Jorku.

— Chodziłam ze wszystkimi typami mężczyzn, wszelkich kształtów i rozmiarów. A potem jednego dnia w drzwiach pojawił się ten właściwy i był dosłownie antytezą wszystkiego, czego, jak mi się wydawało, chciałam.

Krótko mówiąc, nie był przysłowiowym niegrzecznym chłopcem.

Kiedy Naomi miała trzydzieści pięć lat, czekała raz na

taksówkę na Madison Avenue, ubrana w kostium i wysokie obcasy. Przemknął obok niej długowłosy facet na motocyklu i nie zwrócił na nią uwagi.

— I nagle minęło mi całe zauroczenie tym typem głodującego, wiecznie obiecującego artysty. Zawsze to ja musiałam płacić za ich pieprzone obiady.

Carrie idzie na promocję książki do muzeum, bierze ze sobą Sam. Nie widziała Sam od dawna. Nie widziała żadnej ze swoich przyjaciółek od dawna, bo spędza cały czas z Mr Bigiem. Teraz obie są ubrane w czarne spodnie i czarne, skórzane kozaczki. Kiedy idą po schodach, mijają się z Z.M., potentatem medialnym, który schodzi do swojego samochodu.

— Zastanawiałem się właśnie, co to za kobitki tak walą po chodniku — śmieje się Z.M.

— Nie walimy — rzuca Sam. — Rozmawiamy.

Kierowca trzyma otwarte drzwi limuzyny.

— Zadzwoń do mnie kiedyś — mówi Z.M.

— Ty zadzwoń — odpowiada Sam. Wiadomo, że żadne tego nie zrobi. Sam wzdycha. — No to jak tam z Mr Bigiem?

Carrie zaczyna się plątać i gmatwać, przechodzi przez cały swój rytuał „sama nie wiem". Planują jechać razem do Aspen, on mówi już o wspólnym wynajęciu domu na lato, ale ona nie jest go pewna i...

— Och, dajże już spokój — przerywa jej Sam. — Chciałabym mieć chłopaka. Na litość boską, żałuję, że nie mam kogoś, z kim chciałabym spędzać weekendy.

W Nowym Jorku jest wielka różnica pomiędzy kobietami, które wychodzą za mąż, a tymi, które nie wychodzą.

— Chodzi w skrócie o to — mówi Rebecca — żeby w końcu odpuścić. Dać sobie spokój z wymysłami, że powinnaś wyjść za Morta Zuckermana.

— Ja zawęziłam poszukiwania do trzech cech — dodaje Trudie. — Mądry. Z sukcesem. Słodki.

Te, które za mąż wychodzą, nigdy nie wątpią w to, że znajdą męża.

— Zawsze byłam pewna, że może i zajmie mi to tyle czasu, ile mi zajmie, ale się w końcu stanie — mówi Trudie. — Byłoby potworne, gdyby było inaczej. Dlaczego nie miałabym wyjść za mąż?

Ale Manhattan to wciąż Manhattan.

— Trzeba zrozumieć, że jeśli chodzi o społeczne przystosowanie mężczyzn, przygotowanie ich do małżeństwa, to Nowy Jork jest okropnym miejscem — mówi Lisa. — Wolni mężczyźni nie przyjaźnią się z parami. Nie są przyzwyczajeni do zjawiska rodziny, bliskości. Trzeba ich tam mentalnie „przeprowadzić".

Wypracowana przytulność

Carrie i Mr Big idą na bal charytatywny do starego teatru. Spędzają piękny wieczór. Carrie ma zrobioną fryzurę. Wygląda na to, że ostatnio Carrie ma ciągle zrobione włosy. Skarży się fryzjerowi:

— Nie mogę sobie na to pozwolić.

— Nie możesz sobie na to nie pozwolić — stwierdza jej stylista.

Przy obiedzie Mr Big zasiada przy stole ze swym cygarem i z nonszalanckim „a co mi tam", przesuwa tabliczki z nazwiskami tak, żeby mogli siedzieć obok siebie. Przez cały wieczór trzymają się za ręce, aż jeden z dziennikarzy plotkarskiej kolumny podchodzi do nich z komentarzem:

— Jak zwykle nierozłączni.

Potem mają naprawdę dobry tydzień. Aż nagle coś przeskakuje w mózgu Carrie. Może dlatego, że poszli na obiad do jego przyjaciół i byli tam ludzie z dziećmi. Carrie jeździła z dzieciakami plastikowymi samochodzikami po ulicy przed domem, ale jedna z dziewczynek ciągle ze swojego samochodziku wypadała. No i wyszli rodzice i zaczęli wrzeszczeć na dzieci, żeby wracały do środka. To nie było w porządku, bo przecież żadnemu dziecku nic się nie stało.

Carrie decyduje, że musi znów podręczyć Mr Biga.

— Czy według ciebie jesteśmy ze sobą blisko? — pyta tuż przed snem.

— Czasami — odpowiada Mr Big.

— Czasami to dla mnie za mało — mówi ona. Zaczyna go męczyć, aż on błaga, żeby w końcu dała mu spać.

Kiedy Carrie budzi się rano, stwierdza, że jej nie przeszło, i dalej marudzi.

— Dlaczego to robisz? — pyta Mr Big. — Dlaczego nie możesz się skupić na dobrych rzeczach, na przykład na tym, jak nam było ze sobą przez ten ostatni tydzień?

Mr Big przechodzi koło łóżka.

— Oj, jaka ponura minka — rzuca, a Carrie ma ochotę go zabić. — Pogadamy o tym wszystkim później, obiecuję — mówi Mr Big.

— Nie wiem, czy jeszcze będzie jakieś „później" — prycha Carrie.

Lisa przyszła na tłoczne przyjęcie, wydane dla wybitnej publicystki (nazwijmy ją Sandy), w pięknym domu na Wschodniej

Pięćdziesiątej. Lisa przyholowała ze sobą męża, przystojnego mężczyznę, który prowadzi jakieś interesy. Pomiędzy kolejnymi łykami różowej margarity Lisa wyjaśniała:

— Kiedy się w końcu zdecydowałam kogoś poszukać, przypomniałam sobie wszystkie miejsca, w których kiedykolwiek poznałam mężczyzn. I okazało się, że nie było to w Bowery Bar, ale na prywatnych przyjęciach i imprezach. Więc zarzuciłam sieć. Zaczęłam chodzić dosłownie na każdą prywatną imprezę, na jaką mogłam się dostać. Kiedy poznaję nowego faceta, mam zasadę, że przez pierwsze kilka randek nie chodzę z nim na duże imprezy. To samobójstwo. Na początku nie wolno się zbyt stroić, być na najwyższych obrotach, otaczać się innymi ludźmi. Mężczyźni chcą się czuć bezpieczni. Musisz wypracować bliskość, przytulność. Rozmawiaj o tym, jaki on jest, bo u większości mężczyzn wyobrażenie o sobie zatrzymało się na etapie lat czternastu.

W swoim biurze Trudie wskazuje duże zdjęcie stojące na biurku. Mężczyzna z kręconymi włosami leży na piasku na plaży.

— Mój mąż to prawdziwe odkrycie. Naprawdę mnie rozumie. Kiedy znajdziesz tę właściwą osobę, wszystko jest takie łatwe. Jeśli ludzie się kłócą, przeżywają dramaty, to znaczy, że coś jest nie tak. Mój mąż nigdy nie ma przeciwnego zdania. Właściwie nigdy się o nic nie kłócimy. W dziewięćdziesięciu dziewięciu procentach we wszystkim mi ulega, więc przy tych rzadkich okazjach, kiedy chce postawić na swoim, to oczywiście się poddaję.

A potem nagle, wszystko jest, o dziwo, w porządku. Mr Big dzwoni.

— Co tam porabiasz?

— A wiesz, to, co czasami porabiam — mówi Carrie — to znaczy piszę opowiadanie.

— O czym?

— Pamiętasz, jak mówiliśmy, że kiedyś przeniesiemy się do Kolorado, będziemy hodować konie, i takie tam? Piszę taką historię.

— O — mówi Mr Big — to będzie piękna historia.

19

Manhatańskie psychotyczne mamuśki
dostają kuku na muniu

Mr Big dzwoni z Chin, tylko troszkę wkurzony. Wysłał swój bagaż specjalnym ekspresowym serwisem i bagaż wsiąkł. A on siedzi w pokoju hotelowym w jednych dżinsach, jednej koszuli i nie ma nawet czystej bielizny na zmianę.

— Gdyby coś takiego zdarzyło mi się pięć lat temu, ktoś by za to wyleciał z roboty — mówi. — Ale się zmieniłem. To nowy ja. Jak im się nie spodobam w brudnych dżinsach, to pieprzyć ich.

— A wiesz co? — mówi Carrie. — Dzwonił twój kumpel, Derrick. Powiedział, że Laura stara się zajść w ciążę, a on tego nie chce, więc co wieczór udaje, że ma wytrysk, ale się powstrzymuje, a potem idzie się spuścić do łazienki. A ona co wieczór ogląda taśmy *Ty i twoje dziecko*.

— To draństwo — mówi Mr Big.

— On twierdzi, że nie ma innego wyjścia, bo nie jest jeszcze na takim etapie kariery, żeby sobie pozwolić na dziecko.

— A co u ciebie? — pyta Mr Big śpiewnym głosem.

— Och, w porządku — rzuca wymijająco Carrie. — Myślę, że mogę być w ciąży.

— Dzidziuś. Będziemy mieli dzidziusia.

Carrie nie jest pewna, co ma myśleć.

Bo widzicie, kiedy ludzie w Nowym Jorku mają dzieci, dzieją się z nimi dziwne rzeczy. Niektórzy są dalej normalni.

Inni — zdecydowanie nie. Troszeczkę im odbija. Weźcie całą
tę energię i agresję, te wszystkie stresy i nierozwiązane problemy, które zdarzają się w pracy, i przenieście je na dziecko.
Kiedy pojawiają się dzieci, ludzie, którzy kiedyś byli jedynie
barwnymi nowojorskimi neurotykami, zwyczajnie wariują.

Było to jasne od pierwszej chwili, kiedy Carrie pojawiła się
na lunchu u swoich przyjaciół, Packarda i Amandy Deale'ów,
w ich lofcie w SoHo. Packard i Amanda (normalni) są rodzicami Chestera, który maszerował po domu, waląc w podłogę
parasolką. Jedna z zaproszonych matek (już nie taka normal-
na) nie mogła się powstrzymać od uwagi, że Chester „bawi
się samotnie i nie współpracuje z innymi dziećmi, ale to normalne, bo przecież jest jedynakiem i nikt od niego — jeszcze — nie wymaga, żeby dzielił się swoimi zabawkami".

Jak większość par, które nagle dorobiły się dziecka, Deale'owie w tajemniczy sposób zaprzyjaźnili się nagle z całą grupą ludzi, którzy też mają dzieci. Jak to się stało? Czy Packard
i Amanda spotkali ich na jakichś wstępnych zebraniach rodziców w żłobkach? A może od dawna się znali, ale tamci, mając
dzieci, trzymali Packarda i Amandę na ławce rezerwowych, aż
ci ich dogonili?

Do tych nowych znajomych należą: Jodi, która nalega, by
w prezencie dla dziecka dawano jej tylko białe ubranka, bo jest
przekonana, że barwnik w materiale może wywołać reakcję
alergiczną; Suzanne, która nie pozwala nianiom używać per-
fum, bo nie chce po powrocie do domu czuć na swoim dziecku czyjejś (taniej) wody toaletowej; Maryanne, która tak długo
zwalniała kolejne opiekunki, ukrywając przed sobą prawdziwy powód, aż w końcu była „zmuszona" zwolnić się z pracy
i sama zająć dzieckiem.

Takie zachowania nie ograniczają się jedynie do matek, bo
w końcu, czy nie ma czegoś lekko stukniętego w ojcach i sy-

nach, którzy idą na rolki ubrani w identyczne kurtki i dopasowane do nich kaski? Albo w tatusiu, który raz po raz całuje synka w czubek główki, równocześnie trzymając w rękach maleńkie rękawice bokserskie, wykonuje bokserski tanuszek wokół wózka? Jeśli dwulatek może być zażenowany, to ten z pewnością jest, a tymczasem tatuś wyjaśnia: „Musisz koniecznie zrobić sobie takie, a potem na trzy lata zapomnieć o pracy".

Oczywiście, być zwariowanym na punkcie własnego dziecka, a być zwyczajnym wariatem, to dwie różne rzeczy. W przypadkach ekstremalnych jest tylko jedno słowo na pewien rodzaj nowojorskiego rodzica: psychol. Nigdy nie wiadomo, kogo to dotknie ani jaką przybierze formę, ale, jak to ujął Packard: „Wtedy już nie chodzi o miłość i troskę, tylko o obsesję".

„Alexandro!"

Carrie siedziała w lofcie na kanapie i rozmawiała z kobietą, która wydawała się całkiem zwyczajna. Becca miała proste, jasne włosy i cienki, długi nos, z tych, co to wydaje się, że sam może wysysać martini z kieliszka. Właśnie wprowadziła się do mieszkania na Wschodniej Siedemdziesiątej i wyjaśniała wszelkie za i przeciw wynajmowania dekoratora wnętrz.

— Jedna z moich koleżanek dosłownie nie mogła powstrzymać swojego dekoratora od kupowania różnych rzeczy. To było okropne...

Nagle przerwała jej pięcioletnia dziewczynka w falbaniastej sukience i z czarną wstążką we włosach:

— Mamusiu, chcę cycusia — zażądała.

— Alexandro! (Dlaczego dzisiaj prawie każdy dzieciak ma na imię Alexandra albo Alexander?) — powiedziała Becca dziwnym szeptem. — Nie teraz. Idź, pooglądaj wideo.

— Ale on pije mleczko z cycusia — powiedziała dziewczynka, wskazując na kobietę, która w kącie karmiła piersią niemowlę.

— To jest dzidziuś. Maleńki dzidziuś — wyjaśniła Becca. — Ty możesz dostać soku.

— Nie chcę soku — stwierdziła Alexandra i podparła się pod boki.

Becca wywróciła oczami. Wstała i wzięła dziewczynkę na kolana. A ta natychmiast zaczęła grzebać przy bluzce matki.

— Czy ty... wciąż karmisz piersią? — spytała Carrie tak uprzejmie, jak tylko umiała.

— Czasami — przyznała Becca. — Mój mąż chciał mieć od razu następne dziecko, a ja nie chciałam. To tyle pracy wychowywać dziecko w Nowym Jorku. Prawda, ty mały potworku? — Spojrzała na córeczkę, która teraz ssała kciuk, wpatrywała się w matkę i czekała na rozpięcie bluzki.

Dziewczynka odwróciła się do Carrie i przeszyła ją złym wzrokiem.

— Mleko z cycusia. Mleko z cycusia — powtórzyła.

— No chodź, Alexandro, zabiorę cię do łazienki — powiedziała Becca. — Teraz już się uspokoimy, prawda?

Dziecko kiwnęło głową.

Becca nie była na tej imprezie jedyną matką, która miała trudności z ustawieniem właściwych relacji z własnym dzieckiem. W sypialni Julie, drobna, ciemnowłosa kobieta, która prowadzi restaurację, siedziała przykuta do swojego synka, Barry'ego. Barry to prześliczne dziecko, z ciemnymi lokami; niesłychanie podobny do matki. Ale teraz nie wyglądał na szczęśliwego. Dosłownie wczepiony w Julie, wdrapywał się na nią, kiedy ktoś inny próbował się do niej odezwać.

— Och, zejdź ze mnie, aleś ty nieznośny — powiedziała

Julie, lecz nie zrobiła nic, żeby go z siebie zdjąć. Barry nie chce się bawić z innymi dziećmi, nie pozwala też Julie rozmawiać z dorosłymi.

Później Carrie dowiedziała się, że tak jest zawsze. Barry i Julie chodzą na przyjęcia, czasem takie dla dorosłych, ale rozmawiają tylko ze sobą. Usłyszała też, że Julie trzyma w pokoju Barry'ego materac i większość nocy śpi na tym materacu. Mąż Julie śpi w innym pokoju. Mają zamiar się rozwieść.

— Cóż, to całkiem normalne — oceniła Janice, prawniczka, jedna z niewielu psychotycznych mam, które bez problemu się do tego przyznają. — Kocham swojego synka — tłumaczyła. — Andy ma jedenaście miesięcy. Jest dla mnie bogiem i codziennie mu to powtarzam. Ostatnio usłyszałam, jak leżąc w łóżeczku, mówi do siebie: „Ja, ja, ja".

Pragnęłam mieć dziecko, odkąd skończyłam trzydziestkę — ciągnęła — więc kiedy się w końcu urodził [teraz ma trzydzieści sześć], stwierdziłam: „To moje życiowe powołanie. Jestem mamą". Nie miałam zamiaru wracać do pracy, ale mówiąc szczerze, po trzech miesiącach wiedziałam, że muszę to zrobić. Bo za dużo z nim przebywam. W parku cały czas przed nim skaczę. Nianie myślą, że zwariowałam. Całuję go tysiąc razy dziennie. Nie mogę się doczekać powrotu do domu, żeby go wykąpać. Jego ciałko doprowadza mnie do szaleństwa. Nie czułam tego do żadnego mężczyzny.

Janice opowiadała dalej, że jeśli widzi, jak Andy patrzy na zabawkę innego dziecka, to musi zaraz kupić mu taką samą. Kiedyś wydawało jej się, że Andy patrzył na coś, co się nazywa „ćwiczebny talerz latający". W końcu to znalazła na Czternastej Ulicy, ale nie było taksówki, więc biegła do domu z tą wielką zabawką na głowie, bo nie mogła się doczekać, żeby ją dziecku jak najszybciej dać.

— Ludzie naprawdę pokazywali mnie sobie palcami — powiedziała. — Myśleli, że jestem szalona. W końcu dotarłam do domu, dałam mu zabawkę, a on zaczął płakać.

Dlaczego tak jest?

— Coś jest w Nowym Jorku — powiedziała, wzruszając ramionami. — Rywalizacja. Chcę, żeby mój syn miał wszystko, co mają inne dzieci, i jeszcze więcej. Poza tym zawsze chciałam mieć chłopca. Synowie potem opiekują się matkami.

Kamera na nianię

Jednym słowem, po latach zmagań z facetami, którzy nie chcą się angażować i na których nie można polegać, syn staje się substytutem mężczyzny.

— No pewnie — potwierdziła Janice. — Nie można ufać mężczyźnie. Nie można ufać nikomu, kto nie jest twojej krwi. Mój mąż to dla mnie w tej chwili obywatel drugiej kategorii — dodała. — Kiedyś nawet szalałam na jego punkcie, ale potem pojawiło się dziecko. Teraz, jak mu przyjdzie do głowy poprosić: „Możesz mi podać dietetyczną colę?", mówię mu, żeby się odchrzanił.

Tymczasem na środku loftu zebrał się mały tłumek. W centrum, lekko się kiwając, stała maleńka dziewczynka w baletkach i baletowej spódniczce.

— Brooke się uparła, żeby na dziś włożyć swój strój baletowy. Czyż nie jest słodka? — powiedziała wysoka, rozpromieniona kobieta. — Kiedy próbowałam włożyć jej spodenki, zaczęła płakać. Wiedziała. Wiedziała, że powinna mieć dzisiaj na sobie swój baletowy strój, żeby mogła dać przedstawienie, prawda, królewno? Prawda, królewno?

Kobieta przykucnęła z rękoma przyciśniętymi do biustu, przechyliła głowę na bok, a jej twarz zastygła w szerokim uśmiechu, o kilka cali od buzi dziecka. Potem zaczęła dziwnie gestykulować.

— Poślij całuska, poślij całuska — powtarzała.

Dziewczynka, uśmiechając się krzywo, przyłożyła maleńką dłoń do ust, a potem na nią dmuchnęła. Matka wrzasnęła dziko.

— Umie też dygać — rzuciła ironicznie Amanda w kierunku Carrie. — Robi różne sztuczki. Matce udało się umieścić zdjęcie Brooke na okładce jednego z pism o dzieciach i od tamtej pory jej odbiło. Kiedykolwiek do niej dzwonię, akurat goni z Brooke na kolejne „przesłuchanie". Zapisała ją do agencji modelek. Nie powiem, mała jest słodka, ale...

W tym momencie przeszła obok nich kolejna matka, trzymając za rączkę dwuletniego chłopczyka.

— Patrz, Garrick, stół. Stół, Garrick. Potrafisz powiedzieć „stół"? A co robimy przy stole? Jemy, Garrick. Przy stole jemy. Potrafisz przeliterować stół? S-t-ó-ł. Garrick, chodnik. Garrick. Ch-o-d-n-i-k. Garrick...

Amanda zaczęła przygotowywać dip cebulowy.

— Przepraszam — powiedziała Georgia, kobieta w kostiumie w szachownicę. — Dip cebulowy? Tylko trzymaj go z daleka od dzieci. Tłuszcz i sól strasznie je pobudzają.

To zastrzeżenie nie powstrzymało jej jednak przed włożeniem palca w toksyczną substancję i oblizaniem go ze smakiem.

— Dziewczyny, byłyście już w sali gimnastycznej w Sutton? — spytała. — Jest fantastyczna. Musisz tam zabrać Chestera. To jak siłownia Davida Bartona dla dzieci. Czy on już mówi? Bo jak mówi, to możemy naszym dzieciom zorganizować zabawową randkę. Rosie ma niecały roczek, ale chcę jej zapewnić rozwojowe randki zabawowe.

— Polecam wam też lekcje masażu dla dzieci na Dziewięćdziesiątej Drugiej Y. To wzmaga więzi. Nie karmisz już chyba piersią, prawda? Tak myślałam. — Georgia zaaplikowała sobie kolejną porcję cebulowego dipu. — A jak tam twoja niania?

— Dobrze — odpowiedziała Amanda, spoglądając na Packarda.

— Jest z Jamajki. Naprawdę nam się z nią udało — potwierdził Packard.

— No tak, ale czy jesteście pewni, że rzeczywiście dobrze się opiekuje Chesterkiem? — spytała Georgia.

— Mnie się zdaje, że tak — powiedział Packard.

— Tak, ale ja mam na myśli naprawdę dobrą opiekę — nie dawała za wygraną Georgia, rzucając Amandzie wymowne spojrzenie.

W tym momencie Packard przezornie się wycofał.

— Z tymi nianiami nigdy nie dość ostrożności — ciągnęła Georgia, pochylając się do Amandy. — Ja przeszłam przez jedenaście. I w końcu kupiłam kamerę szpiegowską.

— Kamerę szpiegowską? — spytała Carrie.

Georgia spojrzała na Carrie, jakby dopiero ją zauważyła.

— Ty nie masz dzieci, prawda? W każdym razie myślałam, że to będzie kosztowało fortunę, ale skąd. Moja koleżanka zobaczyła to w programie Oprah Winfrey. Do domu przychodzi facet i wszystko instaluje. Możesz podglądać nianię przez pięć godzin. Zadzwoniłam do mojej i pytam: „Co dziś robiłaś?", a ona mówi: „Zabrałam Jonesa do parku, potem się bawiliśmy". Wszystko kłamstwo. Nawet nie wyszła z domu! Cały dzień tylko oglądała telewizję i gadała przez telefon. Teraz wszystkie moje koleżanki założyły sobie te kamery. Jedna widziała, jak niania usiłuje rozmontować kamerę!

— Ale numer — powiedziała Amanda.

Zaraz haftnę, pomyślała Carrie.

„Seks małżeński"

Carrie poszła do łazienki za sypialnią Amandy i Packarda. Julie wciąż siedziała w sypialni z Barrym. Leżał na łóżku z główką na jej kolanach. Były tam też Becca i Janice. Rozmawiały o swoich mężach.

— Coś wam powiem o małżeńskim seksie — mówiła Becca. — Po co to komu?

— Po co komu mąż? — dodała Julie. — To znaczy, komu potrzebne dwoje dzieci?

— Absolutnie się zgadzam — powiedziała Janice. — Tyle że teraz chcę kolejnego dzidziusia. Już myślałam, żeby się pozbyć męża, ale teraz nie jestem pewna, czy chcę... na razie.

Julie pochyliła się nad synem.

— Kiedy ty dorośniesz, maleńki mój?

Carrie wróciła do salonu. Podeszła do okna złapać trochę świeżego powietrza. Garrick jakimś cudem odłączył się od matki i stał teraz zagubiony w kącie.

Carrie się pochyliła. Wyjęła coś z torebki.

— Psst. Hej, mały — szepnęła, kiwając na niego. — Chodź no tutaj.

Zaciekawiony Garrick przydreptał bliżej. Carrie trzymała przed sobą malutki pakuneczek.

— Kondom, Garrick — szepnęła. — Potrafisz powiedzieć „kondom"? K-O-N-D-O-M. Gdyby twoi rodzice tego używali, mogłoby cię tutaj w ogóle nie być.

Garrick wyciągnął rączkę.

— Kondom — powiedział.

Dwa dni później Amanda zadzwoniła do Carrie.

— Właśnie przeżyłam najgorszy dzień mojego życia — powiedziała. — Moja niania ma dziecko, synka, trzy miesiące star-

szego od Chestera. Jej synek zachorował, więc musiałam zostać
w domu. Najpierw chciałam zabrać Chestera do parku. Nie wiedziałam, gdzie jest furtka na plac zabaw, i strasznie mi było głupio,
bo wszystkie nianie były już w środku, a ja nie mogłam wykom-
binować, jak się tam dostać. Patrzyły na mnie wzrokiem w stylu:
„A ty kto?" Potem Chester chciał iść na zjeżdżalnię. Zjechał chyba dwadzieścia razy. A ja tylko ciągle spoglądałam na ten wielki
zegar na Piątej Alei. Pięć minut. Huśtałam Chestera na huśtawce.
Kolejne pięć minut minęło. Pozwoliłam mu się bawić w piaskow-
nicy. Potem znowu zjeżdżalnia. W sumie piętnaście minut. „Nie
masz dosyć?" — spytałam. Wrzeszczącego i kopiącego włożyłam
do wózka. „Musimy zrobić zakupy" — powiedziałam. Biedny
Chester. Gnałam z nim chodnikiem, a on podskakiwał w wózku
i nie wiedział, co się dzieje. Próbowałam coś sobie kupić, ale wózek nie chciał się zmieścić w przymierzalni. Potem poszliśmy do
banku, ale wózek zaklinował się w drzwiach obrotowych. Niby
skąd miałam wiedzieć, że przez obrotowe drzwi nie wolno wchodzić z wózkiem? Byliśmy w pułapce. Jakiś facet musiał nas prze-
pychać cal po calu. W końcu było wpół do dwunastej. Zabrałam
go do domu i ugotowałam mu lunch. Jajko.

Wieczorem Carrie zadzwoniła do Mr Biga. Zapomniała o różnicy czasowej. Mr Big spał.

— Chciałam ci tylko powiedzieć, że dostałam okres.

— No to… nie będzie dzidziusia — powiedział.

Rozłączyli się, ale dwie minuty później on oddzwonił.

— Właśnie mi się przypomniał sen, który miałem, jak zadzwoniłaś — powiedział. — Śniło mi się, że mamy dziecko.

— Dziecko? — spytała Carrie. — A jakie dziecko?

— Takie zupełnie maciupkie — powiedział Mr Big. — No
wiesz, noworodka. Leżało w łóżku między nami.

20

Kiedy nie ma Mr Biga,
do zabawy wkracza Dziewczyna

Carrie poznała Dziewczynę w toalecie nocnego klubu. Wcale nie zamierzała jej poznawać.

Ktoś pukał do drzwi kabiny. Carrie była w dobrym humorze, siedziały sobie w toalecie z Cici, więc zamiast powiedzieć temu komuś, żeby się odwalił, troszkę uchyliła drzwi. Stała tam Dziewczyna. Miała czarne włosy i mogłaby być piękna.

— Mogę? — zapytała.

— Pewnie — odpowiedziała Carrie.

— Przepraszam — wtrąciła Cici — ale czy my cię znamy?

— Nie, nie znamy.

— Co macie? — spytała Dziewczyna.

— A co byś chciała? — spytała Carrie.

— Mam naprawdę świetne zielsko — powiedziała Dziewczyna.

— Fajnie — stwierdziła Carrie.

Dziewczyna zapaliła jointa i podała dalej.

— Najlepsze ziele, jakie paliłyście.

— Wątpię — powiedziała Carrie, zaciągając się głęboko.

Klub był zatłoczony. W toalecie było przyjemnie. Dziewczyna oparła się o ścianę i przejęła skręta. Powiedziała, że ma dwadzieścia siedem lat, w co Carrie nie uwierzyła, ale to też było w porządku. Bo w tamtej chwili to była przecież tylko dziewczyna spotkana w toalecie. Tak bywa. Często.

— No to, jakby, co robisz? — spytała Cici.

— Rozwijam własną firmę kosmetyczną — powiedziała Dziewczyna.

— Aha — mruknęła Carrie.

— Wszystko oparte na zdobyczach naukowych. Chętnie bym się zajęła waszą skórą.

— O, naprawdę? — zainteresowała się Carrie. Zapaliła papierosa.

Do drzwi dobijali się teraz inni ludzie.

— Powinnyśmy stąd wyjść — powiedziała Cici.

— Chciałabym, żeby ktoś się zajął moją cerą — powiedziała Carrie. — Wydaje mi się, że mogłaby być o wiele lepsza.

— Wypuśćcie mnie — zażądała Cici.

— Poprawię ci cerę — obiecała Dziewczyna.

Była dość niska, ale miała prezencję. Ciekawą twarz, która mogłaby być piękna, ale żeby mieć pewność, trzeba było na nią dłużej patrzeć. Była ubrana w skórzane spodnie, kozaki. Drogie. Miała niski głos.

— Tam są ludzie, którzy mnie znają — nalegała zdenerwowana Cici.

— Weźże się wyluzuj — rzuciła Carrie.

— Chcę z tobą pobyć — powiedziała Dziewczyna do Carrie. — Chcę, żebyś ze mną była przez całą noc. Wiesz, uważam, że jesteś piękna.

— Pewno — rzuciła Carrie. Ale była zaskoczona.

„Co ze mną nie tak?”

W ósmej klasie Carrie znała dziewczynę, niejaką Charlotte Netts. Charlotte miała powodzenie, głównie dlatego, że wcześnie się rozwinęła. Charlotte zapraszała koleżanki na noc. Wysyłała im też liściki. Przyjaciółka Carrie, Jackie, poszła spędzić noc u Charlotte, a następnego dnia okazało się, że w środku nocy zadzwoniła do swojego taty, żeby po nią przyjechał. Charlotte — jak twierdziła Jackie — „zaatakowała ją". Próbowała ją całować i dotykać jej piersi, i chciała, żeby Jackie to samo robiła jej. Powiedziała, że to „ćwiczenie przed chłopakami". Po tej nocy już się nie kolegowały.

To była przerażająca historia i przez wiele lat później Carrie nigdy nie spała w tym samym łóżku z inną dziewczyną ani się przed żadną nie rozbierała, chociaż to przecież normalne „między dziewczynami". Co ze mną nie tak? — myślała. Dlaczego nie mogę być taka jak inne? Czego się tak spinam? Ale wiedziała, że byłoby straszne, gdyby musiała odmówić seksualnym zapędom kogoś, kogo uważała za przyjaciółkę.

Kilka lat temu dwie jej przyjaciółki upiły się i spędziły razem noc. Następnego dnia każda z nich zadzwoniła do Carrie i skarżyła się, jak ta druga usiłowała się z nią kochać i żeby Carrie lepiej na nią uważała. Carrie nie wiedziała, której ma wierzyć. Po tym te dwie przestały się przyjaźnić.

Ciężka perswazja

Mr Big wyjechał na cały październik i wszystko było trochę nie w swoim czasie. Ludzie chodzili po ulicach Upper East Side w jesiennych ubraniach, choć ciągle było bardzo ciepło i słonecznie. Na początku Carrie siedziała wieczorami w domu, nie piła i czytała *Perswazje* Jane Austen, zamiast obejrzeć film. Czytała to już wcześniej dwa razy, ale tym razem książka ją nudziła, bohaterowie ciągnęli swoje tyrady, a Carrie miała depresję z braku alkoholu i imprez. Spróbowała więc wychodzić, ale okazało się, że nikt się nie zmienił ani nie robił niczego nowego.

Którejś nocy, późno, do klubu Wax przyszedł Stanford z apaszką na szyi.

— Co ci jest? — spytała Carrie.

— A, chodzi ci o to? — spytał Stanford. — To wina Gąsiora.

Gąsior był facetem, który lubił, jak mu podczas stosunku ukręcano szyję.

— W porządku — powiedział Stanford — dopóki nie spróbował tego na mnie. Mimo to pewnie znowu się z nim umówię. Aż tak jestem chory.

Następnego wieczoru Carrie jadła obiad z aktorem telewizyjnym, Rockiem McQuire'em.

— Naprawdę chcę mieć chłopaka — westchnął. — Myślę, że jestem w końcu gotowy na związek.

— Jesteś wspaniałym facetem — powiedziała Carrie. — Jesteś mądry, śliczny, robisz karierę. Nie powinieneś mieć z tym problemu.

— To nie takie proste — odparł Rock. — Nie chcę chodzić z jakimś dwudziestojednoletnim, ślicznym gołowąsem. Ale jeśli mam być z kimś po trzydziestce, musi to być naprawdę ktoś, rozumiesz, tak jak ja. A ilu takich facetów znajdziesz? No więc kończy się na tym, że idę do nocnego klubu, tam załatwiam sprawę i wracam do domu. To przynajmniej nie jest, no wiesz, niebezpieczne emocjonalnie.

Nazajutrz rano zadzwoniła Miranda.

— Nie uwierzysz, co zrobiłam — powiedziała.

— No co, kochanie? — spytała Carrie, a jej prawa dłoń zacisnęła się w pięść. Ten gest często ostatnio powtarzała.

— Masz chwilkę? Będziesz zachwycona.

— Nie mam, ale umieram z ciekawości.

— Poszłam na imprezę z moją kumpelą, Josephine. Znasz Josephine, no nie?

— Nie, ale...
— Przedstawiłam was sobie. Na party u mojej kumpeli Sallie. Pamiętasz Sallie, no nie? Motocyklową Sallie?
— Motocyklowa Sallie.
— No właśnie. Na imprezie byli ci wszyscy baseballiści. I wiesz co? Najpierw z jednym się całowałam, a potem poszłam z innym do łazienki i zrobiliśmy to. W samym środku imprezy.
— Niesamowite — powiedziała Carrie. — Było wspaniale?
— Genialnie — westchnęła Miranda.
Coś za coś, pomyślała Carrie.

Za ścianą

— Przejdźmy się po klubach — zaproponowała Dziewczyna. Siedzieli w boksie przy stoliku. Carrie, Dziewczyna i koledzy Dziewczyny, którzy okazali się nieciekawymi facetami po dwudziestce, z krótkimi, wyżelowanymi włosami.
— Słuchaj, oni są bogatsi od wszystkich, których znasz — szepnęła jej wcześniej do ucha Dziewczyna, ale Carrie uznała, że są zupełnie nijacy.
Teraz Dziewczyna ciągnęła ją za ramię, żeby wstała. Kopnęła faceta, który siedział przed nią.
— No dalej, dupku, chcemy wyjść.
— Ja idę na imprezę do Trump Tower — powiedział z udawanym europejskim akcentem.
— Jak sam szlag — prychnęła Dziewczyna. — Chodź, złotko, wyjdź z nami — szepnęła do ucha Carrie.
Carrie i Dziewczyna wcisnęły się na przednie siedzenie samochodu tego dzieciaka. To był range rover. Ruszyli do centrum. Nagle Dziewczyna wrzasnęła:
— Zatrzymaj się, dupku!

Przechyliła się, otworzyła drzwi i wypchnęła Carrie na zewnątrz.

— Spadamy — zakomenderowała.

I obie pobiegły jakąś ulicą na zachód od Ósmej Alei.

Znalazły klub. Weszły. Chodziły po wszystkich salach, trzymając się za ręce. Dziewczyna znała tu kilka osób, a Carrie
nikogo. Podobało jej się to. Faceci na nie patrzyli, ale one to
ignorowały. To nie było tak, że dwie dziewczyny wyszły razem
i szukają dobrej zabawy. Stworzyły wokół siebie mur. Po ich
stronie tego muru była wolność i moc. To było świetne uczucie. Tak właśnie odtąd chcę się czuć, postanowiła Carrie. Nie
przerażało jej to.

Carrie przypomniała sobie, że niedawno na jakimś przyjęciu kobieta o imieniu Alex opowiadała jej o swojej koleżance,
która jest biseksualna. Chodzi i z mężczyznami, i z kobietami. Jest na przykład z facetem, który jej się podoba, a potem
spotyka kobietę, która jej się podoba, i zostawia faceta dla kobiety.

— To znaczy ja sama nigdy nie byłam z kobietą — zapewniła Alex. — Może jestem jedyna, ale która z nas choć raz nie
pomyślała: Żałuję, że nie jestem lesbijką, bo nie musiałabym
wtedy zadawać się z facetami? Ale co ciekawe, ta moja koleżanka twierdzi, że bycie z kobietą jest strasznie intensywne,
właśnie dlatego, że w związku są dwie kobiety. Wiesz, jak kobiety zawsze chcą o wszystkim rozmawiać, prawda? No więc
wyobraź to sobie w podwójnym wydaniu. To ciągłe gadanie.
O wszystkim, do czwartej nad ranem. Po jakimś czasie ona
musi wracać do facetów, bo już nie może znieść tego gadania.

— Byłaś kiedyś z kobietą? — zapytała teraz Dziewczyna. —
Spodobałoby ci się.

— OK — zgodziła się Carie.

Jestem gotowa, myślała. Już czas. Może przez całe życie byłam ukrytą lesbijką, tylko sama o tym nie wiedziałam? Wyobraziła sobie pocałunki. Kobieta będzie bardziej miękka i delikatna niż mężczyzna. Ale to dobrze.

Potem Carrie poszła do domu Dziewczyny. Dziewczyna zajmowała apartament z dwiema sypialniami w ekskluzywnym wieżowcu na Upper East Side. Miała modne duńskie meble pokryte tkaniną z afgańskiej wełny. Na stoliczkach stały porcelanowe kotki. Poszły do kuchni, Dziewczyna zapaliła niedopałek jointa. Miała całą ceramiczną miseczkę pełną takich niedopałków. I otwartą, do połowy pełną butelkę wina. Nalała dla obu i podała Carrie kieliszek.

— Ja jeszcze ciągle czasem sypiam z facetami, ale mnie wkurzają.

— Uhm — mruknęła Carrie. Zastanawiała się, kiedy Dziewczyna zrobi pierwszy krok. I jak to zrobi.

— Sypiam i z mężczyznami, i z kobietami — powiedziała Dziewczyna. — Ale wolę kobiety.

— To po co sypiasz z facetami? — spytała Carrie.

Dziewczyna wzruszyła ramionami.

— Przydają się.

— Innymi słowy, ta sama stara historia — stwierdziła Carrie. Rozejrzała się po mieszkaniu. Zapaliła papierosa i oparła się o kuchenny blat. — No dobra. O co chodzi? Serio. Musisz być bogata z domu, żeby sobie pozwolić na to miejsce, albo masz coś na boku.

Dziewczyna upiła łyk wina.

— Tańczę — powiedziała.

— Aha, rozumiem. — Carrie pokiwała głową. — A gdzie?

— W Stringfellows. Jestem dobra. Potrafię wyciągnąć tysiąc za noc.

— A więc o to chodzi.

— Dasz papierosa? — poprosiła Dziewczyna.

— Wszystkie tancerki topless sypiają ze sobą nawzajem, bo nienawidzą mężczyzn.

— No cóż — przyznała Dziewczyna. — Wszyscy faceci to patałachy.

— Ci, których znasz. Ci, którzy chodzą do twojego klubu — powiedziała Carrie.

— A jest jakiś inny rodzaj? — spytała Dziewczyna.

W kuchennym świetle Carrie dostrzegła, że jej cera nie jest wcale ładna, a gruba warstwa makijażu ukrywa przebarwienia i dzioby.

— Zmęczona jestem — powiedziała Dziewczyna. — Chodźmy się położyć.

— No to chodźmy — zgodziła się Carrie.

Poszły do sypialni. Carrie usiadła na brzegu łóżka i starała się podtrzymać rozmowę.

— Przebiorę się w coś wygodniejszego — powiedziała Dziewczyna. Podeszła do szafy. Zdjęła te drogie skórzane spodnie i włożyła powyciągane, szare dresy. Wyjęła podkoszulek. Kiedy odpinała stanik, odwróciła się tyłem. Bez ubrania była niska i raczej pulchnawa.

Położyły się na nierozścielonym łóżku. Marihuana powoli przestawała działać.

— Masz chłopaka? — spytała Dziewczyna.

— Tak — odparła Carrie. — Mam i szaleję za nim.

Leżały tak przez kilka minut. Carrie poczuła, że z tęsknoty za Mr Bigiem rozbolał ją brzuch.

— Słuchaj — powiedziała. — Muszę iść do domu, ale super było cię poznać.

— I vice versa — mruknęła Dziewczyna. Odwróciła głowę do ściany i zamknęła oczy. — Zatrzaśnij za sobą dobrze drzwi, dobra? Zadzwonię do ciebie.

Dwa dni później zadzwonił telefon. To była Dziewczyna. Dlaczego dałam jej numer? — pomyślała Carrie.

— Cześć. Carrie? To ja — powiedziała Dziewczyna. — Jak leci?

— W porządku — powiedziała Carrie. Pauza. — Słuchaj. Mogę do ciebie za chwilę oddzwonić? Daj mi swój numer.

Zapisała telefon Dziewczyny, choć już go miała. Nie oddzwoniła i przez następne dwie godziny, do czasu aż wyszła z domu, w ogóle nie odbierała telefonów. Włączyła automatyczną sekretarkę.

Wybieg

Kilka dni później Carrie była na pokazie mody Ralpha Laurena w Bryant Park. Dziewczyny, wszystkie wysokie i smukłe, wychodziły na wybieg jedna za drugą, długie, jasne włosy owiewały im ramiona. Przez chwilę ten świat był piękny, a kiedy dziewczyny się mijały, ich oczy się spotykały, a one posyłały sobie tajemnicze uśmiechy.

21

Biegnące z wilkami:
Wieczni kawalerowie? Na drzewo

W ostatnich tygodniach wydarzyło się kilka pozornie ze sobą niezwiązanych, a jednak podobnych historii.

Simon Piperstock, właściciel firmy komputerowej, leżał w łóżku, w swoim zacisznym apartamencie z dwiema sypialniami i wygrzewał grypę, kiedy zadzwonił telefon.

— Ty głupi dupku — powiedział kobiecy głos.

— Co? — spytał Simon. — Kto mówi?

— Ja.

— No dobra, M.K., miałem do ciebie dzwonić, ale złapałem grypę. Superprzyjęcie wydałaś.

— Świetnie, że ci się podobało — powiedziała M.K. — bo nikt poza tobą dobrze się nie bawił.

— Naprawdę? — Simon usiadł na łóżku.

— Przez ciebie, Simon. Twoje zachowanie jest niewybaczalne. Niesmaczne.

— Ale co ja takiego zrobiłem?

— Przyprowadziłeś tę zdzirę. Zawsze jakąś sprowadzasz. Nikt już tego nie może znieść.

— Zaraz, zaraz, wolnego — powiedział Simon. — Teesie to nie żadna zdzira. To bardzo inteligentna dziewczyna.

— Pewnie, Simon — syknęła M.K. — Czemu nie zaczniesz normalnie żyć? Czemu się nie ożenisz?

Odłożyła słuchawkę.

Harry Samson, lat czterdzieści sześć, znany w świecie kawalerów do wzięcia handlarz dzieł sztuki, spędzał swój typowy pijacki wieczór w klubie Fredrick's, kiedy przedstawiono go bardzo atrakcyjnej dwudziestokilkulatce. Właśnie się przeprowadziła do Nowego Jorku i została asystentką jednego z malarzy, z którym współpracował też Harry.

— Hej, jestem Harry Samson — powiedział z charakterystycznym zaśpiewem ze Wschodniego Wybrzeża, być może lekko przesadzonym przez fakt, że z kącika ust zwisał mu papieros.

— Wiem, kim jesteś — powiedziała dziewczyna.

— Napijesz się? — zaproponował Harry.

Spojrzała wymownie na koleżankę, która jej towarzyszyła.

— Jesteś tym facetem, no nie? — spytała. — Nie, dzięki. Znam doskonale twoją reputację.

— To miejsce dziś cuchnie — powiedział Harry do samego siebie.

Coś rzeczywiście gnije w nowojorskiej społeczności, a jest to osobnik znany dotąd jako „wolny facet" albo „kawaler do wzięcia". To nie jest twoja wyobraźnia. Ci mężczyźni, już po czterdziestce, a nawet po pięćdziesiątce, którzy nigdy nie byli żonaci, którzy od wielu, wielu lat nie mieli stałej partnerki, zaczynają wydzielać specyficzny, charakterystyczny smrodek. Dowody na to są wszędzie.

Miranda Hobbes była na przyjęciu bożonarodzeniowym i wpadła na Packarda i Amandę Deale'ów, parę, którą kiedyś poznała przez Sama — bankowca, z którym chodziła latem przez trzy miesiące.

— Gdzie się podziewałaś? — spytała Amanda. — Zostawialiśmy ci zaproszenia na kilka imprez do nas, ale nigdy nie oddzwaniałaś.

— Nie mogłam — przyznała Miranda. — Wiem, że się przyjaźnicie z Samem, a ja... no, przykro mi, ale po prostu nie mogę go znieść. Nie mogę nawet wytrzymać z nim w jednym pokoju. Ten facet jest chory. Chyba nienawidzi kobiet. Zwodzi cię, mówi, że chce się żenić, a potem nagle przestaje dzwonić. A tymczasem podrywa dwudziestolatki.

Packard przysunął się bliżej.

— My też się już z nim nie przyjaźnimy — powiedział. — Amanda nie może go strawić i ja też. Teraz się skumplował z facetem o imieniu Barry i co noc nie robią nic innego, tylko chodzą we dwóch po restauracjach w SoHo i starają się wyrywać dziewczyny.

— Są po czterdziestce! — oburzyła się Amanda. — To obleśne.

— Kiedy oni dorosną? — spytała Miranda.

— Albo ujawnią prawdziwe preferencje — dodał Packard.

Daremny wilczy zew

Pewnego szarego, listopadowego popołudnia mężczyzna, którego nazwiemy Chollie Wentworth, rozprawiał na swój ulubiony temat: nowojorskiego towarzystwa.

— Wieczni kawalerowie? — spytał i jednym tchem wymienił nazwiska kilku znanych „graczy", którzy od lat wiedli prym na tym boisku. — Szczerze mówiąc, moja droga, to zwykli nudziarze.

Chollie zajął się swoją drugą szkocką.

— Jest wiele powodów, dla których mężczyzna się nie żeni — powiedział po chwili. — Wielu nigdy nie wyrasta poza seks, a wedle niektórych małżeństwo psuje seks. Potem jest kwestia trudnego wyboru między kobietą koło trzydziestki, która może urodzić ci dzieci, a kobietą taką jak na przykład Carol Petrie, która może ułożyć ci życie. Matki też mogą stanowić problem — ciągnął dalej Chollie. — Tu mamy przypadek X-a — stwierdził, podając nazwisko znanego multimilionera, finansisty, który dobiegał sześćdziesiątki, a jeszcze nigdy nie stanął na ślubnym kobiercu. — Ten cierpi na poważny przypadek laskoliozy. No, ale na jego miejscu, kogo byś przyprowadzała do domu? Czy chciałabyś zagrozić pozycji mamusi, przedstawiając jej prawdziwą, mocną kobietę, która zniszczy rodzinny spokój? Zostają mu laski. Dużo ludzi jest już zmęczonych problemami tych facetów z utrzymaniem trwałych związków — westchnął Chollie, pochylając się do przodu. — Gdybym był wolną kobietą, pomyślałbym, po cholerę tracić czas na tych kolesiów, skoro jest pod ręką dwieście dziewięćdziesiąt sześć milionów zabawnych gejów, którzy mogą zapełnić krzesło? Na publiczne wyjścia znalazłbym sobie rozrywkowego geja, który potrafi mnie zabawić na tysiąc tematów. Po co tracić czas z takim X-em? Komu się chce siedzieć i w kółko wysłuchiwać jego zrzędzenia o interesach? I ciągle mu nadskakiwać? Jest stary. Za stary, żeby się zmienić. Taki facet jak X nie jest wart zachodu. Tacy mężczyźni to daremny wilczy zew. A przecież to w końcu kobieta decyduje, czy mężczyzna jest godny pożądania czy nie. Skoro wiadomo, że taki facet nigdy nie zrobi najmniejszego wysiłku, żeby się ożenić… no cóż, to myślę, że kobiety mają tego dość. I nie bez powodu.

Święto Dziękczynienia Jacka

— Sprawa wygląda tak — powiedział mi Norman, fotograf. — Weź na przykład takiego Jacka. Znasz Jacka, wszyscy znają Jacka. Ja jestem żonaty od trzech lat. Jacka znam od dziesięciu. Ostatnio uświadomiłem sobie, że przez te wszystkie lata, odkąd go znam, nigdy nie miał dziewczyny dłużej niż sześć tygodni. W Święto Dziękczynienia poszliśmy grupą na obiad do wspólnych znajomych. Wszyscy znają się od lat. Prawda, nie wszyscy są po ślubie, ale pozostają w poważnych związkach. I wtedy zjawia się Jack, jak zwykle z jakąś laseczką. Dwadzieścia parę lat. Blondynka. I oczywiście okazuje się, że to kelnerka, którą poznał tydzień wcześniej. Więc po pierwsze, jest obca, nie pasuje do nas, zmienia cały nastrój obiadu. A z niego też nie ma żadnego pożytku, bo wiadomo, że myśli tylko o tym, jak się z nią przespać. Za każdym razem, gdy ktoś zaprasza Jacka, powtarza się ten sam scenariusz. To po co się z nim spotykać? Po tym obiedzie w Święto Dziękczynienia wszystkie kobiety z naszej paczki zdecydowały, że Jack wypada. Dostał szlaban.

Samantha Jones jadła w restauracji Kiosk obiad z Magdą, powieściopisarką. Omawiały kawalerów — szczególnie Jacka i Harry'ego.

— Ktoś mi powiedział, że Jack się znowu przed nim chwalił, kogo to zaliczył — powiedziała Magda. — Dokładnie to samo robił piętnaście lat temu. Faceci myślą, że zła reputacja to coś, co może zaszkodzić tylko kobiecie. Mylą się. Czy oni nie rozumieją, że gdy staje się jasne, kogo podrywają — ciągle jakieś laseczki — to kobiety nie chcą być z facetami, którzy chcą być z „takim czymś"?

— Weź takiego Harry'ego — włączyła się Samantha. — W pewnym sensie nawet go rozumiem. Całkowicie pochłania go kariera i robienie dużych pieniędzy. Tyle że Harry podobno nie tego chce. Mówi, że nic go nie obchodzą władza i forsa. Ale z drugiej strony miłość i stały związek też go nie obchodzą. No to o co mu w końcu chodzi? Jaki jest sens jego istnienia?

— Poza tym — dodała Magda — kto wie, gdzie ci faceci wsadzali swoje brudne fiuty?

— A to już mnie najbardziej odstrasza — zgodziła się Samantha.

— Niedawno wpadłam na Rogera, oczywiście przed Mortimers — powiedziała Magda.

— Musi już mieć z pięćdziesiątkę — rzuciła Samantha.

— Coś koło tego. Wiesz, chodziłam z nim, kiedy miałam dwadzieścia pięć lat. Został wtedy ogłoszony przez „Town & Country" jednym z najbardziej „pożądanych" nowojorskich kawalerów. Pamiętam, jak wtedy myślałam, co to za bzdura! Przede wszystkim ciągle mieszkał z mamusią. No dobrze, miał niby dla siebie całą górę domu, ale zawsze. Poza tym miał idealny dom w Southampton i idealny dom w Palm Beach, i członkostwo klubu Bath & Tennis. I wiesz co? I tyle. Nic więcej. To było całe jego życie. Granie roli „kawalera do wzięcia". Pod spodem nie było dokładnie nic.

— Co on teraz robi? — spytała Samantha.

— To samo — stwierdziła Magda. — Przeszedł przez wszystkie dziewczyny w Nowym Jorku, a kiedy w końcu się na nim poznały, przeniósł się do LA. Stamtąd do Londynu, teraz jest w Paryżu. Powiedział mi, że wrócił do Nowego Jorku na dwa miesiące, żeby spędzić trochę czasu z mamusią.

Obie kobiety zawyły ze śmiechu.

— Ale posłuchaj tego — powiedziała Magda. — Roger opowiedział mi historię: „Naprawdę lubię francuskie dziewczyny", mówi. Poszedł na obiad do domu jakiegoś swojego ważnego francuskiego znajomego, który ma trzy córki. „Wziąłbym każdą", mówi Roger. Siedzą przy tym obiedzie, jemu się wydaje, że robi wrażenie, opowiada im o swoim przyjacielu, jakimś arabskim księciu, który ma trzy żony, trzy siostry. Francuzki zaczynają się na niego niemiło gapić i obiad prawie natychmiast się kończy.

— Myślisz, że do tych facetów to w ogóle dociera? Że rozumieją, jacy są żałośni? — spytała Samantha.

— A skąd — stwierdziła Magda.

„Cierpię"

Następnego ranka Simon Piperstock wykonał kilka telefonów z poczekalni pierwszej klasy na międzynarodowym lotnisku Kennedy'ego.

— Lecę do Seattle — powiedział do słuchawki. — Niedobrze ze mną.

— Naprawdę? — Kobiecy głos wydawał się tym niemal uradowany.

— Nie wiem, dlaczego wszyscy mi zarzucają, że moje zachowanie jest naganne. Mówią, że to niesmaczne.

— A ty uważasz, że jest niesmaczne?

— Troszkę.

— Rozumiem.

— Mój związek z Mary się nie sprawdza, więc zabrałem śliczną, młodą dziewczynę, moją koleżankę, na przyjęcie. To miła dziewczyna. I jest tylko koleżanką. A wszyscy na mnie za to naskoczyli.

— Twoje związki nigdy się nie sprawdzają, Simon.

— Potem w teatrze wpadłem na kobietę, z którą mnie kiedyś umówiono, dwa lata temu. Nie byłem nią specjalnie zainteresowany, więc zostaliśmy przyjaciółmi. Podeszła do mnie i powiedziała: „Wiesz, nigdy bym nie chciała się z tobą wiązać. Nie chciałabym, żeby którakolwiek z moich koleżanek to zrobiła. Zraniłeś tyle kobiet".

— To prawda.

— No to co mam robić? Cierpię na taki problem, że zawsze zdaje mi się, że nie spotkałem odpowiedniej osoby. Więc sobie chodzę z różnymi. Jezu, wszyscy to robią. — Zamilkł na chwilę. — Wczoraj byłem chory — dodał.

— Przykro mi — powiedziała kobieta. — Nie żałowałeś, że nie ma nikogo, kto by się tobą zaopiekował?

— Niespecjalnie — powiedział Simon. — No, to znaczy, byłem tylko trochę chory... Cholera. Tak, pewnie, że tak. Myślałem o tym. Myślisz, że mam problem? Chciałbym się z tobą zobaczyć. Pogadać o tym. Może ty byś mi pomogła.

— Mam teraz poważnego chłopaka — powiedziała kobieta. — Myślę, że może nawet się pobierzemy. Szczerze, Simon, chyba nie byłby zachwycony, gdyby mnie z tobą widziano.

— Och — powiedział Simon. — W porządku.

— Ale zawsze możesz zadzwonić, jeśli chcesz.

22

Bone i białe norki:
Świąteczna kolęda Carrie

Okres świąt Bożego Narodzenia w Nowym Jorku. Przyjęcia. Gwiazda na Pięćdziesiątej Siódmej Ulicy. Choinka. Zwykle jednak nie jest tak, jak być powinno. Od czasu do czasu coś się jednak wydarza, i to działa.

Carrie była w Rockefeller Center i rozmyślała nad duchami minionych świąt. Ile to lat minęło, myślała, wkładając łyżwy, od kiedy byłam tu ostatni raz? Palce jej lekko drżały, gdy przekładała sznurowadła przez haczyki. Oczekiwanie. Nadzieja, że lód będzie twardy i gładki.

To Samantha Jones zmusiła ją do wspomnień. Ostatnio Sam narzekała, że nie ma chłopaka. Że od tylu, tylu lat na święta nie ma w jej życiu miłości.

— Masz teraz szczęście — powiedziała do Carrie i obie wiedziały, że to prawda. — Zastanawiam się, czy mnie się to kiedyś przytrafi — westchnęła Sam. I obie wiedziały również, o jakie „to" chodzi. — Przechodzę koło choinek i jest mi smutno.

Sam przechodzi obok choinek, a Carrie jeździ na łyżwach. I pamięta.

To były drugie święta Skippera Johnsona w Nowym Jorku. Doprowadzał wszystkich do szału. Jednej nocy poszedł na trzy świąteczne przyjęcia.

Na pierwszym spotkał Jamesa, wizażystę. James też wędrował z przyjęcia na przyjęcie. Skipper z nim pogadał. Nie mógł się powstrzymać, żeby do wszystkich nie zagadywać. Remy, fryzjer stylista, podszedł do Skippera i powiedział:

— Co ty robisz, zadajesz się z tym Jamesem? Jesteś dla niego za dobry.

— Co masz na myśli? — spytał Skipper.

— No, wszędzie was widzę razem. I coś ci powiem. To męt. Pijawka. Stać cię na więcej.

— Ale ja nie jestem gejem — powiedział Skipper.

— No oczywiście, kochanie.

Nazajutrz rano Skipper zadzwonił do Stanforda Blatcha, scenarzysty.

— Ludzie myślą, że jestem gejem, to mi psuje opinię — powiedział.

— Daj spokój — odparł Stanford. — Reputacje są jak kuwety dla kotów. Można je codziennie zmieniać. I tak nawet powinno być. Poza tym mam teraz dość własnych problemów.

Skipper zadzwonił do Rivera Wilde'a, słynnego powieściopisarza.

— Chcę się z tobą zo-ba-czyć — powiedział.

— Nie możesz — rzucił River.

— Dlaczego?

— Bo jestem zajęty.

— Czym zajęty?

— Markiem. Moim nowym chłopakiem.

— Nie rozumiem — powiedział Skipper. — Myślałem, że jestem twoim przyjacielem.

— On daje mi to, czego ty nie dasz.

Chwila milczenia.

— Ale ja ci daję to, czego on nie daje — stwierdził Skipper.

— Na przykład?

Znów milczenie.

— No, to wcale nie znaczy, że musisz z nim spędzać cały czas — powiedział w końcu Skipper.

— Nie kapujesz, Skipper? — spytał River. — On jest tutaj. Jego rzeczy są u mnie. Jego bielizna. Jego płyty. I kołtuny.

— Kołtuny?

— Ma kota.

— Och — powiedział Skipper. — Wpuściłeś kota do swojego mieszkania?

Skipper zadzwonił do Carrie.

— Nie zniosę tego, jest Boże Narodzenie. Każdy kogoś ma. Każdy, tylko nie ja. Co robisz wieczorem?

— Big i ja siedzimy w domu — powiedziała Carrie. — Gotuję.

— Ja chcę do domu — jęknął Skipper. — Potrzebuję domu. Może w Connecticut? Chcę mieć gniazdo.

— Skipper — powiedziała Carrie. — Masz dopiero dwadzieścia pięć lat.

— Dlaczego nie może być tak jak w zeszłym roku, kiedy wszyscy byli wolni? — jęczał dalej Skipper. — Wczoraj w nocy miałem niezwykły sen o Gae Garden — powiedział, odnosząc się do słynnej z chłodu czterdziestoparolatki z towarzystwa. — Ona jest taaaka piękna. Śniło mi się, że trzymamy się za ręce i jesteśmy zakochani. Obudziłem się kompletnie rozbity, że to nie jest prawda. To było właśnie to uczucie. Myślisz, że przydarzy mi się takie uczucie w prawdziwym życiu?

Rok wcześniej Skipper, Carrie i River Wilde pojechali razem na przyjęcie świąteczne do Belle, do jej wiejskiej posiadłości. Skipper prowadził swojego mercedesa, a River siedział z tyłu jak jakaś wielka persona i kazał Skipperowi tak długo zmieniać stacje w radiu, aż ten w końcu znalazł muzykę, którą tolerowały uszy Rivera. Po przyjęciu poszli do mieszkania Rivera, gdzie on i Carrie rozmawiali, a Skipper jęczał, że zaparkował samochód w niedozwolonym miejscu. Potem Skipper wyjrzał przez okno i oczywiście zobaczył, że akurat odholowują jego auto. Zaczął wrzeszczeć, a Carrie i River powiedzieli mu, żeby się zamknął i wciągnął działkę albo zapalił jointa, albo przynajmniej się napił. Uważali, że to było odlotowe.

Następnego dnia Stanford Blatch pojechał ze Skipperem odebrać samochód z parkingu. W jednym z kół nie było powietrza. Skipper zasiadł w środku samochodu i czytał gazety, a Stanford zmieniał mu koło.

Bone

— Chcę cię prosić o przysługę — powiedział Stanford Blatch.

On i Carrie jedli swój coroczny świąteczny lunch w restauracji Harry'ego Ciprianiego.

— Muszę sprzedać kilka obrazów na aukcji w Sotheby's. Chcę, żebyś była na widowni i podbijała cenę.

— Nie ma sprawy — zgodziła się Carrie.

— Szczerze mówiąc, jestem spłukany — powiedział Stanford. Po tym, jak Stanford utopił pieniądze w zespole rockowym, rodzina odcięła mu fundusze. Wydał też całe honorarium za ostatni scenariusz. — Jaki byłem głupi — przyznał Stanford.

No i był jeszcze Bone. Stanford pisał dla niego scenariusz i płacił za lekcje gry aktorskiej Bone'a.

— Oczywiście, powiedział mi od razu, że nie jest gejem — westchnął Stanford. — Ale ja mu nie uwierzyłem. Nikt tego nie rozumie. Zaopiekowałem się tym dzieciakiem. Czasem zasypiał przy telefonie, kiedy rozmawialiśmy po nocach. Ze słuchawką w ramionach. Nigdy nie spotkałem nikogo tak bezbronnego. Tak zagubionego.

Tydzień wcześniej Stanford zapytał Bone'a, czy ten chce iść na bal kostiumowy do Metropolitan. Bone się przestraszył.

— Powiedziałem mu, że to dobrze zrobi jego karierze. On na mnie nawrzeszczał. Upierał się, że nie jest gejem. Że mam go zostawić w spokoju. Powiedział, że już nigdy nie chce ze mną rozmawiać. — Stanford upił łyk swojego bellini. — Ludzie myśleli, że ja się w nim skrycie kocham. A ja myślałem, że nie… Raz mnie pobił. To było w jego mieszkaniu. Zaczęliśmy się kłócić, bo umówiłem go na przesłuchanie z reżyserem. A on na to, że jest za bardzo zmęczony. Że mam sobie iść. Mówię mu: „Pogadajmy o tym". A on rzucił mnie na ścianę, a potem dosłownie uniósł do góry i zrzucił ze schodów. Oczywiście wiesz, w jakiej taniej dziurze mieszka. Taki piękny chłopiec. Od tamtej pory ramię mi nawala.

Białe norki

Do Carrie dochodziły narzekania na Skippera od kobiet starszych od niego. Na przykład od agentki Carrie i jednej redaktorki tygodnika, do którego pisywała. Skipper kładł im rękę na kolanie pod stołem, w restauracjach, podczas obiadu. Robił to po całym mieście.

W dzień charytatywnego balu kostiumowego Carrie robiła sobie fryzurę i wrzeszczała na Skippera przez telefon, kiedy do domu wrócił Mr Big. Pod pachą miał dużą paczkę.

— Co to? — spytała.

— To prezent dla mnie — odparł Mr Big.

Poszedł do sypialni i wyszedł po chwili, trzymając futro z białych norek.

— Wesołych świąt — powiedział.

— Skipper, muszę lecieć — rzuciła w słuchawkę Carrie.

To było w święta trzy lata temu. Carrie mieszkała wtedy w małym studiu, w którym dwa miesiące wcześniej umarła jakaś staruszka. Carrie nie miała pieniędzy. Ktoś znajomy pożyczył jej kawałek pianki zamiast łóżka. Miała tylko futro z norek i walizkę Louisa Vuittona. Obie rzeczy skradziono, kiedy w końcu ktoś obrabował mieszkanie. Przed kradzieżą sypiała na swoim kawałku pianki, przykryta futrem. I oczywiście co wieczór gdzieś wychodziła. Ludzie ją lubili, nikt nie zadawał pytań. Pewnego wieczoru została zaproszona na kolejną imprezę do czyjegoś mieszkania na Park Avenue. Wiedziała, że nie bardzo tam pasuje, ale możliwość napchania się darmowym żarciem zawsze była kusząca. Tyle że tam nie wypadało. Za to poznała faceta z nazwiskiem. Zaprosił ją na obiad, a ona pomyślała: Pieprzyć was, pieprzyć was wszystkich.

Poszli na ten obiad do Elio's, siedzieli przy jednym z frontowych stolików. Facet dużo się śmiał i zajadał kawałki chleba posmarowane masłem.

— Robisz karierę pisarską? — spytał.

— W przyszłym miesiącu drukują moje opowiadanie w „Woman's Day" — powiedziała Carrie.

— „Woman's Day"? Kto to w ogóle czyta? — Po chwili zmienił temat: — Jadę na Boże Narodzenie do St. Barts. Byłaś kiedyś w St. Barts?

— Nie.

— To powinnaś pojechać. Naprawdę powinnaś. Wynajmuję tam co roku willę.

— Pewnie — powiedziała Carrie.

Kiedy jedli kolejny obiad, on zmienił zdanie i nie był pewien, czy powinien jechać na narty do Gstaad, Aspen czy do St. Barts. Spytał, gdzie chodziła do szkoły.

— Ogólniak w Nayaug — odparła. — W Connecticut.

— Nayaug? — spytał. — Nigdy nie słyszałem. Hej, myślisz,

że mojej byłej dziewczynie powinienem dać jakiś świąteczny prezent? Ona twierdzi, że coś dla mnie ma. Nieważne.

Carrie tylko na niego patrzyła. A jednak nie czuła się już tak okropnie. Do czasu, kiedy się zorientowała, że on już więcej nie zadzwoni.

Dwa dni przed świętami to ona zadzwoniła.

— Och, właśnie wyjeżdżam — powiedział.

— I na co się w końcu zdecydowałeś?

— Na St. Barts. Mimo wszystko. Urządzimy genialne przyjęcie. Jason Mould, reżyser, i jego dziewczyna, Stelli Stein, przylatują z LA. Ale tobie życzę wesołych świąt, dobra? Mam nadzieję, że Mikołaj będzie dla ciebie dobry.

— Też ci życzę wesołych świąt — powiedziała Carrie.

Cześć, mamo

Tego popołudnia Carrie poszła na łyżwy, robiła jeden piruet za drugim na środku lodowiska, aż wszystkich wyrzucono, bo godzina dobiegła końca. Zadzwoniła do matki.

— Przyjeżdżam — oznajmiła.

Zaczął padać śnieg. Wsiadła do pociągu na Penn Station. Nie było miejsc siedzących. Stała w przejściu między wagonami.

Pociąg minął Rye i Greenwich. Śnieg zamienił się w śnieżycę. Przejechali Greens Farms i Westport, minęli brudne, przemysłowe miasteczka. Pociąg zatrzymał się w polu, spóźniony z powodu śnieżycy. Obcy ludzie zaczęli ze sobą rozmawiać. Były święta.

Carrie zapaliła papierosa. Myślała o tym facecie z nazwiskiem i o Jasonie Mouldzie, i Stelli Stein (kimkolwiek była). Wyobrażała sobie, jak leżą przy basenie pod błękitnym niebem St. Barts. Stelli Stein powinna mieć na sobie białe bikini i czarny kapelusz. Popijają drinki przez słomkę. Znajomi przychodzą do nich na lunch. A każdy jest wysoki, opalony i piękny.

Carrie patrzyła na śnieg, który wpadał do środka pociągu przez szczelinę w drzwiach. Zastanawiała się, czy kiedykolwiek w życiu zrobi w końcu coś tak, jak trzeba.

Była północ. Skipper był w swoim mieszkaniu, rozmawiał przez telefon z Kalifornią, stojąc przy oknie. Po drugiej stronie ulicy zatrzymała się taksówka. Widział, jak para na tylnym siedzeniu się całuje. Potem kobieta wysiadła, miała na sobie futrzany płaszcz i chyba z tuzin kaszmirowych swetrów okutanych dokoła głowy. Taksówka odjechała.

To była Samantha Jones.

Dwie minuty później rozległ się dzwonek u drzwi.

— Sam — powiedział Skipper. — Spodziewałem się ciebie.

— Proszę cię, Skipper. Daj sobie spokój z tą dziecinadą. Przyjechałam spytać, czy mogę od ciebie pożyczyć szampon do włosów — powiedziała Samantha.

— Szampon? A może chcesz drinka?

— Malutkiego. I żeby ci nic głupiego nie przyszło do głowy, na przykład wrzucić mi do kieliszka ecstasy.

— Ecstasy? Wiesz, że nie biorę narkotyków. Nigdy nie wziąłem nawet koki. Przysięgam. Rany. Nie mogę uwierzyć, że tu jesteś.

— Ja też nie — stwierdziła Samantha. Zaczęła się przechadzać po salonie. Dotykać rzeczy. — Wiesz, nie jestem taka dobrze zorganizowana, jak się wszystkim wydaje.

— Czemu nie zdejmiesz płaszcza? — spytał Skipper. — Siadaj. Masz ochotę na seks?

— Naprawdę mam ochotę umyć sobie głowę — powiedziała.

— Możesz umyć u mnie — zaproponował Skipper. — Potem.

— Nie wydaje mi się.

— Co to za facet, z którym się całowałaś w taksówce? — spytał Skipper.

— Jeszcze jeden z tych, których albo mieć nie chcę, albo mieć nie mogę — odpowiedziała Sam. — Jak ty.

— Ale mnie możesz mieć — stwierdził Skipper. — Jestem dostępny.

— No właśnie — skwitowała Sam.

Niegrzeczny chłopiec

— Chéri — z salonu dobiegł męski głos. — Tak się cieszę, że mnie odwiedziłeś.

— Wiesz, że zawsze cię odwiedzam — powiedział Bone.

— Chodź tutaj. Mam dla ciebie prezenty.

Bone sprawdził swoje odbicie w lustrze marmurowego holu, potem wszedł do salonu. Na kanapie siedział mężczyzna w średnim wieku, popijał herbatę, stopą we włoskim pantoflu uderzał o blat stolika.

— Chodź tu do mnie, niech ci się przyjrzę. Zobaczmy, czy się nie postarzałeś przez te dwa miesiące. Słońce nie zniszczyło ci cery na naszych wakacjach na Morzu Egejskim?

— Ty za to w ogóle się nie postarzałeś — powiedział Bone. — Zawsze wyglądasz młodo. Jaki jest twój sekret?

— Ten cudowny krem do twarzy, który mi dałeś — odparł mężczyzna. — Co to było?

— Kiehl.

Bone przysiadł na oparciu kanapy.

— Musisz mi go znów przynieść — powiedział mężczyzna. — A masz jeszcze ten zegarek?

— Zegarek? — spytał Bone. — Ach, dałem go jakiemuś bezdomnemu. Ciągle mnie pytał o godzinę, więc stwierdziłem, że jest mu potrzebny.

— Och! Niegrzeczny chłopiec! — powiedział mężczyzna. — Tak sobie ze mnie żartować.

— Czy kiedykolwiek bym oddał coś, co mam od ciebie?

— Nie — przyznał mężczyzna. — A teraz popatrz, co ci przyniosłem. Kaszmirowe swetry we wszystkich kolorach. Przymierzysz?

— Tylko jeśli będę mógł zatrzymać wszystkie — powiedział Bone.

Impreza u Rivera

Doroczna impreza bożonarodzeniowa u Rivera Wilde'a. Głośna muzyka. Wszędzie ludzie. Nawet na klatce schodowej. Narkotyki. Ktoś nasikał z balkonu na głowę nic nie podejrzewającego portiera. Bone ignorował Stanforda Blatcha, który przyszedł w towarzystwie dwóch modelek bliźniaczek, nowych w mieście. Skipper całował się w kącie z jakąś kobietą. Choinka się przewróciła. Skipper wyrwał się w końcu i podszedł do Carrie. Spytała go, czemu zawsze usiłuje całować kobiety.

— Czuję, że to mój obowiązek — powiedział Skipper, a potem spytał Mr Biga: — Nie jesteś pod wrażeniem, jak szybko mi to idzie?

Skipper podszedł do Rivera.

— Dlaczego już mnie nie zapraszasz? Czuję, jakby wszyscy znajomi mnie unikali. To przez tego Marka, prawda? On mnie nie lubi.

— Jak będziesz tak dalej truł, to nikt cię nie będzie lubił — powiedział River.

W łazience ktoś głośno rzygał.

O pierwszej w nocy podłoga zalana była alkoholem, a łazienkę okupowała czereda narkomanów. Choinka przewracała się już trzy razy i nikt nie mógł znaleźć swojego płaszcza.

— Ach ten Bone. Nareszcie dałem sobie z nim spokój — powiedział Stanford do Rivera. — Nigdy wcześniej się nie myliłem, ale może on naprawdę jest hetero.

River gapił się na niego, zdumiony.

— Hej, River — rzucił Stanford z niespodziewaną wesołością. — Patrz na swoją choinkę. Popatrz, jaka ona śliczna.

23

Opowieść imprezowej dziewczyny o seksie i niedoli:
Był bogaty, czuły i... brzydki

Carrie właśnie wychodziła od Bergdorfa, kiedy wpadła na Bunny Entwistle.

— Skarbie! — ucieszyła się Bunny. — Od lat cię nie widziałam. Świetnie wyglądasz!

— Ty też — powiedziała Carrie.

— Musisz zjeść ze mną lunch. Natychmiast. Amalita Amalfi, tak, ona też jest w mieście i wciąż się przyjaźnimy, właśnie mnie wystawiła.

— Pewnie czeka na telefon od Jake'a.

— Och, to ona ciągle się z nim spotyka? — Bunny przerzuciła swoje białoblond włosy przez sobolowy kołnierz płaszcza. — Mam stolik w „21". Proszę, chodź ze mną na lunch. Nie byłam w Nowym Jorku od roku i umieram z głodu.

Bunny miała koło czterdziestki, wciąż była piękna. Z opalenizną z LA, gdzie bywała aktorką telewizyjną. Wcześniej przez lata królowała w Nowym Jorku. Była uosobieniem imprezowej dziewczyny, dziewczyny tak dzikiej, że żaden mężczyzna nawet nie myślał o jej poślubieniu, ale wielu starało się zdjąć jej majtki.

— Chcę stolik z tyłu, żebym mogła palić i gdzie nikt nam nie będzie przeszkadzał — powiedziała Bunny.

Usiadły, a Bunny zapaliła kubańskie cygaro.

— Po pierwsze, musimy koniecznie pogadać o tych ślub-
nych zapowiedziach.

Miała na myśli prasową notatkę o ślubie Chloe, lat trzydzieści sześć, wciąż uważanej za klasyczną piękność, ze „zwyczajnym" facetem o nazwisku Jason Jingsley. Ceremonia miała się
odbyć na wyspach Galapagos.

— No cóż, facet jest bogaty, bystry i słodki — powiedziała
Carrie. — Dla mnie był zawsze miły.

— Proszę cię, kochanie — westchnęła Bunny. — Za takich
jak Jingles, a jest ich w Nowym Jorku cała masa, po prostu
się nie wychodzi. To są świetni przyjaciele, czuli, zawsze gotowi do pomocy, jak jest ci źle. Późną nocą, kiedy jesteś sama
i zrozpaczona jak diabli, szepczesz sobie w poduszkę: „Cóż,
zawsze mogę wyjść za takiego jak Jingles. Przynajmniej nie
będę się musiała martwić, z czego zapłacić czynsz". Ale rano
się budzisz, myślisz o tym na serio i zdajesz sobie sprawę, że
wtedy musiałabyś dzielić z nim łóżko, patrzeć, jak myje zęby,
no, te wszystkie historie.

— Sandra mi mówiła, że raz próbował ją pocałować — powiedziała Carrie. — A ona mu na to: „Gdybym chciała w łóżku czegoś włochatego, kupiłabym kota".

Bunny otworzyła puderniczkę, udając, że sprawdza rzęsy,
ale, jak pomyślała Carrie, sprawdzała, kto w restauracji na nią
patrzy.

— Korci mnie, żeby zadzwonić do Chloe i wprost ją o to
zapytać, ale nie mogę, bo właściwie to ona się do mnie od lat
nie odzywa — przyznała. — I wiesz co, dziwnym zbiegiem
okoliczności akurat dostałam zaproszenie na przyjęcie dobroczynne w jednym z tych muzeów na Upper East Side, i oczywiście okazuje się, że Chloe jest w zarządzie. Od lat nie chodziłam na te przyjęcia, ale pomyślałam, że nawet zapłacę te
trzysta pięćdziesiąt dolców i pójdę sama. Tylko po to, żeby zo-

baczyć, jak ona wygląda. — Bunny zaniosła się swoim słynnym śmiechem i kilka głów odwróciło się, by na nią spojrzeć. — Kilka lat temu — mówiła dalej — kiedy życie mi się troszkę popieprzyło i miewałam czasem kokę zaschniętą wokół dziurek od nosa, mój ojciec dzwonił do mnie od czasu do czasu i mówił: „Przyjedź do domu". Pytałam po co, a on mówił: „Żebym cię mógł zobaaaaaczyć. Jak cię zobaaaaaczę, to będę wiedział, czy u ciebie wszystko gra". Tak samo jest teraz z Chloe. Kiedy tylko ją zobaczę, będę wszystko wiedziała. Czy jest pełna nienawiści do samej siebie? Czy jest na Prozacu?

— Nie sądzę... — zaczęła Carrie.

— A co, myślisz, że przeżyła jakieś religijne objawienie? — spytała Bunny. — Ludziom się to dzisiaj zdarza. To bardzo szykowne. W każdym razie mam swoje powody, żeby chcieć wiedzieć. Kilka lat temu niemal nie wyszłam za takiego faceta jak ten Jingles — powiedziała Bunny wolno. — Sytuacja do tej pory nie jest do końca rozwiązana. I pewnie nigdy nie będzie. No, to napijmy się szampana. Kelner! — Bunny strzeliła palcami i nabrała tchu. — No cóż. To wszystko się zaczęło po takim paskudnym zerwaniu z facetem, którego nazwę Dominique. Był włoskim bankierem, europejskim snobem, bardzo z tego dumnym. Miał osobowość skorpiona. Zupełnie jak jego mamuśka. Oczywiście traktował mnie jak śmiecia, a ja się na to godziłam, i co dziwniejsze, nawet mi to specjalnie nie przeszkadzało. Przynajmniej do momentu, kiedy wypiłam za dużo herbatki z grzybków psychodelicznych na Jamajce i zdałam sobie jasno sprawę, że on mnie wcale nie kocha. Ale wtedy byłam inną osobą... Byłam piękna, no wiesz, obcy ludzie zaczepiali mnie na ulicy i tym podobne historie, byłam świetnie wychowana, jak to dziewczyna, która dorastała w małym miasteczku w Maine. Ale w środku już nie byłam taka miła. W ogóle nic nie czułam, ani psychicznie, ani fizycznie. Nigdy nie byłam zakochana. Mieszkałam z tym Dominique przez trzy lata wyłącznie dlatego, że po pierwsze, zaproponował mi to już na pierwszej randce, a po drugie, miał cudowny apartament w zabytkowej kamienicy z widokiem na East River i duży dom w Hamptons. A ja nie miałam forsy, nie miałam pracy, trochę podkładałam głosy i zaśpiewałam kilka jingli w telewizyjnych reklamach. Więc kiedy zerwaliśmy z sobą — Dominique odkrył, że sypiam z innymi, i kazał mi oddać całą biżuterię, którą mi kupił — zdecydowałam, że najlepsze, co mogę zrobić, to wyjść za mąż. I to szybko.

Filcowy kapelusz

— Zamieszkałam u koleżanki i jakieś dwa tygodnie później poznałam Dudleya. To było w barze Chester's, wiesz, tym dla młodych, bogatych na East Side. Już pięć minut od chwili poznania zaczął mnie wkurzać. Miał na sobie miękkie pantofle, garnitur od Ralpha Laurena i... filcowy kapelusz. Usta miał wilgotne. Był wysoki i chudy, bez wyraźnie zarysowanej brody, oczy wyłupiaste, jak jajka na twardo, i wielka, stercząca grdyka. Dosiadł się nieproszony do naszego stolika i nalegał, żeby wszystkim stawiać martini. Opowiadał durne dowcipy, nabijał się z moich pantofelków z cielęcej skóry.

— Jestem krowa, muuuu! Mnie też nałóż! — powiedział.

— Przepraszam, ty jesteś raczej starym bykiem — odcięłam się. I było mi wstyd, że ktokolwiek w ogóle widzi, jak z nim rozmawiam. Oczywiście, następnego dnia zadzwonił.

— Shelby dał mi twój numer — powiedział.

Shelby to mój kumpel, wiesz, jest jakoś tam spokrewniony z George'em Washingtonem. Potrafię być niegrzeczna, ale bez przesady.

— To ty znasz Shelby'ego? — spytałam.

— Peeewno — powiedział. — Od przedszkola. Już wtedy był cudacznym dzieciakiem.

— On był cudaczny? A co powiesz o sobie?

I to był mój błąd. Nigdy nie powinnam była w ogóle z nim zaczynać. Zanim się zorientowałam, opowiedziałam mu wszystko o zerwaniu z Dominique, a następnego dnia on przysłał mi kwiaty, bo, jak powiedział: „Piękna dziewczyna nie powinna się smucić tym, że ktoś ją porzucił". Do tego zadzwonił Shelby.

— Dudley to wspaniały gość — zapewnił.

— Tak? — spytałam. — A co w nim takiego wspaniałego?

— Jego rodzina ma na własność połowę Nantucket.

No i Dudley był wytrwały. Słał prezenty — pluszowe niedźwiadki, raz cały kosz serów z Vermontu. Dzwonił trzy, cztery razy dziennie. Na początku zęby mnie od tego bolały. Ale po jakimś czasie przywykłam do tego jego durnego poczucia humoru i prawie czekałam na jego telefony. A on z entuzjazmem wysłuchiwał każdej najmniejszej, nieistotnej bzdury z mojego życia, no wiesz, że jestem wkurzona, bo Yvonne ma nowy kostium od Chanel, a ja nie mogę sobie na to pozwolić; że kierowca wywalił mnie z taksówki, bo paliłam; że sobie przy goleniu przecięłam skórę na kostce. Zastawiał na mnie pułapkę, sidła. Wiedziałam o tym, a jednak ciągle byłam pewna, że kto jak kto, ale ja dam sobie z tym radę. A potem przyszło to zaproszenie na weekend, przekazane przez Shelby'ego, który zadzwonił do mnie i oznajmił:

— Dudley chce, żebyśmy z nim pojechali do jego domu w Nantucket.

— Za żadne skarby — powiedziałam.

— To piękny dom. Stary. Przy głównej ulicy.

— Który to? — spytałam.

— Chyba jeden z tych ceglanych.

— Chyba?

— No, jestem prawie pewny. Ale ile razy tam byłem, byłem naćpany, to i niespecjalnie pamiętam.

— Jeśli to jeden z tych ceglanych, to się zastanowię — powiedziałam.

Dziesięć minut później zadzwonił sam Dudley.

— Już ci kupiłem bilet na samolot — powiedział. — I zgadza się, to jeden z tych ceglanych domów.

Dudley tańczy

— Wciąż nie umiem sobie wytłumaczyć tego, co się zdarzyło w tamten weekend. Może to był alkohol, może marihuana. A może tylko ten dom. Kiedy byłam dzieckiem, moja rodzina jeździła na lato do Nantucket. Tak o tym mówię, ale naprawdę, to spędzaliśmy dwa tygodnie w wynajętych pokojach. Pokój dzieliłam z braćmi, a na obiad rodzice gotowali na gazowej kuchence złowione homary.

I w tamten weekend przespałam się z Dudleyem. Nie chciałam. Staliśmy na dole schodów, mówiąc sobie dobranoc, kiedy on jakoś tak się przechylił i zaczął mnie całować. Nie broniłam się. Poszliśmy do jego łóżka i kiedy się na mnie położył, to pamiętam, że najpierw miałam uczucie, że ktoś mnie dusi, co prawdopodobnie nie było wytworem mojej wyobraźni, bo Dudley ma sześć stóp i dwa cale wzrostu. A potem czułam, jakbym spała z małym chłopcem, bo w sumie nie mógł ważyć więcej niż sto sześćdziesiąt funtów i w ogóle nie miał włosów na ciele. Ale po raz pierwszy w moim życiu seks był wspaniały. Doznałam jakby objawienia: Może jeśli będę z facetem, który jest miły i mnie uwielbia, to będę szczęśliwa? Jednak kiedy się obudziliśmy, bałam się spojrzeć na Dudleya. Bałam się, że mnie od niego odrzuci.

Dwa tygodnie po powrocie do miasta poszliśmy na przyjęcie dobroczynne do muzeum na Upper East Side. To było nasze pierwsze oficjalne wyjście jako pary. I — co później stało się typowe dla naszego związku — była to cała seria wpadek. Najpierw spóźnił się godzinę, potem nie mógł złapać taksówki, bo był straszny upał. Musieliśmy iść na piechotę, a Dudley, jak zwykle, nic tego dnia jeszcze nie jadł i o mało nie zemdlał, i ktoś musiał mu przynieść szklankę wody. Potem się upierał, żeby tańczyć, co w praktyce sprowadzało się do popychania mnie na inne pary. Potem zapalił cygaro i rzygnął. A tymczasem wszyscy wkoło mi powtarzali, jaki to wspaniały facet. Wszyscy, poza moimi przyjaciółmi. Amalita powiedziała:

— Stać cię na więcej. To jest żałosne.

— Ale on jest świetny w łóżku — odparłam.

— Proszę cię, bo zwymiotuję — powiedziała Amalita.

Miesiąc później Dudley nieoficjalnie poprosił mnie o rękę. Powiedziałam „tak". Wstydziłam się trochę za Dudleya, ale myślałam, że mi przejdzie. Poza tym ciągle byłam zajęta. Wciąż coś kupowaliśmy. Mieszkanie. Pierścionek zaręczynowy. Antyki. Wschodnie dywany. Srebra. Wina. Do tego weekendowe wypady do Nantucket, podróże do Maine — z wizytami u moich rodziców. A Dudley był zawsze, wszędzie nałogowo spóźniony i kompletnie zdezorganizowany. Więc ciągle uciekały nam promy, samoloty, pociągi.

Punktem zwrotnym był dzień, kiedy po raz czwarty spóźniliśmy się na prom do Nantucket. Musieliśmy spędzić noc w motelu. Umierałam z głodu, chciałam, żeby Dudley wyszedł i przyniósł mi do pokoju jakieś chińskie jedzenie, a on wrócił z główką sałaty lodowej i jednym wymiętolonym pomidorem. Leżałam w łóżku i starałam się nie słuchać hałasu, jaki robiła pieprząca się za ścianą para, a Dudley siedział w bokserkach przy stoliku i swoim srebrnym, wojskowym nożem od Tiffany'ego precyzyjnie wyrzynał zgniłe części pomidora. Miał dopiero trzydziestkę, ale paskudne nawyki siedemdziesięciopięciolatka. Wkroczyłam do akcji następnego ranka.

— Nie uważasz, że powinieneś trochę potrenować? Nabrać ciała?

Od tego momentu wszystko w nim zaczęło mnie doprowadzać do szału. Jego głupie, wyzywające stroje. To, że zachowywał się, jakby każdy był jego najlepszym przyjacielem. Trzy długie, jasne włosy rosnące mu na grdyce. Jego zapach.

Codziennie usiłowałam go zmusić do ćwiczeń. Stałam nad nim i pilnowałam, żeby podnosił pięciofuntowe ciężarki, bo tyle tylko mógł unieść. I nawet przytył dziesięć funtów, ale potem je znów stracił. Któregoś wieczoru poszliśmy na obiad do jego rodziców, na Piątą Aleję. Kucharz przygotował jagnięce kotlety. Dudley się upierał, że on nie może jeść mięsa, wydarł się na rodziców, że nie szanują jego nawyków żywieniowych, i zmusił kucharza, żeby pobiegł do sklepu po brązowy ryż i brokuły. Obiad był spóźniony o dwie godziny, a Dudley i tak prawie nie tknął swojego jedzenia. Byłam porażona. Po obiedzie jego ojciec powiedział mi:

— Przychodź do nas na obiad, kiedy tylko będziesz chciała, ale nie zabieraj ze sobą Dudleya.

I już wtedy natychmiast powinnam była to skończyć, ale za dwa tygodnie przypadało Boże Narodzenie. W Wigilię Dudley oficjalnie mi się oświadczył — ośmiokaratowym pierścionkiem, na oczach całej mojej rodziny. Zawsze było w nim coś złośliwego, więc i tym razem, w typowym dla siebie stylu, wcisnął ten pierścionek do jednej z czekoladek Godiva i podał mi bombonierkę.

— To twój prezent gwiazdkowy — powiedział. — Lepiej zacznij szybko jeść.

— Nie mam teraz ochoty na czekoladki — powiedziałam i rzuciłam mu jedno z tych śmiercionośnych spojrzeń, po których zwykle się zamykał.

— A ja myślę, że masz ochotę — nalegał tak jakoś namolnie, że zaczęłam jeść.

Moja rodzina patrzyła na to z przerażeniem. Mogłam sobie złamać ząb albo jeszcze gorzej, udławić się. A jednak powiedziałam „tak".

Nie wiem, czy kiedykolwiek byłaś zaręczona z nieodpowiednią osobą, ale kiedy coś takiego się stanie, to jest jak jazda pociągiem towarowym, który nie może się zatrzymać. Kolejne przyjęcia na Park Avenue, obiadki w Mortimers i w Bilboquet. Kobiety, których prawie nie znałam, a które słyszały o pierścionku, prosiły, żeby go im pokazać.

— To taki wspaniały chłopak — powtarzali wszyscy w kółko.

— Tak, wspaniały — potakiwałam. A w środku czułam się jak kupka gówna...

A potem nadszedł dzień, kiedy miałam się wprowadzić do naszego nowego, klasycznie urządzonego, pięknego, siedmiopokojowego mieszkania na Wschodniej Siedemdziesiątej Drugiej. Pudła miałam spakowane, tragarze byli już na dole, kiedy zadzwoniłam do Dudleya.

— Nie mogę tego zrobić — oświadczyłam.

— Czego nie możesz? — spytał.

Rozłączyłam się.

Zadzwonił. Potem przyszedł. Wyszedł. Dzwonili jego przyjaciele. Wyszłam i poszłam w tango. Jego przyjaciele z East Upper Side ostrzyli noże. Wymyślali różne plotki: a to, że widziano mnie w czyimś domu o czwartej rano w samych tylko kowbojskich butach; albo że jakiemuś facetowi obciągałam w nocnym klubie; że chciałam zastawić pierścionek zaręczynowy; że lecę na forsę; że wykorzystałam Dudleya.

Nie ma dobrego sposobu, żeby coś takiego zakończyć. Przeprowadziłam się do malutkiego studia w brudnej kamienicy na York Avenue, za które byłam w stanie sama zapłacić, i zajęłam się swoją karierą. Dudleyowi nie szło najlepiej. Załamał się rynek nieruchomości, nie mógł sprzedać tego nowego mieszkania. To oczywiście wszystko była moja wina. Dudley wyjechał z miasta. Przeniósł się do Londynu. Też moja wina. Chociaż ciągle słyszałam, jak świetnie się tam bawi. Że chodzi z jakąś córką księcia.

I nikt nie pamięta, że następne trzy lata były dla mnie piekłem. Czystym piekłem. I chociaż nie miałam pieniędzy, choć jadałam hot dogi z ulicznych budek i miałam samobójcze myśli — raz nawet zadzwoniłam do telefonu zaufania dla samobójców, ale ktoś się włączył na drugą linię i zaprosił mnie na imprezę — to przysięgłam sobie nigdy, przenigdy nie wplątać się znów w taki układ. Nigdy już nie wziąć grosza od mężczyzny. To straszne, tak kogoś zranić.

— I naprawdę myślisz, że to wszystko przez jego wygląd? — spytała Carrie.

— Myślałam o tym. Ale zapomniałam ci jeszcze powiedzieć, że za każdym razem, kiedy wsiadałam z nim do samochodu, zasypiałam. Po prostu nie mogłam utrzymać otwartych oczu. Prawda jest taka, że on mnie nudził.

Może to przez wypity szampan, ale Bunny zaśmiała się dość niepewnie.

— Czy to nie okropne? — spytała.

24

Aspen

Carrie poleciała do Aspen prywatnym odrzutowcem Lear. Miała na sobie białe futerko z norek, krótką sukienkę i białe skórzane kozaczki. Wydawało jej się, że tak należy się ubrać na ten lot, ale niestety, źle jej się wydawało. Inni pasażerowie, ci, do których samolot należał, byli ubrani w dżinsy i ślicznie haftowane swetry, i wygodne buty na śnieg. Carrie miała strasznego kaca. Kiedy samolot uzupełniał paliwo w Lincoln w stanie Nebraska, pilot musiał jej pomóc zejść po schodach na płytę lotniska. Było dość ciepło, a ona przechadzała się w swoich norkach i ciemnych okularach, paliła papierosy i patrzyła na niekończące się, płaskie, wysuszone, żółte pola.

Mr Big czekał na lotnisku w Aspen. Siedział na dworze, zbyt idealnie ubrany w brązowy zamszowy płaszcz i brązowy zamszowy kapelusz. Palił cygaro. Podszedł do Carrie, a jego pierwsze słowa brzmiały:

— Samolot się spóźnił. Przemarzłem.

— To czemu nie czekałeś w środku? — spytała Carrie.

Przejechali przez maleńkie miasteczko, które przypominało zabawkę pieczołowicie ułożoną przez dziecko pod choinką. Carrie przycisnęła dłonie do oczu i westchnęła.

— Wypocznę. Nabiorę kondycji — powiedziała. — Będę gotowała.

Stanford Blatch też przyleciał prywatnym samolotem. Zatrzymał się u swojej przyjaciółki z dzieciństwa, Suzannah Martin. Po imprezie u Rivera wyznał Suzannah:

— Chcę zacząć nowy rozdział. Jesteśmy takimi wspaniałymi przyjaciółmi. Powinniśmy pomyśleć o tym, czyby się nie pobrać. Dzięki temu dostanę swoją część spadku. I kiedy połączymy moje i twoje pieniądze, to będziemy mogli żyć tak, jak zawsze chcieliśmy.

Suzannah była czterdziestoletnią rzeźbiarką. Nosiła ostry makijaż i dużą biżuterię. Nigdy nie wyobrażała sobie życia w tradycyjnym związku.

— Osobne sypialnie? — spytała.

— Naturalnie — zgodził się Stanford.

Skipper Johnson przyleciał zwykłymi liniami, ale dzięki punktom za wylatane mile udało mu się zamienić bilet na pierwszą klasę. Spędzał wakacje z rodzicami i dwiema młodszymi siostrami. Muszę sobie znaleźć dziewczynę, myślał, to już śmieszne. Wyobraził sobie szczęśliwą wybrankę jako starszą od siebie, gdzieś między trzydzieści a trzydzieści pięć, bystrą, piękną, lubiącą się bawić. Kogoś, kto by wciąż wzbudzał jego zainteresowanie. W ostatnim roku zdał sobie sprawę, że dziewczyny w jego wieku są nudne. Za bardzo im imponował, to było niebezpieczne.

Mr Big nauczył Carrie jeździć na nartach. Kupił jej kombinezon, rękawice, czapkę, ciepłą bieliznę. I jeszcze maleńki termometr, który się przyczepiało do rękawicy — to była jedyna rzecz, o którą błagała, żeby jej kupił. Opierał się, aż się nadąsała. Potem się zgodził w zamian za obietnicę obciągnięcia mu laski, choć termometr kosztował tylko cztery dolary. W domku, który wynajmowali, ubrał ją w kombinezon, Carrie wyciągnęła ręce, założył jej rękawice. Przypiął do nich minitermometr, a ona powiedziała:

— Zobaczysz, jaki będziesz szczęśliwy, że go mamy. Na dworze jest tak zimno.

Zaśmiał się i zaczęli się całować.

W wagonikach kolejki linowej Mr Big palił swoje cygara

i rozmawiał przez telefon komórkowy. Potem zjeżdżał po stoku tuż za Carrie i pilnował, żeby nikt na nią nie wpadł.

— Dasz radę, dasz radę — powtarzał, kiedy robiła skręt za skrętem, powoli zjeżdżając.

Potem ona czekała na dole i przesłaniając oczy dłońmi przed słońcem, patrzyła, jak Mr Big śmiga wśród tych wszystkich bogaczy.

Wieczorami brali masaże i gorące kąpiele. Nocą, kiedy leżeli razem w łóżku, Mr Big powiedział:

— W końcu jesteśmy blisko, prawda?

— Tak — powiedziała Carrie.

— Pamiętasz, jak kiedyś ciągle marudziłaś, że powinniśmy być ze sobą bliżej? Teraz już tego nie mówisz.

Carrie pomyślała, że lepiej już być nie może.

„Szukam ogona"

Stanford Blatch maszerował zboczem góry w Aspen w butach na „po nartach" ze źrebięcej skóry, wymachując lornetką. Miał się spotkać z Suzannah na lunchu. Usłyszał znajomy głos krzyczący „Stanford!", a za chwilę „Uważaj!" Odwrócił się akurat w momencie, gdy Skipper Johnson miał w niego wjechać, i raźno uskoczył w śnieżną zaspę.

— Drogi, kochany Skipper — wydyszał.

— Czy to nie wspaniałe tak wpadać na przyjaciół podczas wakacji? — spytał Skipper.

Miał na sobie strój narciarski przypominający deszczowy uniform skauta: luźną żółtą kurtkę i czapkę z nausznikami, które sterczały pod kątem prostym.

— To zależy od przyjaciół i od sposobu wpadania — zauważył Stanford.

— Nie wiedziałem, że obserwujesz ptaki — powiedział Skipper.

— Nie szukam ptaków, szukam ogona — wyjaśnił Stanford. — Obserwuję prywatne samoloty, żeby wiedzieć, jaki sobie kupić.

— Kupujesz odrzutowiec?

— Niebawem — oznajmił Stanford. — Myślę o ożenku i chcę, by moja małżonka miała pełny komfort.

— Twoja żona?

— Tak, Skipper — potwierdził spokojnie Stanford. — Właśnie mam zjeść z nią lunch. Chciałbyś ją poznać?

— Nie do wiary — mruknął Skipper, odpinając narty. — No cóż, ja już tu poderwałem trzy różne dziewczyny, więc czemu nie ty?

Stanford spojrzał na niego z politowaniem.

— Drogi, drogi Skipperze. Kiedy przestaniesz udawać, że nie jesteś gejem?

Carrie i Mr Big wybrali się na romantyczny obiad do Pine Creek Cookhouse. Przejechali przez góry, a potem pod samą restaurację dojechali konnymi saniami. Niebo było czarne i bezchmurne, a Mr Big rozprawiał o gwiazdach, opowiadał, jak był biednym dzieciakiem i musiał porzucić szkołę, kiedy miał trzynaście lat, i pracować, a potem służyć w lotnictwie.

Wzięli ze sobą polaroid i w restauracji robili sobie zdjęcia. Pili wino, trzymali się za ręce, Carrie trochę się wstawiła.

— Słuchaj — powiedziała. — Muszę cię o coś zapytać.

— Strzelaj — zachęcił Mr Big.

— Pamiętasz wtedy, na początku lata? Chodziliśmy już ze sobą od dwóch miesięcy, a ty powiedziałeś, że chcesz się też spotykać z innymi?

— I...? — spytał Mr Big ostrożnie.

— I chodziłeś przez tydzień z tą modelką? I kiedy na ciebie

wpadłam, zachowałeś się strasznie, ja na ciebie nawrzeszcza-
łam i strasznie się pokłóciliśmy przed Bowery Bar?

— Bałem się, że już się do mnie nigdy nie odezwiesz.

— Chcę tylko wiedzieć jedno — powiedziała Carrie. —
Gdybyś był mną, co byś wtedy zrobił?

— Chyba rzeczywiście już nigdy bym się do ciebie nie odezwał.

— I tego właśnie chciałeś? — spytała Carrie. — Chciałeś,
żebym odeszła?

— Nie — zapewnił Mr Big. — Chciałem, żebyś została. Byłem zdezorientowany.

— Ale ty byś odszedł.

— Nie chciałem cię stracić. To było tak... no, sam nie wiem.
To była taka próba. Test.

— Test?

— Żeby sprawdzić, czy mnie naprawdę lubisz. Na tyle, żeby
zostać.

— Ale bardzo mnie zraniłeś — powiedziała Carrie. — Jak
mogłeś mnie tak zranić? Nigdy ci tego nie zapomnę, wiesz
o tym?

— Wiem, kochanie, przepraszam.

Kiedy wrócili do domu, na automatycznej sekretarce była
wiadomość od ich znajomego Rocka Gibraltera, aktora telewizyjnego. „Przyjechałem. Mieszkam u Tylera Kydda. Będziecie
nim zachwyceni".

— Chodzi mu o tego Tylera Kydda? Tego aktora? — spytał
Mr Big.

— Na to wygląda — rzuciła Carrie, świadoma, że usiłuje
powiedzieć to tak, jakby nic a nic ją to nie obchodziło.

Prometeusz spętany

— To było cudowne — powiedział Stanford.

Siedzieli z Suzannah na kanapie przed kominkiem. Suzannah paliła papierosa. Miała długie, arystokratyczne palce zakończone idealnie wypielęgnowanymi, pomalowanymi na czerwono paznokciami. Była owinięta czarnym jedwabnym chińskim szlafrokiem.

— Dziękuję ci, mój drogi — powiedziała.

— Jesteś naprawdę idealną żoną, kochanie — powiedział Stanford. — Nie mam pojęcia, dlaczego dotąd nie wyszłaś za mąż.

— Mężczyźni hetero mnie nudzą — wyjaśniła Suzannah. — No, w każdym razie po pewnym czasie. Zawsze zaczyna się dobrze, a potem się robią strasznie wymagający. I zanim się obejrzysz, robisz wszystko, czego oni chcą, i nie masz własnego życia.

— Z nami tak nie będzie — zapewnił Stanford. — To idealny układ.

Suzannah wstała.

— Idę do łóżka. Chcę wstać wcześnie i iść na narty. Jesteś pewien, że nie chcesz się przyłączyć?

— Na stok? Nigdy — odparł Stanford. — Ale musisz mi obiecać, że jutro spędzimy dokładnie taki sam cudowny wieczór jak dziś.

— Oczywiście.

— Rewelacyjnie gotujesz. Gdzie się nauczyłaś tak gotować?

— W Paryżu.

Stanford wstał.

— Dobranoc, moja droga.

— Dobranoc.

Stanford pochylił się i złożył na jej policzku braterski pocałunek.

— Do jutra — powiedział i pomachał jej na pożegnanie, gdy wychodziła z salonu.

Kilka minut później Stanford wrócił do swojego pokoju. Nie poszedł jednak spać. Włączył komputer i sprawdził pocztę. Tak jak się spodziewał, miał wiadomość. Zadzwonił po taksówkę. Potem czekał przy oknie. Kiedy taksówka podjechała, cicho wymknął się z domu.

— Do Caribou — rzucił kierowcy.

A potem było jak w złym śnie. Taksówkarz zawiózł go na wybrukowaną kocimi łbami uliczkę w centrum miasta. Dalej Stanford szedł wąską alejką pełną sklepików, potem wszedł w jakieś drzwi i zszedł po schodach. Za drewnianym blatem baru stała blondynka, która mogła mieć czterdzieści lat, ale dzięki cudom chirurgii plastycznej i implantom piersi wyglądała pięć lat młodziej.

— Mam się tu z kimś spotkać — powiedział cicho Stanford — ale nie znam jego nazwiska…

Kobieta spojrzała na niego podejrzliwie.

— Jestem Stanford Blatch. Ten scenarzysta…

— Aha?

Stanford się uśmiechnął.

— Widziała pani film *Ofiary mody*?

— Och! — ucieszyła się kobieta. — Uwielbiam ten film. Pan to napisał?

— Tak, ja.

— A nad czym pan teraz pracuje? — spytała.

— Zastanawiam się nad filmem o ludziach, którzy nadużywają chirurgii plastycznej.

— Omójboże — wypaliła. — Moja najlepsza przyjaciółka…

— O, chyba widzę swoich znajomych — przerwał jej Stanford.

Dwóch mężczyzn i kobieta siedzieli, śmiejąc się, w kącie

klubu. Stanford podszedł. Facet w środku podniósł głowę. Miał koło czterdziestki — opalony, rozjaśnione włosy. Stanford zauważył, że ma zrobiony nos i policzki, i prawdopodobnie przeszczepy włosów.

— Herkules? — spytał.

— Aha.

— Prometeusz — powiedział Stanford.

Kobieta spoglądała to na niego, to na Stanforda.

— Herkules? Prometeusz? — spytała zdziwiona.

Miała nieprzyjemny nosowy głos, a na sobie tani, moherowy, różowy sweter. Nie dałbym jej nawet sprzątać strychu mojej babci, pomyślał Stanford i postanowił ją ignorować.

— Nie bardzo mi wyglądasz na Prometeusza — powiedział Herkules, patrząc na długie włosy i wyszukane ciuchy Stanforda.

— Masz zamiar mnie zaprosić, żebym usiadł i się napił, czy wolisz mnie obrażać? — spytał Stanford.

— Chyba cię tylko poobrażamy — powiedział ten drugi facet. — Kto ty w ogóle jesteś?

— Jeszcze jeden patałach, którego spotkałem w Internecie — wyjaśnił Herkules. Pociągnął drinka.

— Trafił swój na swego — syknął Stanford.

— Kurczę. A ja nawet nie wiem, jak się włącza komputer — wtrąciła dziewczyna.

— Sprawdzam każdego, kto przyjeżdża do Aspen. Potem sobie wybieram — ciągnął Herkules. — A ty... nie przeszedłeś selekcji.

— Ja przynajmniej wiem, jak sobie wybrać chirurga plastycznego — powiedział spokojnie Stanford. — To takie smutne, kiedy ludzie pamiętają twojego chirurga, a nie ciebie — uśmiechnął się. — Panowie, życzę miłego wieczoru.

„Potrafisz dochować tajemnicy?"

Carrie i Mr Big jedli lunch na tarasie restauracji Little Nell, gdy spotkali Rocka Gibraltera. I Tylera Kydda.

Tyler Kydd zobaczył ich pierwszy. Nie był tak przystojny jak Mr Big, ale ciekawy. Ostra twarz. Długawe, jasne włosy. Złapał wzrok Carrie. Oho, pomyślała.

Wtedy Mr Big też ich zauważył.

— Rocko. Chłopie — powiedział, przesuwając cygaro w kącik ust. Poklepał Rocka po plecach i mocno potrząsnął jego dłonią.

— Szukałem was — uśmiechnął się Rocko. I dodał: — Znacie Tylera Kydda?

— Nie, chłopie — powiedział Mr Big. — Ale znam twoje filmy. Kiedy sobie znajdziesz dziewczynę?

Wszyscy się roześmiali i usiedli.

— Big właśnie dostał za swoje od takiej jednej — rzuciła Carrie. — Za palenie w wagonie kolejki linowej.

— Oj, chłopie, mówię ci — westchnął Mr Big. — Codziennie palę sobie cygaro w tej kolejce, a ta dziewczyna ciągle mi powtarza, że nie wolno. Ja jej tłumaczę, że nie brudzę.

— Kubańskie? — zapytał Tyler.

— Tak, chłopie.

— Mnie się też coś takiego przytrafiło w Gstaad — powiedział Tyler do Carrie.

Byłby idealny dla Samanthy Jones, pomyślała.

— Hej, skarbie, podaj sól — rzucił Mr Big, klepiąc ją po nodze.

Pochyliła się przez stół i pocałowali się w locie.

— Przepraszam — powiedziała.

Wstała i odeszła od stolika. Poszła do toalety. Była trochę zdenerwowana. Gdybym nie była z Mr Bigiem… A potem stwierdziła, że nie powinna nawet tak myśleć. Kiedy wróciła, Tyler palił cygaro z Mr Bigiem.

— Hej, skarbie, wiesz co? — spytał Mr Big. — Tyler nas zaprosił na snowmobile, a potem pójdziemy do niego i zrobimy sobie wyścigi gokartów.

— Gokartów? — spytała Carrie.

— Na swojej posesji mam zamarznięte jezioro — wyjaśnił Tyler.

— Super, co? — spytał Mr Big.

— Pewnie — powiedziała Carrie. — Super.

Tego wieczoru Carrie i Mr Big jedli obiad ze Stanfordem i Suzannah. Przez cały wieczór, kiedy tylko Suzannah coś powiedziała, Stanford pochylał się do nich i szeptał: „Czyż ona nie jest wspaniała?" Chwycił ją za rękę.

— Ej, Stanford, ale z ciebie pajac — powiedziała ze śmiechem i wyswobodziła dłoń, żeby podnieść do ust kieliszek z winem.

— Tak się cieszę, że w końcu przeszedłeś na drugą stronę — powiedział Mr Big.

— A kto tak twierdzi? — spytała Suzannah.

— Zawsze będę ciotą, jeśli o to ci chodzi — wyjaśnił Stanford.

Carrie wyszła na zewnątrz zapalić. Podeszła do niej jakaś kobieta.

— Mogę prosić o ogień? — spytała.

Okazało się, że ta kobieta to Brigid. Ta nieznośna baba z wieczoru panieńskiego, na którym Carrie była latem.

— Carrie? Czy to ty?

— Brigid! — poznała ją Carrie. — Co tu robisz?

— Jeżdżę na nartach — odparła zadowolona, a potem rozejrzała się, jakby się bała, czy ktoś nie podsłuchuje, i dodała: — Z moim mężem. I bez dzieci. Zostawiliśmy dzieci u mojej mamy.

— A czy ty nie byłaś... no, w ciąży? — spytała Carrie.

— Poroniłam — wyjaśniła Brigid. Znów się rozejrzała. — Słuchaj, czy do tej zapałki nie mogłabyś mi dorzucić papierosa?

— Pewnie — powiedziała Carrie.

— Od lat nie paliłam. Od lat. Ale mi tego trzeba — zaciągnęła się głęboko. — Kiedy jeszcze paliłam, to tylko czerwone marlboro.

Carrie rzuciła jej złośliwy uśmieszek.

— No pewnie — skwitowała. Upuściła swój niedopałek na chodnik i rozgniotła go butem.

— Potrafisz dochować tajemnicy? — spytała Brigid.

— No...

— Więc... — Brigid znów się zaciągnęła i wypuściła dym nosem — wczoraj w nocy nie wróciłam do domu.

— Aha — mruknęła Carrie. Po co ty mi to mówisz?

— Naprawdę. Nie wróciłam do domu.

— Aha — powtórzyła Carrie.

— Rozumiesz, nie spędziłam tej nocy z mężem. Całą noc balowałam. Spałam, to znaczy spędziłam noc w Snowmass.

— Rozumiem. — Carrie pokiwała głową. — A co, hm, no wiesz... naćpałaś się?

— Nieeee — szepnęła Brigid. — Byłam z facetem. Nie z mężem.

— To znaczy, że...

— Tak. Spałam z innym mężczyzną.

— Niesamowite — powiedziała Carrie. Zapaliła kolejnego papierosa.

— Nie spałam z innym facetem od piętnastu lat. No dobra, może od siedmiu — wyznała Brigid. — Ale myślałam o tym, żeby odejść od męża. No i poznałam tego nieprawdopodobnie cudownego instruktora narciarskiego. I stwierdziłam: Co ja robię ze swoim życiem? Więc powiedziałam mężowi, że wycho-

dzę, i poszłam się spotkać z nim, z Justinem, tym instrukto-
rem, w tym barze w Snowmass, a potem poszłam do jego malutkiego mieszkanka i całą noc się kochaliśmy.

— Czy twój mąż, no wiesz, wie o tym? — spytała Carrie.

— Powiedziałam mu rano, jak wróciłam. Ale co mógł poradzić? Już się stało.

— O rany — jęknęła Carrie.

— Jest teraz tu, w restauracji — powiedziała Brigid. — Pa-
nikuje. A Justinowi powiedziałam, że spotkam się z nim później. — Brigid zaciągnęła się ostatni raz. — Wiesz, wiedziałam, że ty akurat to zrozumiesz. Chcę do ciebie zadzwonić. Jak
wrócimy. Zrobimy sobie babski wieczór.

— Świetnie — odparła Carrie. Tylko tego mi brakowało.

„Stopy mi zmarzły"

Poszli jeździć na snowmobilach z Tylerem i Rockiem. Tyler i Mr
Big jechali za szybko, jacyś ludzie się na nich wydarli. Potem
Mr Big posadził Carrie z tyłu swojego snowmobilu, a ona cały
czas krzyczała, żeby się zatrzymał, bo bała się, że wypadnie.

Dwa dni wcześniej poszli do domu Tylera. To był prawdziwy fort w lesie, kiedyś należał do jakiejś gwiazdy porno. Na
ścianach wisiały wypchane głowy zwierząt i skóry. Pili tequilę,
strzelali z łuku. Ścigali się na gokartach, i Carrie wygrywała
wszystkie kolejki. Potem poszli na spacer po lesie.

— Chcę wracać. Stopy mi zmarzły — powiedział Mr Big.

— To dlaczego nie włożyłeś porządnych butów? — spytała
Carrie.

Stała na brzegu strumienia i czubkiem buta spychała do
wody śnieg.

— Nie rób tego — powiedział Mr Big — bo wpadniesz.

— Nie wpadnę — prychnęła Carrie. Wkopała do strumienia kolejną porcję śniegu, patrzyła, jak topnieje w wodzie. — Zawsze tak robiłam, gdy byłam mała.

Tyler stał tuż za nimi.

— Zawsze balansujesz na krawędzi — powiedział cicho.

Carrie odwróciła głowę i na jedną, krótką sekundę ich oczy się spotkały.

Ostatniej nocy w Aspen wszyscy poszli na imprezę do domu Boba Mila, słynnego hollywoodzkiego gwiazdora. Jego dom stał po drugiej stronie góry i żeby tam dotrzeć, musieli zostawić samochody i przesiąść się na snowmobile. Cała posiadłość była udekorowana japońskimi lampionami, choć był przecież luty i padał śnieg. W środku domu było coś w rodzaju jaskini z wodą, w której pływały ryby, i z mostkiem, przez który przechodziło się do salonu.

Bob Milo stał przed kominkiem. Była też jego dziewczyna i jego niebawem eksżona. Wyglądały prawie jak bliźniaczki, tyle że żona była o jakieś pięć lat starsza od dziewczyny. Bob Milo miał na sobie sweter i kalesony. Był niski, jakieś pięć stóp, a że na nogach miał filcowe bambosze z wygiętymi do góry noskami, przypominał krasnoludka.

— Ćwiczę po sześć godzin dziennie — mówił właśnie, kiedy przerwał mu Stanford.

— Przepraszam, ale kto ci urządzał wnętrze samolotu?

Milo gapił się na niego, nie rozumiejąc.

— Nie, serio — wyjaśnił Stanford. — Mam zamiar kupić sobie prywatny odrzutowiec i chcę znaleźć dobrego projektanta wnętrz.

Carrie siedziała przy stole i opychała się krabami i krewetkami. Gadała z Rockiem i oboje rozrabiali jak pijane zające.

Szeptali sobie dowcipy o uczestnikach przyjęcia, chichotali, byli coraz bardziej nieznośni. Mr Big siedział obok Carrie i rozmawiał z Tylerem, wokół którego owinięte były dwie kobiety. Carrie spojrzała na Tylera i pomyślała, jak to dobrze, że nie musi znosić takich typów. Wróciła do swoich krewetek. Za jej plecami zrobił się jakiś ruch, dostrzegła kątem oka, że podchodzi do nich blondynka i wymachuje rękami, a mówi z dziwacznym akcentem. Aha, już ten głos słyszałam, pomyślała Carrie, ale postanowiła nie zwracać uwagi.

Dziewczyna podeszła i usiadła Mr Bigowi na kolanach. Oboje z czegoś się śmiali. Carrie nie odwróciła głowy. Potem ktoś spytał Mr Biga:

— To od jak dawna się znacie?

— Sama nie wiem. Od kiedy? — zapytała dziewczyna Mr Biga.

— Może dwa lata — powiedział.

— Spiknęliśmy się w Le Palais, w Paryżu — dorzuciła.

Carrie odwróciła się z uśmiechem.

— Cześć, Ray — powiedziała. — A jak się „spiknęliście"? Wykonałaś mu swoje słynne obciąganie laski gdzieś w kącie?

Nastąpiła chwila konsternacji, a potem wszyscy wybuchnęli histerycznym śmiechem. Wszyscy, prócz Ray.

— O czym ty mówisz? Co masz na myśli? — pytała w kółko z tym swoim głupim, sztucznym akcentem.

— To był żart — powiedziała w końcu Carrie. — Nie dotarło?

— Jeśli takie masz poczucie humoru, skarbie, to nie jest śmieszne.

— Doprawdy? — spytała Carrie. — Tak mi przykro. Zdaje się, że wszyscy świetnie się bawili. A teraz, jeśli z łaski swojej usuniesz się z kolan mojego chłopaka, to ja wrócę do swojej rozmowy.

— Nie powinnaś była tego mówić — rzucił Mr Big. Wstał i odszedł.

— O kurwa — powiedziała Carrie.

Pobiegła go odszukać, ale tylko wpadła na kolejną awanturę. Na środku pokoju wrzeszczał Stanford. Przed nim stał jakiś jasnowłosy facet, a za tym facetem Bone.

— Ty mała, tania dziwko! — krzyczał Stanford w kierunku Bone'a. — Czy ktoś ci już mówił, jaką jesteś dziwką? Jak mógłeś się zadać z takim wycierusem?

— Spoko — bronił się Bone. — Dopiero faceta poznałem. Zaprosił mnie na imprezę. To kumpel.

— Och, przestań — skrzywił się Stanford. — Przestań! Niech ktoś poda mi drinka, żebym ci mógł chlusnąć w twarz.

Przeszła Ray, uwieszona u ramienia Skippera Johnsona.

— Zawsze chciałam mieć własny program w telewizji — mówiła. — A, przy okazji, mówiłam ci już, że urodziłam dziecko? Umiem z moją cipką wyczyniać takie rzeczy, jakich żadna kobieta ci nie robiła.

Potem Carrie zagoniła wszystkich do łazienki na skręta marihuany. Kiedy wyszli, dziko tańczyła z Mr Bigiem, a ludzie podchodzili do nich i mówili:

— Tańczycie najlepiej ze wszystkich.

Wyszli z imprezy o pierwszej w nocy i duża grupa osób zabrała się do ich domu. Carrie na przemian piła i paliła trawę i już się ledwo trzymała na nogach. Poszła do łazienki, zwymiotowała i położyła się na podłodze. Znowu zaczęła wymiotować, przyszedł Mr Big i chciał jej potrzymać głowę.

— Nie dotykaj mnie — warknęła.

Zaprowadził ją do łóżka, ale wstała, wróciła do łazienki i znowu zwymiotowała. W końcu jakoś się przyczołgała z powrotem do sypialni, poleżała trochę na podłodze, a kiedy już mogła unieść głowę, wdrapała się na łóżko i straciła przytomność. Resztką świadomości wiedziała, że we włosach ma kawałki wymiocin, ale nic jej to nie obchodziło.

To była zimna, czysta noc. Stanford Blatch chodził pomiędzy samolotami stojącymi na lotnisku w Aspen. Mijał odrzutowce Lear i Gulf Stream, i Citation, i Challenger. A przechodząc koło każdego z nich, dotykał numerów na ogonie, szukając tego, który znał. Szukał samolotu, który zabierze go do domu.

Zaczęła płakać

— Nie jestem głupi, wiesz? — powiedział Mr Big.

Lecieli pierwszą klasą. Wracali.

— Wiem — mruknęła Carrie.

Mr Big pociągnął łyk swojej krwawej mary. Wyjął książkę.

— Wiesz, że jestem wybitnie spostrzegawczy.

— Aha. Jak tam książka?

— Niewiele może mi umknąć.

— Oczywiście — zgodziła się Carrie. — Dlatego robisz taką forsę.

— Jestem świadomy wszystkiego, co się dzieje w ludziach — powiedział. — I dlatego wiem, że ten facet ci się podobał.

Carrie wypiła łyk drinka.

— Uhm — mruknęła. — A jaki facet?

— Wiesz doskonale, o kim mówię. Tyler.

— Tyler? — spytała, wyjmując swoją książkę. Otworzyła ją. — Miły był. No i wiesz, interesujący. Ale co z tego?

— Podobał ci się — powtórzył Mr Big, jakby od niechcenia. Otworzył swoją książkę.

Carrie udawała, że czyta.

— Podobał mi się jako kumpel.

— Byłem tam. Wszystko widziałem. Byłoby lepiej, gdybyś nie kłamała.

— No... dobra — przyznała Carrie. — Pociągał mnie. Troszeczkę. — Gdy tylko to powiedziała, zrozumiała, że to przecież nieprawda, że wcale jej nie pociągał.

— Jestem dorosły — stwierdził Mr Big. Odłożył książkę i skrzyżował nogi. Wyjął gazetę z kieszeni w oparciu fotela. — Potrafię to przyjąć. To mnie nie boli. Wracaj. Wracaj do niego i żyj z nim w tym jego forcie. Będziesz sobie mogła całymi dniami strzelać z łuku.

— Ale wcale nie chcę tam mieszkać — obruszyła się Carrie. Zaczęła płakać. Zakryła twarz dłonią i płakała odwrócona do okna. — Dlaczego to robisz? Chcesz się mnie pozbyć. Wymyślasz sobie to wszystko, żebyś mógł się mnie pozbyć.

— Powiedziałaś, że cię pociągał.

— Że tylko troszeczkę — syknęła Carrie. — I tylko dlatego tak powiedziałam, że mnie do tego zmusiłeś. Wiedziałam, że tak będzie. Wiedziałam — załkała. — Jak tylko go poznaliśmy, wiedziałam, że pomyślisz, że on mi się podoba, a to by mi nawet do głowy nie przyszło, gdybyś to ty nie zachowywał się tak, jakbyś myślał, że on mi się podoba. Więc cały czas musiałam specjalnie się starać, żeby było jasne, że mi się nie podoba, żebyś się tylko nie wkurzył. A najgłupsze jest to, że on mi się w ogóle nie podoba. Wcale.

— Nie wierzę ci — powiedział Mr Big.

— To prawda. O Jezu — zaszlochała Carrie, odwróciła się i jeszcze sobie trochę popłakała. Potem pochyliła się do niego i szepnęła mu do ucha: — Totalnie za tobą szaleję i doskonale o tym wiesz. Nie chcę być z nikim innym. Nigdy. I to nie jest w porządku. To nie w porządku, że tak się zachowujesz. — I otworzyła książkę.

Mr Big poklepał ją po ręce.

— Nie przejmuj się tak — powiedział.

— Teraz to ja jestem wściekła.

Byli w Nowym Jorku od dwóch dni, kiedy do Carrie zadzwoniła Samantha Jones.

— No iiiiiii?

— I co? — spytała Carrie.

— Coś specjalnego zdarzyło się w Aspen? — zaszemrała Sam podstępnym, słodkim głosem.

— Na przykład?

— Byłam przekonana, że wrócisz zaręczona.

— Nieeee — powiedziała Carrie. Odchyliła się na krześle i oparła stopę na biurku. — A skąd ci to, do diabła, przyszło do głowy?

25

Carrie i kwiaty

— Cześć! Przychodź na imprezę. — Samantha Jones dzwoniła do Carrie z galerii sztuki w SoHo. — Nie widziałam cię całe wieki.

— No, nie wiem. Powiedziałam Bigowi, że może mu ugotuję obiad. Jego akurat nie ma, jest na jakimś koktajlu...

— On się bawi, a ty czekasz na niego w domu? No wiesz! — obruszyła się Samantha. — To duży chłopiec. Może sobie sam zrobić obiad.

— Ale są jeszcze rośliny...

— Rośliny?

— Domowe rośliny — wyjaśniła Carrie. — Mam taką nową obsesję. Niektóre rośliny hoduje się dla liści, ale mnie nie interesują liście, tylko kwiaty.

— Kwiaty — skwitowała Sam. — Ślicznie. — Zaniosła się czystym, dźwięcznym śmiechem. — Wsiadaj do taksówki. Nie będzie cię raptem pół godziny, no, góra czterdzieści pięć minut.

Kiedy Carrie dotarła na miejsce, Samantha skomentowała:

— A jak ty ślicznie wyglądasz. Jak spikerka telewizyjna.

— Dzięki — powiedziała Carrie. — To mój nowy styl. Wczesny Stepford.

Miała na sobie jasnoniebieski kostium ze spódnicą do kolan i satynowe pantofelki w stylu lat pięćdziesiątych.

— Szampana? — spytała Sam na widok przechodzącego obok kelnera z tacą pełną kieliszków.

— Nie, dzięki — powiedziała Carrie. — Staram się nie pić.

— Świetnie, to wypiję twój. — Sam wzięła z tacy dwa kieliszki. Skinęła poprzez salę wysokiej, opalonej kobiecie o krótkich, jasnych włosach. — Widzisz tę dziewczynę? — spytała. — To jedna z tych, które mają idealne życie. W wieku dwudziestu pięciu lat wyszła za Rogera, tego faceta, który stoi obok niej. Scenarzysta. Jego trzy ostatnie filmy to przeboje. Była zwyczajną dziewczyną jak my, nie modelka, ale śliczna. Spotkała tego Rogera, który, uważam, jest fantastyczny, mądry, seksowny, miły i naprawdę zabawny. Nigdy nie musiała pracować. Mają dwoje dzieci, nianię, piękny apartament w centrum i dom w Hamptons. A ona nigdy nie musiała się niczym martwić.

— No i?

— No i dlatego jej nienawidzę — stwierdziła Sam. — Pominąwszy fakt, że jest naprawdę miła.

— A dlaczego nie miałaby być miła?

Obserwowały kobietę. Jak chodziła po sali, tu i ówdzie z kimś rozmawiała, pochylała się, by się zaśmiać komuś do ucha. Miała odpowiednie ciuchy, odpowiedni makijaż, odpowiednią fryzurę. I emanowała tym swoistym spokojem, który bierze się z absolutnej, niezachwianej pewności i prawa posiadania. Podniosła głowę, zauważyła Sam i pomachała do niej.

— Co u ciebie? — spytała entuzjastycznie, podchodząc. — Nie widziałam cię od... ostatniej imprezy.

— Twój mąż to teraz prawdziwa szycha, co? — powiedziała Sam.

— O tak — potwierdziła kobieta. — Wczoraj jedliśmy obiad z... — tu wymieniła bardzo znanego, hollywoodzkiego reżysera. — Wiem, że nie powinno się ekscytować gwiazdami, ale to było naprawdę podniecające — dodała, patrząc na Carrie.

— A co u ciebie? — spytała Sam. — Jak tam dzieci?

— Świetnie. A ja właśnie zdobyłam pieniądze na mój pierwszy film dokumentalny.

— Naprawdę? — zdziwiła się Sam i nerwowo poprawiła torbę na ramieniu. — A o czym ten film?

— O tegorocznych kandydatkach na polityczne stanowiska. Mam już kilka hollywoodzkich aktorek, które chcą wziąć w tym udział. Pójdziemy z projektem do którejś z dużych sieci. Będę musiała spędzić sporo czasu w Waszyngtonie, więc zapowiedziałam Rogerowi i dzieciom, że muszą sobie dać radę beze mnie.

— Ale jakim cudem? — spytała Sam.

— No właśnie, sama tego nie wiem — powiedziała kobieta. — To znaczy, wiesz, nie mogłabym zrobić tego projektu, gdybym nie była mężatką. Roger dał mi tyle wiary w siebie. Jak tylko coś mi nie wychodzi, biegnę z płaczem do jego biura. Nie dałabym rady bez niego. Skuliłabym się w sobie i nigdy bym nie podjęła żadnego ryzyka. Nie wiem, jak wy, dziewczyny, dajecie radę, same przez tyle lat.

— Niedobrze mi się robi — powiedziała Sam, kiedy kobieta odeszła. — Dlaczego ona ma dostać pieniądze na zrobienie dokumentu? W całym swoim życiu nie zrobiła jednej, pieprznonej rzeczy.

— Każdy może zostać gwiazdą — stwierdziła Carrie.

— Coś mi się zdaje, że Rogerowi przyda się towarzystwo, kiedy jej nie będzie — powiedziała Sam. — Za takiego faceta zdecydowanie bym wyszła.

— Tak, ty byś wyszła tylko za takiego faceta — mruknęła z przekąsem Carrie, zapalając papierosa. — Za takiego, który już jest żonaty.

— Pieprzysz bzdury — powiedziała Sam.

— Idziesz gdzieś potem? — spytała Carrie.

— Na obiad z... — Sam wymieniła znanego malarza. — A ty do domciu?

— Powiedziałam Bigowi, że mu ugotuję obiad.

— Jakie to słodkie. Gotowanie obiadu — zaśmiała się Sam.

— A pewnie — powiedziała Carrie. Zgasiła papierosa i przez obrotowe drzwi wymaszerowała na ulicę.

Związek? Co za głupota

Sam miała wspaniały tydzień.

— Masz czasem takie tygodnie, kiedy, no, sama nie wiem, jak to wytłumaczyć, ale wchodzisz gdzieś, a każdy facet chce z tobą być? — spytała Sam, dzwoniąc do Carrie.

Sam poszła na imprezę, gdzie wpadła na faceta, którego nie widziała od mniej więcej siedmiu lat. To był jeden z tych, za którymi siedem lat temu uganiały się wszystkie kobiety na Upper East Side. Był przystojny, pochodził z zamożnej rodziny z koneksjami, umawiał się z modelkami. A teraz, jak twierdził, szukał stałego związku. Na imprezie Sam pozwoliła mu osaczyć się w kącie. Wypił już kilka drinków.

— Zawsze uważałem, że jesteś piękna — powiedział. — Ale się ciebie bałem.

— Bałeś się? Mnie? — zaśmiała się Sam.

— Byłaś bystra. I ostra. Myślałem, że mnie rozerwiesz na strzępy.

— Mówisz po prostu, że uważałeś mnie za sukę.

— O nie, nie za sukę. Bałem się, że ci nie dorównam.

— A teraz?

— Nie wiem.

— Lubię, kiedy mężczyźni uważają mnie za mądrzejszą od siebie — powiedziała Sam. — Bo to zwykle prawda.

Poszli na obiad. Znów wypili.

— O Boże, Sam — powiedział. — Nie wierzę, że tu z tobą jestem.

— Dlaczego? — spytała Sam, patrząc na niego przez unie-
sioną do góry szklankę.

— Ciągle o tobie czytałem w gazetach. Chciałem się z tobą
skontaktować. Ale myślałem sobie, ona jest teraz sławna.

— Wcale nie jestem sławna — zagruchała Sam. — Nawet
nie chcę być sławna...

I zaczęli się całować. Sam dotknęła jego niewymownego,
a ten był duży. Naprawdę duży.

— Wiesz, jest coś w tych naprawdę, naprawdę dużych —
mówiła później do Carrie. — Chcesz się z nimi pieprzyć.

— I to właśnie zrobiłaś? — spytała Carrie.

— Nie. Powiedział, że chce wrócić do domu. Następnego
dnia zadzwonił. Chce... prawdziwego związku. Masz pojęcie?
Co za głupota.

Gadająca papuga

Carrie i Mr Big pojechali na weekend do rodziców Carrie.
W jej domu wszyscy gotowali. Mr Big dokonywał heroicznych
wysiłków, by się przyłączyć.

— Ja zrobię sos — zaofiarował.

— Tylko go nie spieprz — szepnęła mu Carrie do ucha,
przechodząc obok.

— A co jest nie tak z moimi sosami? Robię wspaniałe sosy.

— Ostatnim razem dolałeś do sosu whisky czy coś takiego.
Był straszny.

— To ja dolałem — powiedział ojciec Carrie.

— O, przepraszam — poprawiła się Carrie drwiąco. — Zapomniałam.

Mr Big nic nie powiedział. Następnego dnia wrócili do
miasta i poszli na obiad z jego znajomymi. Same pary, od lat

po ślubie. Ktoś zaczął rozmowę o papugach. Że mają papugę, która mówi.

— Kiedyś poszedłem do Woolwortha, kupiłem papużkę za jedyne dziesięć dolców i nauczyłem ją mówić — powiedział Mr Big.

— Takie papugi nie mówią — stwierdziła chłodno Carrie.

— Ta gadała — upierał się Mr Big. — Mówiła: „Cześć, Snippy". To było imię mojego psa.

W drodze powrotnej do domu, w taksówce, Carrie powiedziała:

— To nie mogła być taka papuga. To musiał być inny gatunek.

— Gadała — powtórzył Mr Big i zapalił cygaro.

Przez resztę drogi do domu nie odezwali się do siebie ani słowem.

„W to się nie ładuj"

Carrie i Mr Big pojechali na weekend do Hamptons. Wiosna jeszcze nie całkiem się zaczęła, pogoda była depresyjna. Zapalili w kominku. Czytali książki. Wypożyczyli filmy. Mr Big lubił tylko filmy akcji. Kiedyś Carrie oglądała je razem z nim, ale teraz już nie mogła.

— To dla mnie strata czasu — stwierdziła.

— To sobie poczytaj — powiedział Mr Big.

— Czytanie mnie znudziło. Idę na spacer.

— Pójdę z tobą. Jak tylko ten film się skończy.

Więc usiadła obok niego, patrzyła na film i miała podły nastrój. Na obiad poszli do Palm. Carrie coś powiedziała, a on na to: „Jakie to głupie".

— Naprawdę? Interesujące, że nazywasz mnie głupią. Zwłaszcza że jestem od ciebie mądrzejsza — wycedziła Carrie.

Mr Big się roześmiał.

— A skoro tak uważasz, to naprawdę jesteś głupia.

— Nie zaczynaj, kurwa, ze mną — syknęła Carrie. Przechyliła się przez stół, nagle tak wściekła, że sama siebie nie poznawała. — Bo jak ze mną, kurwa, zadrzesz, to już dopilnuję, żeby cię rozpieprzyć w drobny mak! I nawet przez sekundę nie miej wątpliwości, że zrobię to z największą radością.

— Nie wstajesz wystarczająco wcześnie, żeby mnie pieprzyć — próbował zażartować Mr Big.

— Bo nie mam ochoty. Jeszcze to do ciebie nie dotarło? — Otarła kącik ust serwetką. W to się nie ładuj, myślała. Tylko się w to nie ładuj. A na głos powiedziała: — Przepraszam. Odbiło mi, jestem jakaś spięta.

Nazajutrz rano, kiedy wrócili do miasta, Mr Big powiedział:

— No, to pogadamy później.

— Pogadamy? To znaczy, że dziś wieczorem się nie zobaczymy? — spytała Carrie.

— Nie wiem. Myślę, że może powinniśmy zrobić sobie małą przerwę. Odpocząć od siebie przez kilka dni, aż ten nastrój ci przejdzie.

— Już dawno mi przeszedł.

Zadzwoniła do niego do pracy.

— Chyba o czymś nie wiem, prawda? — spytał.

— Daj spokój, głuptasie. Czy już nie można mieć po prostu kiepskiego humoru? Przecież to nie koniec świata. W związkach tak czasem bywa. Powiedziałam, że przepraszam.

— Nie chcę żadnych awantur.

— Obiecuję, że będę słodka. Czy teraz nie jestem słodka? Widzisz? Koniec ze złym nastrojem.

— Powiedzmy — mruknął Mr Big.

Kiedy Biga nie ma

Czas mijał. Mr Big wyjechał na wiele tygodni w interesach. Carrie w tym czasie mieszkała u niego. Czasami wpadał Stanford Blatch i wtedy zachowywali się z Carrie jak dwoje nastolatków, których rodzice wyjechali z miasta: palili trawę, pili whisky, piekli czekoladowe ciasteczka i oglądali głupie filmy. Robili bałagan, a rano przychodziła sprzątaczka i wszystko doprowadzała do porządku, na kolanach czyszcząc plamy od soku na białych dywanach.

Kilka razy zadzwoniła Samantha Jones. Opowiadała Carrie o tych wszystkich cudownych facetach, jakich poznała, i o tych wszystkich genialnych imprezach, na których była. A potem nieodmiennie pytała:

— A ty co porabiasz?

— Pracuję, po prostu pracuję — odpowiadała Carrie.

— Powinnyśmy gdzieś razem wyjść. Póki Biga nie ma... — kusiła Sam, ale nigdy nie padły żadne konkretne propozycje.

Po pewnym czasie Carrie już nawet nie miała ochoty z nią rozmawiać. Potem jednak miała chandrę, więc sama zadzwoniła do Samanthy i poszła z nią na lunch. Na początku było miło. Ale potem Sam znów zaczęła rozprawiać o tych wszystkich projektach filmowych i o wielkich szychach, z którymi będzie robić interesy. Carrie pracowała nad własnym projektem, a Sam go skomentowała:

— To słodkie, wiesz. Miluśki pomysł.

— A co w nim takiego miluśkiego? — spytała Carrie.

— No, miłe. Wiesz, lekkie. No, sama wiesz. Tołstoj to to nie jest.

— Nie próbuję być Tołstojem — mruknęła Carrie. Ale oczywiście próbowała.

— A więc o to ci chodzi — powiedziała Sam. — Daj spokój,

znam cię od zawsze. Powinnam chyba móc ci szczerze powiedzieć, co myślę, żebyś się od razu nie obrażała. To nie ma z tobą nic wspólnego.

— Doprawdy? — spytała Carrie. — Ciekawe.

— A poza tym — ciągnęła Sam — prawdopodobnie i tak w końcu wyjdziesz za Mr Biga i urodzisz dzieci. Daj spokój. Wszystkie tego chcemy.

— No proszę, ale mam szczęście, co? — warknęła Carrie i zapłaciła rachunek.

„Chcę znać prawdę"

Mr Big wrócił z podróży i wybrali się z Carrie na długi weekend do St. Barts. Pierwszej nocy Carrie się śniło, że Mr Big ma romans z jakąś ciemnowłosą kobietą. Carrie weszła do restauracji, a Mr Big był tam z tą kobietą, która siedziała na miejscu Carrie. Całowali się.

— Co się dzieje? — spytała Carrie.

— Nic — powiedział Mr Big.

— Chcę znać prawdę.

— Zakochałem się w niej. Chcemy być razem — wyjaśnił Mr Big.

Carrie doznała znajomego uczucia zranienia i niedowierzania.

— W porządku — powiedziała.

Wyszła z restauracji i poszła na jakieś pole. Z nieba zlatywały gigantyczne konie w złotych uprzężach i zbiegały po zboczu góry. Kiedy Carrie zobaczyła te konie, zrozumiała, że Mr Big i jego uczucia do niej są w ogóle nieistotne.

Obudziła się.

— Miałaś zły sen — zatroszczył się Mr Big. — Chodź do mnie.

Wyciągnął ramię.

— Nie dotykaj mnie! — prawie krzyknęła. — Niedobrze mi.

Sen wisiał nad nią przez następne dni.

— Co mogę na to poradzić? — narzekał Mr Big. — Nie mogę przecież konkurować ze snem.

Siedzieli na brzegu basenu ze stopami zanurzonymi w wodzie. Światło słoneczne było niemal białe.

— Uważasz, że dosyć ze sobą rozmawiamy? — spytała Carrie.

— Nie. Prawdopodobnie nie.

Pojechali na spacer, poszli na plażę i na lunch, i rozmawiali o tym, jak jest pięknie i jak świetnie wypoczywają. Wydawali okrzyki zachwytu nad kurą przecinającą jezdnię z dwoma małymi kurczątkami. Litowali się nad maleńkim węgorzem uwięzionym w kałuży po odpływie, nad szczurami rozgniecionymi na poboczu.

— Czy my jesteśmy przyjaciółmi? — spytała Carrie.

— Był czas, kiedy naprawdę byliśmy przyjaciółmi — powiedział Mr Big. — Wtedy czułem, że rozumiesz moją duszę.

Jechali wąskimi, krętymi, bocznymi drogami.

— Człowiek się stara i stara, aż do chwili, kiedy się w końcu zmęczy albo go to przestaje interesować — powiedziała Carrie.

Nie odzywali się przez jakiś czas. W końcu Carrie spytała:

— Dlaczego nigdy mi nie mówisz „kocham cię"?

— Bo się boję. Boję się, że jeśli powiem „kocham cię", to sobie pomyślisz, że chcę się z tobą ożenić...

Mr Big zwolnił. Przejechali przez próg na drodze, minęli cmentarz pełen plastikowych, jaskrawych kwiatów. Przy drodze stała grupka młodych chłopaków w samych spodniach, bez koszul. Palili papierosy.

— Sam nie wiem — powiedział Mr Big. — A co jest złego w tym, jak jest teraz?

Później, kiedy już się pakowali przed powrotem, Mr Big zapytał:

— Nie widziałaś moich butów? Dopilnuj, żeby spakować mój szampon, dobrze?

— Nie, nie widziałam i tak, oczywiście, kochanie — rzuciła lekko Carrie.

Poszła do łazienki. W lustrze wyglądała dobrze. Opalona, szczupła blondynka. Zaczęła pakować swoje kosmetyki. Szczoteczka do zębów. Krem do twarzy. Jego szampon wciąż leżał w kabinie prysznicu, ale zdecydowała, że go nie zauważy. A co będzie, jak zajdę w ciążę? — pomyślała. Nie powie mu, w tajemnicy dokona aborcji i nigdy już się do niego nie odezwie. Albo powie mu i przerwie ciążę, i nigdy się do niego nie odezwie. Albo urodzi to dziecko i wychowa je samotnie, ale to by mogło nie wypalić. Bo gdyby tak bardzo go nienawidziła za to, że nie chciał z nią być, że zaczęłaby też nienawidzić jego dziecko?

Wróciła do sypialni, włożyła buty na wysokich obcasach i słomkowy kapelusz. Był robiony na zamówienie i kosztował ponad pięćset dolarów.

— Och, kochanie… — zaczęła.

— Tak? — spytał. Był odwrócony tyłem. Pakował rzeczy do walizki.

Chciała powiedzieć: „No to tyle, mój drogi. To koniec. Świetnie nam było razem. Ale zawsze uważałam, że lepiej kończyć w dobrym momencie i z klasą. Rozumiesz…?"

Mr Big podniósł głowę.

— No co? — spytał. — Chciałaś czegoś, skarbie?

— Nie, już nic — powiedziała Carrie. — Zapomniałam o twoim szamponie, to wszystko.

„To taki padalec"

W samolocie Carrie wypiła pięć krwawych mary i kłócili się przez całą drogę. Na lotnisku. W limuzynie. Carrie nie chciała się przymknąć, aż on powiedział:

— Chcesz, żebym cię podrzucił do twojego mieszkania? Czy tego właśnie chcesz?

Kiedy dotarli do jego mieszkania, zadzwoniła do swoich rodziców:

— Strasznie się pokłóciliśmy — powiedziała. — To taki padalec. Jak wszyscy faceci.

— Dobrze się czujesz? — zapytał ojciec.

— Och, wspaniale.

A potem Mr Big był miły. Kazał jej się przebrać w pidżamę i usiadł przy niej na kanapie.

— Kiedy tylko cię spotkałem, od razu cię polubiłem — powiedział. — A potem bardzo, bardzo cię lubiłem. Teraz... dorosłem do tego, by cię kochać.

— Bo zwymiotuję — jęknęła Carrie.

— Dziecinko, dlaczego ja? — spytał. — Dlaczego z tych wszystkich facetów, z którymi chodziłaś, chcesz właśnie mnie?

— A kto powiedział, że chcę?

— Co to, błędne koło? Teraz, kiedy ja się bardziej zaangażowałem, ty chcesz się wycofać? Chcesz uciec? No cóż, nic na to nie mogę poradzić.

— Możesz — powiedziała Carrie — bo nie tylko o to chodzi.

— Nie rozumiem — westchnął Mr Big. — W jaki sposób nasz związek różni się od wszystkich innych, w jakich byłaś?

— Nie różni się. Jest dokładnie taki sam — powiedziała Carrie. — Jak dotąd jest jedynie zadowalający.

Następnego ranka Mr Big był jak zwykle radosny. To było irytujące.

— Dziecinko, pomóż mi wybrać krawat — powiedział jak zawsze.

Do sypialni, gdzie Carrie usiłowała jeszcze spać, przyniósł pięć krawatów, zapalił światło i wręczył jej okulary. Przyłożył krawaty do garnituru.

Carrie spojrzała na niego przelotnie.

— Ten — rzuciła.

Zerwała okulary, opadła na poduszkę i zamknęła oczy.

— Ale prawie na nie nie spojrzałaś — powiedział Mr Big.

— To moja ostateczna decyzja — warknęła. — Poza tym, czy wszystkie krawaty nie są do siebie podobne?

— A, ciągle jesteś zła — stwierdził Mr Big. — Nie rozumiem. Powinnaś być szczęśliwa. Myślę, że po wczorajszej nocy sprawy mają się znacznie lepiej.

W domu najlepiej

— Dziecko głoduje, niania odeszła, ja jestem spłukana — powiedziała Amalita przez telefon. — Przynieś jakąś pizzę, dobra, słoneczko, ze dwa albo trzy kawałki z pepperoni, później ci zapłacę.

Amalita mieszkała teraz u swojej koleżanki, na Upper East Side. To była jedna z tych bocznych uliczek, które Carrie znała aż za dobrze: brudne, ceglane kamienice, wąskie klatki schodowe zawalone resztkami chińskiego żarcia na wynos, na ulicy niechlujni ludzie z zapchlonymi psami. A latem otyłe kobiety wysiadują na frontowych schodach. Przez długi czas Carrie myślała, że nigdy się stamtąd nie wyrwie. Kupiła pizzę tam, gdzie kiedyś zawsze ją kupowała. Niedaleko miejsca, gdzie mieszkała przez cztery lata, kiedy sama była spłukana. Pizzę ciągle robił ten sam facet z brudnymi paluchami, za kasą siedziała jego niska żona, która nigdy się nie odzywała.

Mieszkanie Amality było na szczycie czterech rozchwianych pięter, z tyłu budynku. Jedno z tych miejsc, gdzie ktoś nadaremnie starał się zrobić coś z widokiem na brudne, gołe mury.

— Cóż — stwierdziła Amalita. — To tylko tymczasowe. Czynsz jest niski. Pięć stów na miesiąc.

Jej córeczka, śliczna mała dziewczynka z ciemnymi włoskami i ogromnymi błękitnymi oczami, siedziała na podłodze przed stertą starych, kolorowych czasopism i odwracała strony.

— No więc — powiedziała Amalita — Righty się nie odezwał. Po tym, jak chciał mnie zabrać w trasę i jak wysłałam mu książkę, o którą mnie prosił. Ci faceci nie chcą dziewczyny, która się wspaniale pieprzy. Ani nawet takiej, która się dobrze pieprzy. Oni chcą takich, które się źle pieprzą.

— Wiem — powiedziała Carrie.

— Mamusiu! Patrz! — krzyknęła z dumą dziewczynka. Znalazła w czasopiśmie zdjęcie Amality, zrobione w Ascot u boku lorda jakiegoś tam.

— Japoński biznesmen chciał mnie umieścić we własnym apartamencie — powiedziała Amalita. — Wiesz, nienawidzę takich rzeczy, ale z drugiej strony prawda jest taka, że czasowo nie mam ani grosza. Rozważałam to jedynie ze względu na dziecko. Staram się ją zapisać do dobrego przedszkola i potrzebuję forsy, żeby za to zapłacić. Więc się zgodziłam. Minęły dwa tygodnie, a ten się nie odezwał. Ani dudu. No to już chyba po ptakach.

Amalita siedziała na kanapie w dresach i oddzierała ręką kawałki pizzy. Carrie usiadła na wąskim, drewnianym krześle.

Miała na sobie dżinsy i stary podkoszulek z żółtymi plamami pod pachami. Obie miały tłuste włosy.

— Kiedy tak patrzę wstecz — westchnęła Amalita — to może nie powinnam była spać z tym facetem, nie powinnam była spać z tamtym. Może powinnam to wszystko inaczej rozegrać. — Zamyśliła się. — Wiem, że się zastanawiasz, czy nie zostawić Mr Biga — zaczęła po chwili. — Trzymaj się go. Oczywiście, jesteś piękna, milion gości powinno do ciebie wydzwaniać, chcieć z tobą być. Ale ty i ja, my obie znamy prawdę. Wiemy coś o prawdziwym życiu, no nie?

— Mamo! — zawołała dziewczynka. Trzymała w rączce czasopismo i wskazywała na rozkładówkę z Amalitą: na jednym zdjęciu stała na stoku w St. Moritz ubrana w biały narciarski kombinezon Chanel; na innym, w czarnym kostiumie i perłach wysiadała z limuzyny przed koncertem Rolling Stonesów i uśmiechała się tajemniczo do pewnego senatora.

— Carrington, nie teraz! — powiedziała Amalita z udawaną srogością.

Dziewczynka spojrzała na nią i zachichotała. Rzuciła pismo.

Był słoneczny dzień. Przez brudne okna wdzierały się jasne promienie.

— Chodź tutaj, słoneczko — powiedziała Amalita. — Chodź, dostaniesz trochę pizzy.

— Cześć! Wróciłem! — zawołał Mr Big.

— Cześć — powiedziała Carrie. Podeszła do drzwi i pocałowała go. — Jak tam twoje koktajl party?

— W porządku, w porządku.

— Robię obiad.

— Dobrze. Tak się cieszę, że dziś wieczorem nie musimy nigdzie wychodzić.

— Ja też.

— Chcesz drinka? — zapytał.

— Nie, dzięki — odparła. — Może tylko kieliszek wina do kolacji.

Zapaliła świece, usiedli w jadalni. Carrie siedziała sztywno wyprostowana na krześle. Mr Big mówił i mówił bez końca o jakimś interesie, który właśnie prowadził, a Carrie patrzyła na niego, kiwała głową i wydawała zachęcające dźwięki. Ale tak naprawdę nie słuchała. Odezwała się dopiero, kiedy skończył.

— Jestem taka podniecona. Amarylis w końcu zakwitł. Ma cztery kwiaty.

— Cztery kwiaty. — Mr Big pokiwał głową. — Tak się cieszę, że się tak wciągnęłaś w te kwiaty.

— Prawda? Jakie to miłe? To niesamowite, jak wspaniale rosną, jeśli tylko poświęca im się trochę uwagi.

26

Żegnaj, Mr Big!
Koniec romansu

— Czy jest ktoś inny?

— Tu nie chodzi o nikogo innego. Tu chodzi o nas.

— To nie jest odpowiedź na pytanie.

— Tu chodzi o nas.

— Należy odpowiedzieć „tak" lub „nie". Czy... jest... ktoś...
inny?

— Nie.

— Kłamca. Tak ci doradzono, prawda?

— O czym ty mówisz?

— Ktoś ci podpowiedział, co masz mówić.

— Tu chodzi o nas, o nikogo innego.

— Widzisz? Znowu to samo.

— Dlaczego musisz to komplikować?

— Ja nic nie komplikuję. Muszę zapalić.

— A ja muszę spać. Dlaczego mi nie pozwalasz spać?

— Nie zasługujesz, żeby spać.

— Nie zrobiłem nic złego.

— Niczego dobrego też nie.

— Dziękuję, że zrobiłaś z Mr Biga miłego gościa.

To zdanie zostało skierowane do Carrie podczas obiadu
z okazji przejęcia wartej osiemdziesiąt milionów spółki produ-

kującej stroje do gry w golfa. Obiad odbywał się w „21". Zdanie wygłosił Keemi Tailon, inwestor bankowy, nie-Amerykanin, pracujący dla Goldman, Sachs & Company. Uniósł swój kieliszek porto i powiedział to jako rodzaj toastu dla Carrie. Był pijany. Mr Big pijany nie był. Mr Big „nigdy się nie upijał". Twierdził, że nie lubi tracić kontroli. Po tym, jak toast został wygłoszony, Mr Big trzymał Carrie za rękę przez mniej więcej dwadzieścia sekund. Następnie rozmowa przeszła na zwyczajowe przerzucanie się żartami.

Działo się to w czerwcu, a wtedy owo zdanie było już tak bez znaczenia, że stanowiło niemal powód do zażenowania dla obojga głównych bohaterów.

Wtedy było już naprawdę po wszystkim.

Wtedy panował już niesmak, obwinianie się i nienawiść.

Wtedy już do niego wydzwaniała profesjonalna golfistka, ale Mr Big jeszcze nie powiedział: „Chcę być z kimś normalnym. Chcę mieć normalne życie".

W tamtej chwili na zewnątrz wszystko zachowywało jeszcze status quo. Wszystko, oprócz pogody.

Złodzieje i Suki

Nico Barone prawdopodobnie nie miała zamiaru zagrać roli w tym dramacie, a jednak pojawiła się zupełnie niespodziewanie i została obsadzona. To też się działo jakoś tak w czerwcu. A może to był maj? Albo kwiecień? Musiał być jednak maj, bo w kwietniu odbyła się ta długa rozmowa w St. Barts. Temat: Nico Barone. Nico ubiegała się o prowadzenie popołudniowego wydania wiadomości w jednej z głównych sieci telewizyjnych. Dzwonił dziennikarz, który chciał od Carrie wyciągnąć coś na temat przeszłości Nico; prawdziwy powód był taki, że dziennikarz poznał Nico i miał nadzieję, że pod pozorem robienia o niej materiału uda mu się ją przelecieć.

— No cóż, nie widziałam Nico od lat — powiedziała mu Carrie.

I na tym powinna była zakończyć rozmowę, ale Mr Big siedział przy basenie przyklejony do swojej komórki, więc wdała się w długą konwersację, podczas której sypała najdrobniejszymi szczegółami!

Jak na przykład takim, że Nico pochodzi z San Antonio w Teksasie.

— Większość ludzi z San Antonio ma przodków w Meksyku — powiedziała. — Ale Nico ma oczywiście korzenie anglosaskie. To, że akurat tam się wychowywała, jest zupełnym przypadkiem.

Mr Big wszedł do środka.

— Odłóż tę słuchawkę — powiedział. — Chcę jechać do miasta.

Jej się za bardzo nie chciało jechać do miasta, ale też nie za bardzo chciało się jej siedzieć w willi. W ogóle to nie za bardzo jej się chciało tam być; albo inaczej: chciała tam być, ale nie z nim.

Taka sytuacja przytrafiała jej się nie po raz pierwszy. Bywało tak już z innymi partnerami: w Hôtel du Cap na południu Francji; w Sydney, w Australii, i trzy lata temu w St. Barts. Ostatniego wieczoru tamtej podróży, kiedy „narzeczony" sobie spał, ona wciągała gównianej jakości lokalną kokainę (którą dostarczono w słomce). Następnego ranka puszczała na okrągło *You Can Go Your Own Way* Fleetwood Mac, do czasu aż trzeba było jechać na lotnisko.

Wtedy też był kwiecień.

Tamten związek przetrwał niemal do Dnia Pamięci, do końca maja. On wyjeżdżał na długi weekend.

— Jedziesz ze mną? — zapytał.

Wszyscy jej radzili, żeby nie jechała, dla zasady. I w ostatniej chwili zdecydowała, że nie pojedzie. Nie dzwonił przez kilka dni po powrocie z weekendu. A potem zadzwonił. Później się dowiedziała, że zabrał ze sobą kogoś innego, jakąś dziewczynę, którą poznał tydzień wcześniej w samolocie. Ten jego nowy związek nie przetrwał dłużej niż dwa miesiące, a on był potem zrozpaczony, co również było standardowym wątkiem w powtarzającym się dramacie. Potem próbował zostać przyjacielem Carrie, dzwonił dwa razy w tygodniu i opowiadał: jaki to jest nieszczęśliwy (i dlaczego nie umie zrobić nic tak, żeby w jego związkach było dobrze); o nowej kobiecie (i dlaczego jej się też nie udało niczego między nimi naprawić); i jak to by było dobrze, gdyby jednak poszedł do psychoanalityka.

I właśnie wracając do domu po tygodniu w St. Barts, Carrie przyznała się sama przed sobą, że związek z Mr Bigiem prawdopodobnie nie przetrwa do końca lata.

Nie zadawaj pytań.

Nie marnuj czasu.

Rób, co dobre dla ciebie.

Zostaw to już za sobą.

Pomiędzy kwietniem i połową lipca nie wydarzyło się właściwie nic. Można wymienić jedynie kilka wypadków: eksplozję na pokładzie samolotu linii TWA. Huragan. Kłótnie.

Kłótnie: Ona chciała rozmawiać, on nie chciał. Ona chciała więcej jego uwagi; jemu nie chciało się wysilać.

— Teraz brzmisz zupełnie jak jedna z moich byłych żon — mówił. — Ciągle czegoś wymagasz. Nie proś o nic, to może to dostaniesz. Nie mów mi, co mam robić.

Dlaczego myślała, że jeśli się pobiorą, to obdarzy ją uwagą, której tak pragnie? Dlaczego nie rozumiała, że jeśli się pobiorą, to będzie jeszcze mocniej czuła, że jest wyłącznie dodatkiem? Taki przecież był wzorzec.

Ostrzeżenia (rzucane mimochodem przez Carrie, zwykle po tym, gdy któreś z nich robiło jakąś aluzję do przyszłości):

— No cóż, jak lato się skończy, mnie już tu pewnie nie będzie.

— O czym ty mówisz?

— Nie wiem.

To też był wzorzec.

Pewnego dnia na początku lipca, albo może innego beznadziejnego, szarego dnia, do domu w East Hampton, gdzie Carrie przyjechała na tydzień, wpadła grupka przyjaciół.

— Zerwałabym z nim nawet jutro, gdybym potrafiła. Nie mogę się już doczekać, żeby się stąd wyrwać — powiedziała, trzaskając drzwiczkami kredensu. Właśnie skończyła kolejną bezproduktywną telefoniczną dyskusję, poświęconą datom i terminom.

Dlaczego więc nie skończyła wtedy?

Byłoby to niewygodne.

Zamiast tego robiła pranie (po co? mieli służącą), pilnowała, żeby kuchnia była pełna żywności (także takiej, której nigdy nie jadali, jak zapasy żółtego ryżu), oraz podlewała ogródek warzywny. Ich związek się skończył, zanim się doczekali jakichkolwiek warzyw, jednak ogródek był użyteczny, gdyż dawał jej temat do rozmów z nim i jego przyjaciółmi. Wszystko rosło, ale nic nie dojrzewało. Brak słońca.

W weekendowe wieczory w Hamptons wydawali obiady albo wychodzili na obiad. Wszyscy się upijali, bardzo szybko i bardzo wcześnie, po czym o jedenastej szli do łóżek.

Carrie łapała się na tym, jak narzeka, że facet w markecie Czerwony Koń nigdy nie kroi wędzonego łososia dostatecznie cienko. Potem Mr Big opowiadał historyjkę, jak to odmówił kupienia funta masła za sześć dolców w delikatesach Złodzieje i Suki.

Czasami musiała się powstrzymywać, żeby nie zwracać się do niego per „tatku". „Tak, tatku, wyniosę śmieci. Tak, tatku, będę jechała ostrożnie".

Gorączkowe wiadomości

Krążyła pewna historia o tym, jak kiedyś Nico Barone poszła na śniadanie do Candy Kitchen w piżamie i klapkach. Carrie nie opowiedziała tej historii dziennikarzowi. Bo i po co? I tak by nie zrozumiał. A nie umiałby się powstrzymać. Czułby się zobowiązany, żeby to wyciągnąć i ocenić. Bo taka dziewczyna, która idzie na śniadanie do Candy Kitchen w piżamie, nigdy by się nie umówiła na śniadanie z takim kolesiem jak on. Więc by się zemścił w druku.

Nie było zatem nic dziwnego w tym, że Nico Barone zadzwoniła do Carrie jakoś tak na początku maja. Najwyraźniej po radę, jak się pozbyć dziennikarza.

— Zajmę się nim — powiedziała Carrie.

Zadzwoniła do pismaka.

— Cała ta sprawa jest niepewna. Właściwie to nie masz tematu.

Nie było więc nic dziwnego również w tym, że niebawem ona i Nico znów zaczęły rozmawiać ze sobą przez telefon. Choć nie kontaktowały się od lat. Mimo że przez cały ten czas obie mieszkały w Nowym Jorku.

Tak więc nie było również nic niezwykłego w tym, że gdy nastąpiło jedno z opisanych wydarzeń, Nico Barone wzięła w nim udział.

Musiał to być początek czerwca na Manhattanie. Zgodnie ze swoim porannym zwyczajem Carrie i Mr Big omawiali, co które robi wieczorem.

— Coś tam mam, sam nie wiem co — powiedział on.

Carrie nie powiedziała nic. Do tamtej pory już dostatecznie dostała za swoje, by się nauczyć ostrożności, kiedy on nie chciał ujawniać informacji. Mimo że przecież miał przed sobą rozkład zajęć na cały dzień, rozkład, który jego sekretarka drukowała każdego wieczoru, wyszczególniając wszystko, co miał do zrobienia w ciągu następnego dnia. Mimo że był w środku tej transakcji golfowej.

Nie zadawaj pytań.

Dziękuję, że zrobiłaś z Mr Biga miłego gościa.

— A ty co robisz? — zapytał.

— Spotykam się z Nico.

— OK — powiedział. — No, w każdym razie spotkamy się w domu koło jedenastej.

Kiedy rozmawiali ze sobą tego dnia po południu, powiedział, że będzie jadł obiad z Keemim Tailonem, tym inwestorem od Goldmana.

O ósmej Carrie weszła do restauracji La Goulue i zobaczyła Keemiego Tailona jedzącego obiad z dziewczyną. Nico Barone siedziała na zewnątrz. Był z nią facet, który trzymał ją za rękę. To był ten przystojny, kiedyś uzależniony od narkotyków syn pewnego amerykańskiego ambasadora, który pracował teraz jako prawnik dla jednego z potentatów telekomunikacji.

— Wiem, kim jesteś — powiedział do Carrie.

— Chciał cię poznać — dodała Nico.

— Wiem, kim jesteś — powiedział jeszcze raz i oparł łokieć na stoliku. — Czytałem twoje kawałki.

— To świetnie — powiedziała Carrie.

— Ona pewnie już ci o mnie powiedziała — stwierdził, wskazując na Nico.

— Nie — odparła Carrie. — Ani słowa.

— Myślałam, że chcesz to zachować w tajemnicy — wyjaśniła Nico. Według niego, ów potentat branży telekomunikacyjnej, jego szef, był zakochany w Nico. I zazdrosny. Według niego, potentat branży telekomunikacyjnej mógł nawet kazać ją śledzić, albo i nie.

Według Nico obaj byli świrnięci.

Nastąpił lekko krępujący moment, kiedy Keemi Tailon podszedł do ich stolika, żeby się przywitać. Zrobił to, kiedy syn ambasadora już sobie poszedł. Keemi stanął przy ich stoliku i oparł but na szczeblu krzesła.

— Chciałem ci tylko coś powiedzieć — zaczął. — Właśnie sobie przypomniałem. Mr Big je obiad w centrum. Z jakimiś ludźmi od golfa.

— Dziękuję — powiedziała Carrie.

— To nieważne. To nie ma znaczenia. To pułapka — powiedziała Nico, kiedy już sobie poszedł.

Później, gdy Carrie wróciła do mieszkania Mr Biga, na automatycznej sekretarce była nagrana wiadomość. Odsłuchała ją, choć nie robiła tego już od bardzo dawna. Kiedy zrobiła to ostatnim razem, był zły.

— No dobrze, dobrze — powiedziała wtedy. — Nie będę odsłuchiwała twoich cholernych wiadomości. W ogóle nie będę odbierała telefonu, kiedy cię tu nie ma.

— Możesz odbierać telefon, ale ludzie mi mówili, że zostawiali wiadomości, a ja ich nie mogłem odsłuchać.

Rzuciła mu tylko wymowne spojrzenie.

Ta wiadomość była, tak jak się spodziewała, od Keemiego do Mr Biga. Gorączkowa. „Chcę ci tylko powiedzieć, żebyś wiedział, że Carrie mnie widziała dziś wieczorem..."

Nie skasowała jej. Kiedy Mr Big wrócił o 24.43, odtworzyła mu ją.

— A, to nic takiego — rzucił. Był w bardzo dobrym humorze. — Keemi nie wie, co jest grane.

Carrie mu nie przypomniała o rozmowie, którą odbyli tego popołudnia. Dwa dni później wpadła na kogoś, kto twierdził, że był w restauracji, w której Mr Big jadł wtedy obiad, i ten ktoś twierdził, że to był z całą pewnością obiad w interesach, choć co prawda była tam dziewczyna, ale ona z całą pewnością była częścią tych interesów.

Ale wtedy Carrie już nie zwracała na to uwagi. Już jej nie zależało. Wtedy już się dystansowała, wracała do własnej przestrzeni. Do dziś nie pamięta, kim była ta osoba, która ją poinformowała, że ponoć widziała go w restauracji.

Podczas lipcowego weekendu, na który przypadało Święto Niepodległości, Mr Big cały czas znikał z Panem Cudownym w hummerze tego ostatniego. Twierdzili, że jeżdżą do sklepu. Twierdzili, że jeżdżą do sklepu sześć razy w ciągu dwóch dni. I wracali z ogórkami. Marynowanymi. Potem twierdzili, że jadą na wrotki. Carrie nie zwracała na to uwagi. Gdy tylko Mr Big wychodził, rozkręcała stereo i tańczyła po całym domu. K.C. and the Suneshine Band.

Jesteś nieobliczalny

— Co masz zamiar zrobić ze swoim życiem? — pytał.

— Mam zamiar być sławna.

— Jakie to smutne. Nie spodoba ci się, jak już będziesz sławna.

— Spadaj!

Wtedy odchodził, zapalał cygaro i zamyślał się albo znowu wyruszał do sklepu z Panem Cudownym.

W połowie lipca:

— Czy jest ktoś inny?

— Tu nie chodzi o kogoś innego. Tu chodzi o nas.

— To nie jest odpowiedź na pytanie.

— Tu chodzi o nas.

— Należy odpowiedzieć „tak" lub „nie". Czy... jest... ktoś... inny?

— Nie.

— Kłamca. Tak ci doradzono, prawda?

— O czym ty mówisz?

— Ktoś ci podpowiedział, co masz mówić.

— Tu chodzi o nas, o nikogo innego.

— No proszę, znowu to samo.

— Dlaczego musisz to komplikować?

— Ja nic nie komplikuję. Muszę zapalić.

— A ja muszę spać. Dlaczego mi nie pozwalasz spać?

— Nie zasługujesz, żeby spać.

— Nie zrobiłem nic złego.

— Nic dobrego też nie. I chcę się w końcu dowiedzieć, kto ci podpowiada.

— O czym ty mówisz?

— Ktoś ci mówi, co masz powiedzieć. To stary numer psychoterapeutów. Kiedy jesteś w trudnej sytuacji, masz powtarzać w kółko to samo zdanie. W ten sposób uniemożliwiasz rozmowę.

Godzinę później:

— Co ty wyprawiasz? Z kim się spotykasz? O której wracasz od domu?

— Wcześnie. Wracam wcześnie.

— Jesteś nieobliczalny.

— Wcale nie. Wracam o jedenastej.

— Nie okłamuj mnie.

— To ty mnie nie okłamuj.

— Mogłabym cię kazać śledzić. Skąd wiesz, że już cię nie kazałam śledzić? Jestem dość bogata, żeby cię kazać śledzić.

To było kilka tygodni po tym, jak Carrie błagała, żeby ją zamknąć w wariatkowie.

27

Wyznanie Mr Biga:
Ty mnie kochasz, do cholery!

Było wrześniowe popołudnie, a Carrie musiała się dostać z jakiegoś miejsca w inne miejsce, ale był zbyt wielki korek, więc wysiadła z taksówki i ruszyła pieszo Madison Avenue w swoim drogim kostiumie. No, myślała, spójrzmy prawdzie w oczy: To miasto jest twoje.

— Słuchaj, skarbie — powiedział jej Mr Big kilka tygodni wcześniej. — Ludzie nie lubią cię tak bardzo, jak ci się prawdopodobnie wydaje.

— Tak? No i co z tego? — Wyjmowała piwo z lodówki.

— Uważają, że jesteś interesowna, masz ukryte zamiary. Tylko nie wiedzą jakie.

— I to ma być mój problem?

— O tym właśnie mówię.

— A co to w ogóle za ludzie?

— Ja się tylko staram dać ci dobre rady — powiedział. — Ja tylko próbuję ci pomóc. Jesteś zbyt agresywna.

Carrie poczuła, że znów osuwa się w to niebezpieczne miejsce w swojej głowie. Po raz n-ty w ciągu ostatnich miesięcy.

— Jeśli chcesz mi pomóc, nie obdarzaj mnie takimi fałszywymi, prymitywnymi opiniami swoich rozpuszczonych, zepsutych znajomych, którzy nie mają w sobie nawet tyle ikry, żeby być samotni! — wrzasnęła. — Którzy nigdy nie musieli żreć przez cały miesiąc hot dogów, bo nie mieli dość forsy, żeby sobie kupić pieprzone jedzenie. OK? Więc mi nie gadaj, że jestem zbyt agresywna.

— Przestań krzyczeć — powiedział Mr Big.

Carrie wycelowała w niego papierosa.

— Przestań krzyczeć. Przestań się popisywać. Przestań mieć za-mia-ry. Myślisz, że coś mnie to obchodzi? Nie jestem na utrzymaniu twoich znajomych.

Fakt: To miasto jest twoje.

Nie spodziewała się, że zerwą w ten weekend. Przypuszczała, że będzie tkwiła w zawieszeniu. Nienawidząc jego, pogardzając sobą. Przechodząc przez kolejne rutynowe etapy związku.

Miniony tydzień spędziła sama w wielkim domu w East Hampton. On dzwonił co wieczór o jedenastej. Któregoś wieczoru zadzwonił i powiedział, że na jakimś raucie flirtowała z nim trzydziestoletnia gwiazdka opery mydlanej.

— I co, mam być pod wrażeniem? — spytała.

— Po prostu ci opowiadam — odparł.

— Robisz się straszliwym dupkiem — rzuciła. — Czemu ci się wydaje, że możesz być takim cholernym dupkiem.

— Nie podoba mi się ta rozmowa.

— Tobie nigdy nic się nie podoba — powiedziała.

Odłożył słuchawkę.

Kiedy przyjechał w piątek pod wieczór, leżała w łóżku i oglądała w telewizji, jak się nasila huragan. Kanał pogodowy pokazywał w kółko te same zdjęcia z satelity.

— Znowu będzie pudło — powiedziała. — Psiakrew, nigdy nie trafia.

— Pamiętasz w zeszłym roku? — spytał.

Inny huragan. Też pudło.

To był jeden z ich najlepszych weekendów, chociaż o mało nie utonęła. W niedzielę po tak zwanym huraganie poszli na plażę, którą fale dosłownie przecięły na pół. Wszyscy pływa-

li w powstałej w ten sposób zatoczce, gdzie woda była ciepła
i zdradliwie kusząca. Ale Carrie dała się zmieść fali na pełne
morze, spanikowała, choć równocześnie znalazła się w stanie
dziwnego zobojętnienia, jakie pojawia się w chwilach prawdziwego zagrożenia, i ze zdziwieniem uzmysłowiła sobie, że
usta ma otwarte i że krzyczy. Nie przyszło jej do głowy, że gdyby naprawdę tonęła, to przez otwarte usta musiałaby się wdzie-
rać woda.

Wyrzuciło ją na brzeg i kiedy się pozbierała, Mr Big stał tam
sobie w najlepsze i się śmiał.

Ona się topiła, a on uważał, że to zabawne.

Jakoś nie pojął sytuacji.

Nie umiał czytać pomiędzy wierszami. Nie wyczuwał niu-
ansów. Nie musiał. Udziałowcy nie za to mu płacili. Płacili za
czarne lub białe, skup lub sprzedaż.

„Jesteś trochę szalona"

Kiedy wrócili do domu w ten weekend, gdy huragan znów spu-
dłował, on powiedział, że nie wie, co robić. Nie posuwają się do
przodu. Stwierdził, że powinni się rozstać. Zaczął płakać. Nie
nad sobą, nad nią. Uwolnił ją od tego jej parszywego życia, a teraz z powrotem ją tam wrzuca. I robiąc to, czuje się jak szmata,
bo przecież nie tak miało być, ale nie umiał dać jej tego, czego
ona pragnie. Ostatnią rzeczą, której by chciał, jest zranić ją.

Jedyną kwestią, której nie przewidział, była jej reakcja: Zaczęła się śmiać.

— Daj se spokój — powiedziała.

— Wiem, że jesteś we mnie naprawdę zakochana.

— Ty myślisz, że ja jestem w tobie naprawdę zakochana —
powtórzyła.

— Wiem, że jesteś.

— Naprawdę?

— Tak.

— No cóż — powiedziała — nie jestem.

— To przecież ja — nalegał. — Mnie nie musisz okłamywać.

— Wcale nie kłamię. Jak mogę być zakochana w tobie, skoro ty nie jesteś zakochany we mnie? To jedna z zasad. Nie łamie się zasad.

Poszła do łazienki i wyjęła szkła kontaktowe. To będzie ostatni raz, kiedy spędzę noc w tym domu, myślała. Kiedy wróciła, on znów powiedział:

— Nie chciałem, żeby tak było.

— Ależ chciałeś — odparła. — Bo tak jest.

— Ja po prostu chcę być z kimś normalnym — powiedział. — Po prostu chcę mieć normalne życie.

— O, przepraszam.

— Ty jesteś trochę szalona — wyznał. — Jesteś za stara na to, żeby się zachowywać tak, jak się zachowujesz. Musisz dorosnąć. Musisz się nauczyć dbać sama o siebie. Boję się o ciebie. Nie możesz myśleć, że inni ludzie będą się cały czas o ciebie troszczyć.

— I co z tego? — spytała.

— Nie możesz się zachowywać, jakbyś miała dwanaście lat — mówił. — Nie możesz wracać do domu o czwartej nad ranem.

— Większość dwunastolatek raczej nie wraca o czwartej nad ranem.

— Wiesz, o czym mówię. Dłużej tego nie zniosę. Żaden normalny facet tego nie zniesie. Co ty w ogóle wyrabiasz poza domem do czwartej rano?

— Rozmawiam! — wrzasnęła. — Rozmawiam ze swoimi przyjaciółmi. Rozmawiam z ludźmi, którzy mają coś do powiedzenia.

Cisza.

— Nie przejmuj się tak — powiedziała. — Nie wyłamuj sobie paluszków. Nawzajem sobie do czegoś posłużyliśmy i teraz się skończyło. Tak to już jest ze związkami. Potraktuj to jako doświadczenie edukacyjne.

— Ja się z tym nie zgadzam — powiedział. — Ja wierzę w prawdziwą miłość.

I wtedy pomyślała: A może jednak nie posiadam wszystkich danych?

„Gdzieś ty była?"

Nico Barone wypłynęła z towarzyskiego niebytu z oczywistego powodu: właśnie się rozwiodła.

— Uważam, że małżeństwo jest nudne i dołujące intelektualnie — stwierdziła. Siedziała w swoim biurze, a na zębach miała założone płytki wybielające. Dręczyły ją koszmary: Bob Woodward gonił ją po podziemnym parkingu. — Nigdy w życiu już tam nie wejdę.

To było jakieś dwa dni po owym zerwaniowym weekendzie. Mr Big zadzwonił do Carrie i spytał, czy chce jechać do domu w East Hampton. Zatem związek nie był całkowicie zakończony.

— Muszę się nad tym zastanowić — powiedziała.

I zamiast z nim, pojechała z Nico do Martha's Vineyard, gdzie spędziła cały weekend, znieczulając się alkoholem. W sobotę wieczorem poszły na przyjęcie, gdzie spotkały faceta, którego nazwały „Mr Bigiem Martha's Vineyard".

— A czym się zajmujesz? — spytała go Nico.

— Rozwojem i eksploatacją zasobów naturalnych w byłym Związku Radzieckim — wyjaśnił.

— Aha, robisz w ruskim złocie i ropie — wyjaśniła sobie Nico. I zapłaciła za ich drinki nowiutkim banknotem studolarowym. Nico zawsze miała nowe stówki.

— Musimy być bogate — rzuciła Carrie. — To jedyny sposób.

— Nie martw się, maleńka — rzuciła Nico. — Jeszcze będziemy.

Kiedy Carrie wróciła w poniedziałek rano, czekała na nią wiadomość od Mr Biga.

— Gdzieś ty była? Przez cały weekend się nie odezwałaś. Ha, ha.

Zadzwonił jeszcze raz w poniedziałek późnym popołudniem. Jego głos brzmiał dziwnie, nawet biorąc pod uwagę okoliczności.

— To nie dla mnie. Ja tak nie mogę. Dla mojego zdrowia psychicznego... Ja tego dłużej nie wytrzymam. To dla mnie wykańczające.

— Dzięki za telefon — powiedziała Carrie. — Widzę, że masz przed sobą wiele cierpienia.

I odłożyła słuchawkę.

— Jestem wolna — poinformowała Carrie Nico.

— Naprawdę? — spytała Nico.

Było coś w sposobie, w jaki wypowiedziała słowo „naprawdę". I dopiero wtedy Carrie zaczęła podejrzewać, że może być ktoś inny. Ponieważ to też należało do scenariusza.

Zjeść ostrygę

Tym świeżo rozwiedzionym mężem Nico był niejaki Dirk Winston, blady, potężnie zbudowany powieściopisarz, którego uważano za potencjalnie istotnego przez jakieś dziesięć minut

po debiucie jego pierwszej książki, sześć lat temu. Kiedy się
przeprowadził do Nowego Jorku z Bostonu, spiknął się z nie-
jakimi Dieke'ami, młodym małżeństwem ambitnych dziennikarzy. On i Winnie Dieke przyjaźnili się jeszcze na studiach
na Harvardzie.

   Obie pary jadły pewnego dnia obiad w domu Dirka i Nico
w Sag Harbor. Winnie siedziała przy stole i widelcem grzeba-
ła w przygotowanych przez Nico kotletach *cordon bleu*.

   — No cóż, to z pewnością wygląda interesująco — powiedziała. Potem odłożyła widelec i dotknęła ust serwetką. — Nico,
dlaczego chcesz pracować w telewizji? — spytała. — W telewizji nie robi się prawdziwego dziennikarstwa. Powinnaś być
szefem kuchni.

   — Lubię telewizję — odparła Nico.

   Wiele miesięcy później Nico i Dirk przechodzili przez hall
dworca Grand Central. Jakiś dobrze ubrany młody mężczyzna
w garniturze podszedł do Nico i zapytał:

   — Czy pani nie pracuje w sieci ABC?

   Dirk obrócił się na pięcie i szybkim krokiem wyszedł z dworca. A Nico weszła do baru i zamówiła krwawą mary i pół tuzina świeżych ostryg. O jedenastej trzydzieści przed połu-
dniem.

Prywatne śledztwo

Pod koniec lipca Carrie siedziała w studiu w centrum miasta,
gdzie robiono jej zdjęcie do jednego z kolorowych czasopism.
Charakteryzatorka nakładała jej na twarz pędzlem podkład
w płynie. Fotograf mówił:

   — Chcemy, żebyś była naga. Nie masz chyba nic przeciwko

nagości. Już to robiłaś, nie? — mówił z europejskim akcentem niewiadomego pochodzenia.

— Mogę zostać w bieliźnie? — spytała Carrie.

„Po prostu chcę być z kimś normalnym".

— Możemy prosić o jakąś muzykę? — rzuciła charakteryzatorka.

„Nie masz chyba nic przeciwko nagości".

Tego ranka Carrie dostała wiadomość od Australijki. Australijka była prywatnym detektywem, przyjaciółką przyjaciół. Carrie poznała ją na obiedzie po premierze jakiegoś filmu. Stała w kącie i jadła trzymany w zakrwawionej serwetce krwisty befsztyk.

— Ci faceci są wszyscy tacy sami — powiedziała. — Dlatego ja się nie angażuję.

Tego ranka Australijka miała do powiedzenia Carrie kilka rzeczy. Jak to, że Mr Big wykonał kilkanaście rozmów z pewnym numerem w Palm Springs. Większość z nich po piętnastym lipca. Wszystkie z jedną i tą samą zawodową golfistką. Lat dwadzieścia osiem.

— Pewnie chce sobie poprawić zamach. Za friko — powiedziała Australijka. W tamtej chwili wyniki śledztwa nie były jeszcze jednoznaczne. Ale jednak.

— Możesz zdjąć bluzkę tam, za krzesłem — powiedział fotograf.

Zły pociąg

Zły dzień, dzień, który, by tak rzec, przeważył szalę, był jeszcze w czerwcu, zaraz po tym niby-biznesowym obiedzie dla spółki golfowej, na którym — jak powiedziano Carrie — była obecna profesjonalna zawodniczka.

Ten dzień zaczął się od obiadu w mieszkaniu na Upper East Side. U przyjaciół Nico. W połowie obiadu Carrie zaczęła się dobrze bawić. Nagrała Mr Bigowi wiadomość, że jest zmęczona i że tego wieczoru wróci spać do swojego mieszkania.

Była wykończona, ale po obiedzie nie chciało jej się jeszcze wracać do domu. Nie miała ochoty na podejmowanie właściwych decyzji. Miała ochotę wsiąść do złego pociągu. Pojechała do centrum. Weszła do Pravdy. Spotkała jakichś znajomych. Wszyscy poszli w jakieś inne miejsce. A potem w kolejne. I tak dalej.

O ósmej rano pojawiła się w mieszkaniu Mr Biga.

— Nawet nie będę pytał — powiedział.

Położyła się do łóżka i rozpoczęła powolny, cudowny zjazd w histerię. W jej głowie mijały całe godziny, ale kiedy podniosła głowę, Mr Big wciąż siedział na krześle w sypialni, w wykrochmalonej białej koszuli i czarnych skarpetkach, i patrzył przed siebie.

Nic nie mówił. Tylko ten wyraz twarzy.

— Nie jestem szczęśliwa — powiedziała.

Kiedy wyszedł do pracy, zaczęła płakać bez opamiętania. Weszła sprzątaczka, przeraziła się. O jedenastej rano Carrie zadzwoniła do niego do biura.

— Chcę iść do domu wariatów — rzuciła w słuchawkę.

Chciała się oddać w czyjeś ręce. Nie chciała odpowiedzialności. Chciała leżeć w białym pokoju, oglądać telewizję, może robić serwetki na szydełku. „Nie możesz się zachowywać jak dwunastolatka".

— Weź prysznic — powiedział Mr Big.

Wpaść

Jakoś tak w połowie września Carrie była w restauracji, w której był też Mr Big. Podszedł i usiadł przy jej stoliku.

— Nigdy nie wiedziałem, o czym myślisz — powiedział. — Nigdy nie mówiłaś o swoich uczuciach. Za każdym razem, kiedy próbowałem z tobą porozmawiać, uciekałaś w to miejsce w swojej głowie. Jesteś jak jakiś cyborg.

Jego dłoń leżała na stole. Carrie dotknęła jego palca.

Spójrzmy prawdzie w oczy, pomyślała. Wpadłeś.

Epilog

Film Stanforda Blatcha *Ofiary mody* zarobił w światowej dystrybucji ponad 200 milionów dolarów. Stanford niedawno kupił odrzutowiec typu Challenger i kazał urządzić wnętrze na wzór buduaru Elizabeth Taylor w *Kleopatrze*.

River Wilde nadal pracuje nad powieścią. W tej powieści Mr Big piecze małe dziecko i je zjada, a Stanford Blatch jest w każdym rozdziale, ale nic ciekawego mu się nie przydarza.

Samantha Jones postanowiła porzucić Nowy Jork. Pojechała do LA na rozdanie Oscarów i na przyjęciu poznała Tylera Kydda, kiedy oboje pływali nago w basenie. Teraz mieszkają razem, ale on poprzysiągł, że nigdy się z nią nie ożeni, bo kiedy nie dostał nagrody Akademii za najlepszą rolę męską, Samantha skomentowała: „Cóż, to dlatego, że film był jedynie milutki". Mimo to Sam jest producentką jego nowego filmu — bardzo artystycznego.

Córeczka Amality Amalfi chodzi do prestiżowego przedszkola Kitforda w Nowym Jorku. Amalita rozkręciła własną firmę konsultingową. Zatrudnia trzy osoby, poza tym ma kierowcę, nianię i pokojówkę. Ostatnio kupiła córeczce pierwszy kostium od znanego projektanta.

Bone jest dalej modelem męskiej bielizny.

Magda, pisarka, poszła na imprezę z okazji wydania kalendarza z nowojorskimi strażakami. Poderwał ją „Strażak Września", lat trzydzieści trzy, i od tej pory są nierozłączni.

Packardowi i Amandzie Dealeom urodziło się drugie dziecko, dziewczynka. Wychowują dzieci na geniuszów. Ostatnim razem, kiedy Carrie była u nich na obiedzie, Packard powiedział do Chestera:

— Czy zdajesz sobie sprawę, że orzeszki ziemne zapiekane w miodzie są największym zjawiskiem naszych czasów?

Chester pokiwał głową.

Brigid Chalmers odeszła od męża. Ostatnio widziano ją w klubie Tunnel o czwartej nad ranem, tańczącą dziko z Barkleyem.

Wszyscy kawalerowie do wzięcia są wciąż do wzięcia.

Belle i Newbert poszli na Piątą Aleję na przyjęcie z okazji urodzin czyjegoś dziecka. Newbert uparł się, żeby włożyć pasiasty kapelusz Kota Prota z książek Dr. Seussa, zmuszał wszystkich do picia tequili, a sam tańczył na barze. Stereo przepaliło się w momencie, gdy Newbert wypadł z okna na piątym piętrze — szczęśliwie wylądował na markizie. W czasie dwóch miesięcy, podczas których Newbert leżał na wyciągu, Belle została prezesem swojego banku. Nadal nie jest w ciąży.

Po nocy spędzonej z Ray Skipper Johnson wrócił do Nowego Jorku i zniknął. Wyłonił się po dwóch miesiącach, mówiąc wszystkim, że jest „bezgranicznie zakochany".

Pan Cudowny został posądzony o ojcostwo dziecka z nieślubnego łoża. Zmusił matkę dziecka do zrobienia testów DNA i okazało się, że dziecko nie jest jego.

Mr Big jest szczęśliwym mężem. Carrie jest szczęśliwą singielką.

Spis treści

Druk i oprawa: ABEDIK, Poznań